GW00391918

Wychowywanie dziecka dwujęzycznego to
Droga przez dwujęzyczność jest często wyboista
z tą książką w ręce. Jako logopeda z czystym sum
każdej rodzinie dwujęzycznej. Teoria teorią – k
wyzwaniem jest codzienna praktyka. W tej ksi
praktycznych wskazówek. Dwujęzyczność to zjawisko wielowymiarowe,
możemy wskazywać jakieś ramy, ale każda rodzina to indywidualna historia.
Rodzicu – dzięki tej książce poradzisz sobie!
Przekazywałam książkę Adama Becka wielu rodzinom dwujęzycznym.
Każda odnalazła w niej rozwiązania dopasowane do indywidualnych potrzeb.
Takiej publikacji brakowało na polskim rynku. Polecam.

Paulina Szkolnik, logopeda, terapeuta, Polskie Centrum Terapii w Birming-
ham, Wielka Brytania

Książka Adama Becka opisuje pasjonującą „dwujęzyczną podróż" ameri-
kańskiego ojca i jego wychowywanych w japońsko-amerykańskiej rodzinie
dzieci. Autor ucieka się do jak najbardziej zaskakujących forteli, pragnąc,
żeby opanowały one angielski na poziomie porównywalnym do japońskiego.
Śledzimy więc codzienne wysiłki zdeterminowanego ojca, w których większość
rodziców dwujęzycznych dzieci z pewnością się odnajdzie.
Rodzinne anegdotki i pełne humoru spojrzenie autora na własne zmagania
stanowią dodatkowy atut lektury, a ich japoński kontekst jest dla czytelnika
tym bardziej wciągający. Odkrywanie doświadczeń Adama Becka dostarczy
dwujęzycznym rodzinom ogromnej dawki motywacji, bez względu na to,
jakimi językami posługują się one na co dzień.

Anna Jachim, coach dwujęzycznego wychowania, autorka Bilingual-kid.com,
Francja

Książka *Podaruj dziecku szansę na dwujęzyczność* przygląda się dwujęzycznemu wychowaniu z innej perspektywy niż większość publikacji na ten
temat. To pozycja pełna pasji, entuzjazmu, afirmacji i ciekawych spostrze-
żeń. Adam oferuje bezcenne porady dla rodziców i przydatne sugestie, jak
iść dalej i robić postępy, nawet jeśli sytuacja nie jest sprzyjająca. Nie jest to
jednak książka tylko o języku. Również o miłości i szacunku, wartościach
i uczuciach, a także o pięknie życia i pielęgnowaniu wdzięczności za nie.
Wspaniały poradnik, który poleciłabym każdemu, kto myśli o wychowaniu
dzieci w dwóch lub więcej językach.

Jana, Wielka Brytania

Jako były amerykański patriota i głowa dwujęzycznej rodziny w Japonii byłem zachwycony faktem, że znalazłem społeczność dwujęzycznych rodziców i dzieci, którą Adam założył online w postaci bloga Bilingual Monkeys i forum The Bilingual Zoo. Książka pt. *Podaruj dziecku szansę na dwujęzyczność* to idealny przewodnik po wielojęzycznej podróży naszej rodziny. Adam zręcznie łączy anegdoty z własnego życia z dogłębną wiedzą merytoryczną i nieocenionymi badaniami, co razem składa się na kompleksowy program wsparcia celów lingwistycznych każdej rodziny. Jego zrozumienie tysiąca codziennych problemów i darów, jakie niesie ze sobą ojcostwo w globalnej rodzinie, sprawia, że zawsze pojawia mi się uśmiech na twarzy podczas czytania jego tekstów.

Jonathan, Japonia

Jako matka wychowująca dwujęzyczne dzieci, a zawodowo jako logopeda, czytałam wiele i pisałam obszernie na temat dwujęzyczności. Istnieje dużo dostępnych publikacji dla rodzin dwujęzycznych, ale ta książka jest naprawdę wyjątkowa. Zastosowane przez Adama perspektywy (sposoby myślenia) i zasady (sposoby działania) z pewnością wpłyną na odpowiednie spojrzenie na temat, a to z kolei doprowadzi do właściwego postępowania, wspierającego dwujęzyczne zdolności dzieci.

Ana Paula, USA

Uważam, że lektura książki jest doświadczeniem bardzo podnoszącym na duchu. A co więcej, łatwo się ją czyta i jest bardzo przyjemna w odbiorze. Adam mówi prosto z serca i oferuje świetny przewodnik po dwujęzyczności i dobrym rodzicielstwie. Chociaż szczerze mówiąc, wolałabym przeczytać ten poradnik przed narodzinami moich dzieci. Zdobyłam tyle wiedzy i wskazówek dotyczących dwujęzycznego wychowywania, że nie mogę się doczekać, aż zacznę to wszystko wprowadzać w życie! Zdecydowanie najbardziej użyteczna, praktyczna i motywująca książka na rynku.

Arancha, Hiszpania

To bardzo inspirująca książka, pełna zabawnych anegdot i pomocnych wskazówek, które od razu będziecie chcieli zastosować w praktyce.

Gabi, Argentyna

Podaruj dziecku szansę na dwujęzyczność

Przewodnik dla rodzin
w ekscytującej podróży
ku dwujęzyczności

Adam Beck

Perfekt Solutions Ltd.
Leicester 2020

Tłumaczenie
Marta Dąbrowska

Opracowanie redakcyjne
Renata Jarecka
Izabela Olendzka

Korekta
Zespół

Formatowanie komputerowe
Jarek Dobrołowicz

Wydanie pierwsze
Tytuł oryginału angielskiego: Maximize Your Child's Bilingual Ability

ISBN 978-1-8381424-0-7

Wydawca
Perfekt Solutions Ltd.
93 Sharpland
LE2 8UP Leicester
tel. +44 7738 096644
e-mail: office@perfektsolutions.com
www.czytamimowiepopolsku.com

Spis treści

Część pierwsza: Perspektywy

Część druga: Zasady

Słowo od wydawcy

Szanowny Czytelniku, oddajemy w Twoje ręce wyjątkową książkę, poradnik, który pomoże Ci podarować dziecku najlepszą szansę na dwujęzyczność i wytrwać w drodze do osiągnięcia Waszego celu.

Mam wrażenie, że choć dwujęzyczność jest znana od wieków, dla nas Polaków zagadnienie to zaczęło nabierać większego znaczenia po wejściu Polski do UE w 2004 roku, kiedy zamieszkanie w innym kraju europejskim stało się proste i dostępne dla każdego Polaka.

Osobiście zaczęłam interesować się tym zagadnieniem, kiedy w 2006 roku zamieszkałam w Anglii. Dzięki pracy w Polskiej Szkole Sobotniej w Leicester poznałam wielu fantastycznych ludzi, którzy byli potomkami powojennej emigracji, urodzili się i wychowywali w Wielkiej Brytanii, a ich znajomość języka polskiego była na bardzo wysokim poziomie. Mało tego, ich dzieci, wówczas nastolatkowie, również biegle posługiwali się językiem polskim. Dużo z nimi rozmawiałam, dopytując, co jest najważniejsze w przekazywaniu języka mniejszościowego dla rodzin mieszkających poza granicami Polski. Odpowiedzi były różne, ale zawsze powtarzała się kwestia utrzymania pewnych reguł dotyczących używania języka mniejszościowego i konsekwencja w codziennym działaniu. Wszyscy byli zgodni, że bez tego nie osiągnęliby zamierzonego poziomu znajomości języka.

Kiedy w 2011 roku nawiązałam współpracę z wydawnictwem Wisdom Publisher, odbyłam wiele rozmów na temat dwujęzyczności z Panią Małgorzatą Pawlusiewicz, autorką serii podręczników polonijnych dla polskich szkół sobotnich. Pani Małgorzata przez ponad 20 lat pracowała jako nauczyciel w szkole sobotniej w Chicago. Wychowała syna na osobę dwujęzyczną, a teraz dba o dwujęzyczność swoich wnuków. Od niej również usłyszałam, że ważne jest środowisko, w jakim przebywa dziecko w najmłodszych latach, nastawienie rodziców do przekazywania języka mniejszościowego oraz konsekwencja.

Zarówno jako właścicielka księgarni internetowej Czytam i mówię po polsku oraz jako nauczycielka i dyrektorka Polskiej szkoły sobotniej Edu Owls w Leicester rozmawiam z rodzicami, którzy nie zawsze wiedzą, jak powinni postępować i co jest ważne, aby ich dzieci były dwujęzyczne. Informacji na ten temat jest wiele, ale są często porozrzucane w wielu miejscach. Cały czas spotykam się z mitami dotyczącymi dwujęzycznego wychowania. Często u rodziców widzę frustrację i zniechęcenie, które wynikają z braku postępów w nauce języka polskiego. Wiem, że brakuje rzetelnej i sprawdzonej wiedzy na ten temat i stworzenie praktycznego poradnika na temat dwujęzycznego wychowania jest ściśle związane z misją księgarni we wspieraniu dzieci, rodziców i nauczycieli poza granicami Polski na drodze do dwujęzyczności.

Dlatego, kiedy trafiłam na książkę Adama Becka „Maximize Your Child's Bilingual Ability", byłam pewna, że jej wydanie po polsku stanie się ważną częścią promowania dwujęzyczności wśród Polaków na emigracji. Wiedziałam, że nie ma podobnej publikacji w języku polskim, a wiedza i inspiracja, którą przekazuje autor, jest bardzo potrzebna polskim rodzinom, które wychowują dzieci poza granicami Polski, a także tym, którzy stosują dwujęzyczność zamierzoną i uczą dzieci drugiego języka w Polsce. Dodatkowo przekonało mnie to, że książka zawiera wiele praktycznych porad, przykładów postępowania, inspiracji i motywacji dla rodziców. Adam jest praktykiem, wychowuje swoje dzieci w Japonii i dba o to, aby znały bardzo dobrze język angielski, który w ich przypadku jest językiem mniejszościowym. Reguły postępowania są uniwersalne i nie zależą od kraju, w którym się mieszka.

Życzę Wam miłej lektury, cierpliwości oraz wytrwałości w tej pięknej podróży ku dwujęzyczności Waszego Dziecka. Pamiętajcie, że każdy ma w sobie wielki potencjał, trzeba tylko stworzyć odpowiednie warunki do jego wydobycia i być konsekwentnym w swoim działaniu. Codzienne małe kroki doprowadzą Was do wymarzonego celu.

Sławomira Małgorzata Wiśniewska
Leicester, Wielka Brytania

*Dla moich dwóch małych małpek i wszystkich
innych dwujęzycznych małpek, gdziekolwiek są.*

Przedmowa

„Po cóż jesteśmy na tej ziemi, jeśli nie po to, by wzrastać?".
Robert Browning

Niedaleko mojego domu w Hiroszimie, w Japonii, wśród budynków znajduje się kilka szerokich pól ryżowych. Jesienią pola te są gęsto pokryte wysokimi, zielonymi łodygami, na których kołyszą się ciężkie kłosy ryżu.

Osiągnięcie dobrych plonów ryżu nie jest łatwe. Rolnicy, którzy uprawiają to zboże, spędzają długie godziny, przygotowując ziemię, zarządzając poziomem wody, sadząc, nawożąc i pieląc. Ci rolnicy, którzy robią te wszystkie rzeczy nieco skrupulatniej, z większą starannością, dzień po dniu, zbierają większe plony.

Mają większe korzyści.

Nie przychodzi mi do głowy lepsza metafora niż ta, jeśli chodzi o kwestię wychowywania dwujęzycznych dzieci. Prawda jest taka, że jeśli my również będziemy codziennie podejmować wysiłki na rzecz rozwoju języka nieco uważniej i staranniej, to dwujęzyczne zdolności naszych dzieci będą rosły w kolejnych latach ich dzieciństwa.

Ta książka ma za zadanie służyć rozwojowi języka twoich dzieci i zwiększania ich dwujęzycznych zdolności. Dostarczy ci pomysłów i inspiracji, które zapewnią większą skuteczność twoim metodom.

Pytania: *Jakie działania może podjąć zapracowany rodzic, aby zwiększyć zdolności dwujęzyczne swojego dziecka? W jaki sposób można to zrobić w zabawny i przyjazny dla dzieci sposób?*

Spędziłem dwadzieścia lat, szukając na nie odpowiedzi. Ta książka zawiera owoce tych poszukiwań.

Wstęp

„Duży dąb jest po prostu małym orzeszkiem,
który kiedyś zdecydował, że się nie podda".

David McGee

Drogi współtowarzyszu wędrówki podczas tej dwujęzycznej podróży! Nazywam się Adam Beck i jestem założycielem popularnego bloga Bilingual Monkeys (Dwujęzyczne Małpki) (http://bilingualmonkeys.com) i przyjaznego forum The Bilingual Zoo (Dwujęzyczne Zoo) (http://bilingualzoo.com). Ta książka jest zwieńczeniem wielu lat moich codziennych przemyśleń i doświadczeń jako praktyka dwujęzyczności dzieci poprzez role nauczyciela, trenera, pisarza i rodzica.

- Jako nauczyciel pracowałem z setkami dwujęzycznych i wielojęzycznych dzieci, od maluchów po nastolatki, zarówno w klasie, jak i na zajęciach prywatnych.

- Jako trener udzielałem wsparcia tysiącom rodziców poprzez publiczne prezentacje, spotkania osobiste, sesje Skype i wymiany e-maili, a także za pośrednictwem mojego bloga i forum.

- Jako pisarz opublikowałem w Internecie setki artykułów na temat wychowania dwujęzycznych dzieci oraz napisałem lub zredagowałem kilka krótszych książek na ten temat.

- Jako rodzic wychowałem dwoje własnych dwujęzycznych dzieci: córkę i syna, gdy pisałem tę książkę miały jedenaście i osiem lat. Choć uczęszczają do japońskich szkół i rzadko przebywają poza Japonią, to są dwujęzyczne, biegle mówią i piszą po japońsku (nasz język większościowy) i angielsku (nasz język mniejszościowy) na poziomie języka ojczystego.

Dlaczego napisałem tę książkę?

Stworzyłem tę książkę, podobnie jak bloga, aby podzielić się tym, co najlepsze z mojego osobistego doświadczenia jako wieloletniego praktyka dwujęzycznego rozwoju dzieci. Wnikliwe spojrzenie na rzeczywiste oraz bezpośrednie doświadczenie pielęgnowania dwujęzycznych zdolności dziecka, pozwalają mi zdać rzetelną relację z mojej dotychczasowej, zakrojonej na szeroką skalę, podróży. Tym samym pragnę wspierać inne rodziny w ich wysiłkach i osiąganiu sukcesu.

W rzeczywistości wychowanie dwujęzycznego dziecka może być większym wyzwaniem niż wielu sądzi. Nie chciałbym nikogo odstraszyć od podjęcia tej próby – mała znajomość języka jest zawsze lepsza niż żadna i może być bardzo pozytywnym pierwszym krokiem do dalszego postępu zarówno w nauce języków, jak i rozumieniu kultury. Jednocześnie uważam, że niezwykle ważne jest, abyśmy realistycznie spojrzeli na to wyzwanie, by uniknąć rozczarowania i zwiększyć szanse na osiągnięcie celu.

Dla niektórych rodziców (szczególnie jeśli mają dostęp do nauki w języku mniejszościowym) wychowywanie dwujęzycznych dzieci może być łatwiejsze i wymagać mniej wysiłku. Jednak dla wielu osób, które marzą o wspieraniu czynnych zdolności w więcej niż jednym języku, okoliczności nie są tak sprzyjające i dlatego potrzebny jest większy codzienny wkład. Mimo to, jak podkreślam w tej książce, starania te nie muszą stać się ciężarem. Chociaż dwujęzyczna podróż może okazać się wymagającą drogą, powinna być również pozytywnym doświadczeniem dla ciebie i twojej rodziny. Jeśli nie jest i brakuje w niej zabawy oraz radości, to należy ponownie rozważyć podejście oraz działania, ponieważ *sukces w wypracowaniu dwujęzyczności nie może odbywać się kosztem szczęśliwego życia rodzinnego*. Połączenie tych elementów jest naszym motywem przewodnim i celem nadrzędnym tej publikacji.

Ponieważ koncentruję się tutaj na całej gamie rzeczywistych problemów, które nieuchronnie dotykają rodziców wychowujących dwujęzyczne dzieci, to wierzę, że znaczna część tej pozycji będzie do ciebie przemawiać, bez względu na cel, okoliczności, języki, lokalizację, jak również etap tej podróży. Pomysły i inspiracje, które znajdziesz na tych stronach, wzmocnią twoją uważność i wysiłki oraz pozwolą ci osiągnąć jeszcze lepsze rezultaty w nadchodzących dniach i latach.

Czym ta książka różni się od innych?

Istnieje wiele pomocnych książek na temat wychowywania dwujęzycznych dzieci (informuję o wielu z nich w aneksie), ale myślę, drogi rodzicu, że sam przekonasz się, że ta pozycja oferuje unikatową perspektywę i zgłębia ten temat z praktycznego punktu widzenia. Chociaż moja praca opiera się na badaniach nad dwujęzycznością dzieci i przyswajaniem języka, kładę nacisk na codzienną rzeczywistość skutecznego oraz przyjemnego nauczania języka, ponieważ żyję tymi problemami na co dzień. To bardzo osobista książka, prezentuje sposoby myślenia i działania, które mogą prowadzić do bardziej efektywnych starań i większych postępów.

Tak naprawdę moim celem jest to, by postawić cię dokładnie w takiej samej sytuacji, w jakiej ja sam się znalazłem. Chodzi o to, abyś wirtualnie doświadczył całej mojej dotychczasowej podróży. I nie jest konieczne, żebyś identyfikował się z każdym aspektem tego doświadczenia, ponieważ uważam, że suma wrażeń, które otrzymasz, i tak wzmocni twoje myśli oraz działania w znaczącym stopniu. Ponadto mam nadzieję, że ta książka, podobnie jak mój blog, będzie nie tylko pouczająca i dopingująca, ale także wciągająca.

Skoro o tym mowa, zapewne zastanawiasz się, czy tę wersję można porównać do bloga. Choć niektóre treści naturalnie pokrywają się z moją pracą online, to jednak zawartość tej publikacji ma znacznie większy zakres, praca nad nią to był proces, który zajął mi ponad trzy lata. Tak więc nawet jeśli znasz każdą stronę mojego bloga, w tej książce znajdziesz wiele nowych treści i wartości.

Jestem pewien, że lektura tej książki zainspiruje cię i pomoże lepiej przygotować się do osiągnięcia dokładnie tego, czego tak bardzo pragniesz. Czyli podarowania twoim dzieciom najlepszej szansy na dwujęzyczność lub wielojęzyczność.

Adam Beck
Hiroszima, Japonia

O mnie i mojej rodzinie

„Jeśli chcesz zmienić świat,
idź do domu i kochaj swoją rodzinę".

Matka Teresa

Zanim zaczniemy, nakreślę nieco szerszy kontekst, by pokazać ci jasny obraz moich doświadczeń jako rodzica. Podobnie jak w przypadku wszystkich innych rodziców, moja sytuacja jest mieszanką zalet i wad.

Zainteresowałem się dwujęzycznością kilka lat przed narodzinami moich dzieci. Krótko po przyjeździe do Japonii, w 1996 roku, zacząłem nauczać języka angielskiego jako drugiego języka (ang. ESL, English as a Second Language) w Hiroshima International School. Miałem tutaj okazję pracować z dwujęzycznymi uczniami w każdym wieku i na wszystkich poziomach zaawansowania, co doprowadziło mnie do zbadania „najlepszych praktyk" w zakresie pielęgnowania przez całe dzieciństwo dobrych dwujęzycznych umiejętności. W tym czasie byłem również redaktorem praktycznego przewodnika *The ABCs of Bilingualism* (*Alfabet dwujęzyczności* – monografia numer 10 dostępna na stronie http://www.bsig.org/#!faq/c10sj), wydanej przez The Bilingualism Special Interest Group (Koło Naukowe ds. Dwujęzyczności) of the Japan Association for Language Teaching (Japońskiego Stowarzyszenia na rzecz Nauczania Języków Obcych). W czasie tej pracy gromadziłem spostrzeżenia innych osób, mających doświadczenie z dwujęzycznością dzieci, co wzbogaciło moją rozwijającą się wiedzę praktyczną.

Ożeniłem się w 1999 roku. Moja żona jest Japonką i mówi dość słabo po angielsku, dlatego język japoński stał się głównym językiem naszej komunikacji.

Imiona, których używam dla mojej żony i dzieci – Keiko, Lulu i Roy – nie są prawdziwe. Zmieniłem je na użytek bloga, a teraz także i książki, aby zachować ich prywatność… cóż, przynajmniej w pewnym stopniu.

W 2002 roku opuściłem Hiroshima International School, aby zostać pisarzem freelancerem i nauczycielem. Ale moje więzi ze szkołą trwały wiele lat przez związek z Bilingual Kids (Dwujęzycznymi Dziećmi), prywatnym programem korepetycji, który utworzyłem, aby sprostać potrzebom dwujęzycznych dzieci w Hiroszimie.

Przyjście na świat Lulu i Roya

Lulu urodziła się w czerwcu 2004 roku. Zarówno Keiko, jak i ja chcieliśmy używać swoich ojczystych języków w komunikacji z córką, poza tym i tak nie mówiliśmy płynnie językiem tej drugiej osoby. Dlatego naturalnie zaczęliśmy stosować podejście „jedna osoba, jeden język" (ang. OPOL – one person, one language): ona mówi po japońsku, ja po angielsku. Zawsze byliśmy dość konsekwentni i w obecności dzieci kontynuowaliśmy rozmowę ze sobą w naszych językach ojczystych.

Chociaż mogłem używać japońskiego w rozmowach z dziećmi (i przez te wszystkie lata bardziej go szlifować), to jednak miałoby to negatywne konsekwencje dla moich celów nadrzędnych. Bo dla mnie ważne jest nie tylko to, aby moje dzieci i ich amerykańska rodzina mogły się swobodnie komunikować, ale też fakt, że angielski leży u podstaw tego, kim jestem. Nie sądzę, aby pokazanie im mojego prawdziwego ja było możliwe – w sposób głęboki i też ten powierzchowny – inaczej niż za pomocą języka ojczystego. Podziwiam rodziców, którzy potrafią osiągnąć ten poziom intymności w języku innym niż ojczysty, ale w moim przypadku ta opcja nie była możliwa.

Zanim w marcu 2007 roku urodził się Roy, pracowałem w domu, więc mogłem spędzać z Lulu dużo czasu każdego dnia. Ale sytuacja zmieniła się diametralnie na kolejne trzy lata, pomiędzy 2007 a 2010 rokiem, kiedy zostałem zatrudniony jako pełnoetatowy pisarz i redaktor pracujący dla Hiroshima Peace Media Center, filii gazety z regionu Hiroszimy. Spędzałem wtedy długie godziny w redakcji i zmagałem się z brakiem czasu na uczenie moich dzieci języka, co z kolei zmusiło mnie do poszukiwania kreatywnych sposobów rozwiązania tego problemu.

Korzystne warunki

Dziś nadal pracuję dla gazety, ale od końca 2010 roku wykonuję tę pracę zdalnie, z domu. Chociaż czasem może to być trudne – ponieważ moje dzieci są często hałaśliwe – zdaję sobie również sprawę, że to dobrodziejstwo dla naszej dwujęzycznej rodziny. Niekorzystna sytuacja, której doświadczyłem, pracując przez te trzy lata w redakcji, została przekształcona w wyraźną zaletę: teraz mam więcej możliwości, aby zapewnić dzieciom regularne obcowanie z językiem mniejszościowym.

Praca w domu z pewnością pomogła mi zwiększyć szanse na sukces. Jednocześnie kolejną ważną zaletą jest, że angielski – nasz język mniejszościowy – ma globalny wymiar i bogate słownictwo.

Mniej korzystne warunki

Jednakże te wszystkie korzystne czynniki nie byłyby wystarczające, aby zrównoważyć resztę okoliczności sprzecznych z celem, jaki sobie wyznaczyłem: a jest nim dla obojga moich dzieci biegła znajomość obu języków, porównywalna z umiejętnościami osób jednojęzycznych w tym samym wieku. I właśnie tutaj w grę wchodzi wiele codziennych działań opisanych w tej książce. To one pomagają mi walczyć z mniej sprzyjającymi warunkami, które napotykam, i doprowadzają do rezultatów, które chcę osiągnąć.

Mniej sprzyjające warunki to:

- Jestem głównym źródłem kontaktu z językiem angielskim, ale nie głównym opiekunem[1].

- Moje dzieci od trzeciego roku życia uczęszczały do lokalnych japońskich szkół. Pomijając znaczne koszty nauki w Hiroshima International School, to naszą główną intencją w wyborze szkoły była chęć, aby dzieci nabyły umiejętności czytania i pisania w języku japońskim. (Co istotne, język ten wykorzystuje złożony skrypt, a jego nauka wymaga wiele czasu i uwagi, jednak jego znajomość pozwoli moim dzieciom budować silniejsze więzi ze społecznością lokalną).

---

[1] W prawie rodzinnym Stanów Zjednoczonych określenie „główny opiekun" odnosi się do rodzica, który ponosi największą odpowiedzialność za codzienną opiekę i wychowanie dziecka. Źródło: *Primary Caretaker Law and Legal Definition*, USLegal, Inc. (przyp. red.).

- Umiejętność mówienia mojej żony w języku angielskim jest niska (natomiast rozumienie jest większe) i dlatego nie byłaby w stanie polepszyć poziomu komunikacji w języku mniejszościowym.
- Angielski nie jest powszechnie używany w Japonii i nasze komunikowanie się z innymi osobami, znającymi ten język, jest ograniczone.
- Rzadko podróżujemy poza Japonię.

Powinienem również wspomnieć, że to, co z początku stanowiło korzystne warunki – kiedy moje dzieci były młodsze i używały głównie języka angielskiego między sobą – zakończyło się w chwili, kiedy zaczęły uczęszczać do szkoły podstawowej, gdzie „domyślnym językiem" ich wzajemnej komunikacji stał się japoński. Spodziewałem się tej zmiany, biorąc pod uwagę ich codzienne zanurzenie w języku większościowym, ale oznacza to też, że w języku mniejszościowym brakuje obecnie tej centralnej formy potencjalnego wsparcia. Jednak zdaję sobie sprawę, że język używany przez rodzeństwo często trudno kontrolować, dlatego jestem zadowolony z tego, że nadal używają tylko angielskiego w rozmowie ze mną i innymi osobami, które posługują się tym językiem.

Moje pochodzenie

Oprócz tego ogólnego zarysu naszej sytuacji rodzinnej, w tym kontekście przydatnych będzie kilka faktów o moim pochodzeniu. Dane te bezpośrednio odnoszą się do niektórych fragmentów i pośrednio do książki jako całości.

- Pochodzę ze Stanów Zjednoczonych, z małego miasta Quincy w stanie Illinois, nad brzegiem rzeki Missisipi.
- Po ukończeniu szkoły średniej poszedłem do Sarah Lawrence College na peryferiach Nowego Jorku, a następnie na studia na San Francisco State University.
- Byłem wolontariuszem Korpusu Pokoju w Czechach, gdzie przez dwa lata uczyłem języka angielskiego na Uniwersytecie Zachodnioczeskim w Pilźnie.
- Jestem teraz od wielu lat mieszkańcem Hiroszimy, miejsca pierwszego na świecie ataku nuklearnego. Życie i praca tutaj oraz relacje osób,

które przeżyły wybuch bomby atomowej, wywarły głęboki wpływ na mój umysł i ducha.

- Mam doświadczenie teatralne, mianowicie zanim zacząłem zajmować się dwujęzycznością, przez wiele lat pracowałem w teatrze dla dzieci jako dramaturg i reżyser.
- Śmiertelnie boję się latawców (pod koniec książki dowiesz się dlaczego).

Jak w pełni wykorzystać tę książkę?

„Każdego dnia zbliżamy się do tych drobnych zmian,
które mają wielkie znaczenie".
Mignon McLaughlin

Proszę, traktuj tę książkę jak szwedzki stół z jedzeniem do wyboru. Nie każdy pomysł lub sposób postępowania musi pasować do twojego celu lub sytuacji. To zupełnie naturalne, że twoja rodzina jest inna niż moja, jeśli chodzi o liczbę języków, którymi mówicie, jak i pewne wartości kulturowe i osobiste. Mimo że żaden poradnik o wychowaniu dwujęzycznych dzieci nie może w całości pasować do każdej rodziny – zwłaszcza że takie rodziny na świecie są bardzo różnorodne – to mam nadzieję, że ta książka poszerzy perspektywy i zachęci do myślenia oraz działania w nowy sposób. A to z kolei pomoże ci zwiększyć wysiłki i poprawić rozwój języka twojego dziecka. To dla mnie jest najważniejsze.

Ponieważ jestem kreatywny w codziennej komunikacji w języku mniejszościowym, tak więc i moja książka oferuje bogatą różnorodność pomysłów i praktyk. Proponuję, aby systematycznie czytać strony od początku do końca, stopniowo przyjmując poradnik na własnych warunkach. Uważam, że w ten sposób uzyskasz większą wiedzę, zgodnie z moim zamierzeniem.

Forma publikacji nadaje się również do wygodnej lektury dla zapracowanych rodziców. Chociaż sekcje zostały uporządkowane w sposób celowy – tak, aby te pomysły i ćwiczenia uzupełniały się i przewijały przez całą książkę, to możliwe jest przeglądanie jej i opuszczanie fragmentów. W ten sposób możesz swobodnie podążać za tym, co cię zaciekawiło, zapoznając się z wybranymi zagadnieniami. Z czasem stopniowo poznasz całość. Na przykład rodzice, którzy mają już nieco starsze dzieci, zapewne zainteresują się tylko praktycznymi wskazówkami, dlatego mogą przejść od razu do drugiej części książki „Zasady". W aneksie znajdziesz także przydatny *Poradnik dla Czytelnika*, który również może poszerzyć twoją wiedzę.

Dlatego nie każda sugestia, którą przedstawiam, że *powinna być* wykonana co do joty według moich instrukcji, musi być spełniona, aby osiągnąć sukces posługiwania się dwoma językami na twoich warunkach. Każda rodzina, każde dziecko jest inne i nasze działania powinny jak najlepiej być dopasowane do konkretnych osób i okoliczności. Z tego powodu chcę uniknąć stosowania nakazów, ponieważ wiem, że *moja podróż nie jest twoją podróżą*. Chcę ci tylko pomóc, abyś w swojej drodze wspiął się na wyżyny sukcesu.

W niektórych przypadkach możesz ściśle stosować się do moich instrukcji; w innych powinieneś dostosować pomysł lub działanie do twojej rodziny lub konkretnego dziecka. Jeszcze w innych dojdziesz do wniosku, że sugestia po prostu nie pasuje do twojego celu lub sytuacji. Taka jest naturalna kolej rzeczy i należy się tego spodziewać. Warto jednak podkreślić, że im więcej pomysłów i ćwiczeń wdrożysz, dopasowując do swojego życia, tym bardziej zwiększysz rozwój języka dzieci na co dzień i ich umiejętności dwujęziczne w czasie całego dzieciństwa.

Zauważ również, że stosuję tutaj trochę „celowe powtarzanie", ponieważ niektóre aspekty dwujęzycznej podróży naturalnie dotykają więcej niż jednego obszaru. (Przekonasz się, że zwracam szczególną uwagę na wartość książek i czytania!). Starałem się wykorzystać owe powtarzane komentarze do ukazania kluczowych koncepcji z różnych punktów widzenia.

Jak wspomniałem, ta książka nie jest dziełem naukowym, jest to pozycja dla praktyków: rodziców i nauczycieli, którzy regularnie pracują z dwujęzycznymi dziećmi, a także starają się jak najlepiej wykorzystać czas, zwiększając ilość i jakość nauki języka. W celu uzyskania bardziej szczegółowych informacji oraz badań naukowych, proszę zapoznać się z bibliografią umieszczoną na końcu.

Wiadomość specjalna dla rodziców posługujących się językiem mniejszościowym

Książka ta jest przeznaczona nie tylko dla rodziców maluchów, gdzie wczesny okres życia dziecka jest kluczowy dla rozwoju jego dwujęzyczności, ale zawarte w niej strategie mogą być również przydatne dla rodziców już dorastających dzieci.

Jednocześnie powinienem wspomnieć, że u niektórych ta pozycja może wzbudzać poczucie żalu lub frustracji z powodu „utraconych szans" we wcześniejszych latach. Jeśli tak właśnie się dzieje, to mogę cię tylko poprosić o jak najszybsze uwolnienie się od tych odczuć i zapewnienie sobie pozytywnej, wybiegającej w przyszłość wizji już dzisiaj. To oczywiste, że wciąż jest wiele rzeczy, które możesz zrobić, aby wpłynąć w produktywny sposób na wzrost rozwoju językowego swojego dziecka, a sposoby postępowania opisane w tej pracy, jeśli będą konsekwentnie stosowane, mogą znacząco w tym pomóc.

Zgodnie z tym podejściem należy pamiętać, że mój przykład jest raczej „ekstremalny" (ponieważ moja praca z dwujęzycznymi dziećmi jest zarówno osobista, jak i zawodowa), i że nie ma potrzeby „dorównywać" mi pod żadnym względem, aby osiągnąć sukces i satysfakcję. Zapewniam cię, że jedynym wartościowym miernikiem powodzenia i zadowolenia jest twój własny barometr, oparty na twoich potrzebach oraz marzeniach. Po prostu mam nadzieję, że zaprezentowanie ci mojego doświadczenia, z którego wybierzesz to, co ci pasuje, według własnego uznania, pomoże ci uzyskać pożądane rezultaty.

Wiadomość specjalna dla rodziców posługujących się językiem większościowym

Chociaż ta książka jest skierowana do rodziców posługujących się językiem mniejszościowym, to na początku chciałbym też skierować kilka słów do rodziców operujących językiem większościowym. Chodzi o to, że wysiłki niezbędne do kształtowania umiejętności w języku mniejszościowym czynione przez jednego z rodziców często wymagają zrozumienia i kompromisu ze strony tej drugiej osoby – posługującej się językiem większościowym. Nawet jeśli rodzic z językiem większościowym ma ograniczoną umiejętność posługiwania się językiem mniejszościowym i nie jest w stanie służyć jako źródło aktywnej nauki, moralne wsparcie przez partnera z językiem mniejszościowym jest istotnym elementem sukcesu. Może to być trudne, gdy rodzina jest razem i jedno z rodziców będzie czuć się pominięte w rozmowie, ale ważne, aby zachować spokój, a także otwarcie mówić o wszelkich frustracjach, gdy te pojawią się.

Co więcej, sukces dwujęzycznej podróży nie może odbywać się kosztem szczęśliwego domu, co oznacza, że uczucia obojga rodziców powinny być szanowane, aby stworzyć satysfakcjonujący poziom życia. Jednocześnie często lepsze efekty w przyswajaniu języka osiąga się wtedy, gdy cała rodzina dąży do tego celu, razem podejmuje wysiłki i jest gotowa nadać priorytet językowi mniejszościowemu, w szczególności we wczesnym okresie rozwoju dziecka. Na przykład w mojej rodzinie mogę wziąć na siebie odpowiedzialność za aktywne wspieranie postępów naszych dzieci w języku mniejszościowym, dzięki temu, że Keiko wspierała mnie, umożliwiając dokonywanie wyborów i podejmowanie działań, które moim zdaniem są najlepsze dla rozwoju języka naszych dzieci. Bez jej zrozumienia – za co czuję wdzięczność i uważam za błogosławieństwo – ta podróż byłaby bez wątpienia trudniejsza i mniej udana.

Uwagi dotyczące kluczowych pojęć i odniesienia do płci

W tej książce używam słowa „dwujęzyczny", co rozumiem jako „więcej niż jeden język", oznacza to, że terminem tym obejmuję znajomość dwóch, trzech lub wielu języków.

„Język większościowy" jest głównym językiem kraju lub miejsca, w którym przyszło ci żyć, oraz podstawowym językiem tutejszego społeczeństwa i szkolnictwa. „Język mniejszościowy"[2] jest językiem rzadziej używanym na tym obszarze i stanowi dodatkowy język, którego nauka na ogół wymaga większego wsparcia. W związku z terminem „mniej-

---

[2] Tłumaczenie przyjęte w tej książce: Majority language (ang.) – język większościowy. Minority language (ang.) – język mniejszościowy. W innych publikacjach spotyka się również określenia język większości, język otoczenia / język mniejszości, język dziedzictwa (przyp. red.).

szość" w odniesieniu do języka nie powinno być żadnych negatywnych skojarzeń.

Odniesienia do płci są zawsze problematyczne w języku angielskim, a ponieważ wolałbym nie używać słowa „to" w odniesieniu do naszych kochanych dzieci, po prostu na przemian używam zaimków „on" i „ona". Chociaż próbowałem sprawiedliwie je obdzielić, to, mam nadzieję, że przymkniesz oko na nieuchronny brak dokładnej równości w stosowaniu tych form.

Część pierwsza: Perspektywy

„Daj mi sześć godzin na ścięcie drzewa,
a spędzę pierwsze cztery na ostrzeniu siekiery".
Abraham Lincoln

Ta książka składa się z dwóch części: część pierwsza to „Perspektywy",
a część druga to „Zasady". „Perspektywy" dotyczą sposobów myślenia, jeśli chodzi o wychowanie dwujęzycznych dzieci. Moim zdaniem,
głębszym fundamentem sukcesu – zanim jeszcze ruszymy z miejsca – jest
sposób, w jaki postrzegamy samą podróż. Kiedy nasze myśli będą bardziej
produktywne, wtedy nasze działania będą bardziej skuteczne. Natomiast
w „Zasadach" przyjrzymy się tym sposobom działania w codziennym życiu, badając działania, które są kluczowe dla promowania rozwoju języka.
Oczywiście te dwa elementy przenikają się: sposoby myślenia i działania
ściśle współpracują ze sobą i inspirują, a ich wzajemne oddziaływanie
umożliwia dwujęzyczną podróż. Jednocześnie, bez zamiaru sugerowania
twardego podziału, warto zgłębić je dokładniej, zaczynając od podstaw
myślenia o kluczowych aspektach tej podróży. Rozpocznijmy więc proces
zwiększania dwujęzycznych zdolności naszych dzieci od zastanowienia
się nad szeregiem ważnych perspektyw.

Perspektywa 1

Duch dwujęzycznej podróży

„Będę próbował aż do skutku. Zawsze zrobię kolejny krok.
Jeśli to nie pomoże, zrobię kolejne. Prawdę mówiąc,
robienie czegoś krok po kroku nie jest zbyt trudne.
Wiem, że powtarzane małe próby uwieńczą sukcesem
każde przedsięwzięcie".

Og Mandino

WJaponii, na początku każdego roku odbywają się mistrzostwa w biegu
sztafetowym zwanym *ekiden*. Mają tak przerażająco długą trasę,
że mógłbym ją jedynie przemierzyć samochodem, ale tylko na pełnym
zbiorniku paliwa.

Kilka lat temu, w słoneczne styczniowe popołudnie zabrałem Lulu
i Roya do centrum miasta, aby obejrzeć na żywo Hiroszima Ekiden.
Ponieważ ten bieg sztafetowy jest tak wielkim wydarzeniem – jest nawet
transmitowany w telewizji – to pomyślałem, że powinniśmy choć raz
zobaczyć to osobiście, aby przekonać się, o co w tym wszystkim chodzi.
(Ponadto, gdy jest nas tylko troje, wyjazdy dają moim dzieciom dobrą
okazję kilkugodzinnych rozmów wyłącznie w języku angielskim).

Było mnóstwo kibiców, ale udało nam się zdobyć miejsce przy drodze,
niedaleko linii startu. Czekaliśmy około trzydziestu minut, było dosyć
chłodno, aż wreszcie kolorowy tłum biegaczy ruszył, by zaraz zniknąć
z naszego pola widzenia, a mi starczyło czasu na zrobienie zaledwie jednego niewyraźnego zdjęcia. Doprawdy, ubaw po pachy!

Małe, z uporem stawiane kroki

Przyznaję, że nigdy nie byłem fanem biegów długodystansowych. Proszę mi wierzyć, byłem dość szybki, nawet byłem sprinterem w drużynie biegaczy w gimnazjum, ale ilekroć trener kazał mojej drużynie przebiec mnóstwo okrążeń na rozgrzewkę, to mógł się spodziewać, że większość tego czasu spędzę na ukrywaniu się w łazience. Nawet dzisiaj sam pomysł przebiegnięcia długiego dystansu (dalej niż do najbliższego przystanku autobusowego) instynktownie zmusza mnie do zaplanowania ucieczki. Może zatem wydać się to dziwne, ale w pewnym sensie czuję prawdziwe pokrewieństwo z długodystansowcami. W rzeczywistości proces wychowania dwujęzycznego dziecka jest maratonem, a nie sprintem. Kiedy mierzysz wysoko, a edukacja w szkole nie wchodzi w grę, osiągnięcie tego odległego celu wymaga serca i determinacji, energii i wytrzymałości, spełnienia takich samych warunków jak do biegania na długie dystanse. Dlatego podobnie jak bieg, w którym od początku do końca ciągle trzeba stawiać jedną stopę za drugą, wspieranie długoterminowego rozwoju języka u dwujęzycznego dziecka jest procesem, który można rozwiązać jedynie za pomocą małych, wytrwałych kroków, dzień po dniu. W obu przypadkach nie ma żadnych skrótów. Kiedy chodzi o dwujęzyczną podróż, nie popełnij błędu:

> *Choć ważne są odpowiednie strategie i metody dotyczące tego zadania, są one ostatecznie drugorzędne w stosunku do twoich chęci i determinacji, energii i wytrzymałości. Wszystkie dobre pomysły na świecie okażą się bezużyteczne, jeśli nie będą wzmocnione tymi cechami.*

Ostatecznie, to właśnie siłą ducha pokonasz odległość na drodze do zwiększenia zdolności dwujęzycznych twojego dziecka.

WNIOSEK: Dwujęzyczna podróż jest przede wszystkim próbą ducha, maratonem, który wymaga codziennej wytrwałości i długotrwałej wytrzymałości.

Perspektywa 2

Najlepsza rzecz w wychowywaniu dwujęzycznego dziecka

„Jak dziecko przeliteruje słowo »miłość«, gdy je o to poprosisz?
Odpowiedź brzmi: »c-z-a-s«".

John Crudele

Wiele dobrych rzeczy wynika z wychowywania dwujęzycznego dziecka, a korzyści te są regularnie odnotowywane w książkach i na blogach. W moim przypadku, z dziećmi w wieku jedenastu i ośmiu lat, są to:

- komunikowanie się z dziećmi w moim języku ojczystym i dzielenie się z nimi radością płynącą ze stosowania tego języka;

- obserwowanie, jak komunikują się z członkami rodziny i innymi osobami, które nie znają naszego języka większościowego;

- dając im dar dwóch języków, przekazuję umiejętność, która może ubogacić ich życie na wiele sposobów.

Są to ogromne korzyści i zostaliśmy nimi pobłogosławieni. W następnym podrozdziale chciałbym zwrócić uwagę także na inną perspektywę, która nie jest dostatecznie doceniana, choć powinna być, bo może stanowić największą wartość.

Cudowna ironia

Dla wielu rodziców, w tym dla mnie, dwujęzyczna podróż jest trudną i męczącą codzienną misją, która trwa przez lata. Bez kontaktu z językiem mniejszościowym w szkole lub aprobaty innych opiekunów rodzic z językiem mniejszościowym często staje w obliczu tego wyzwania w dużej mierze sam. Stara się zapewnić wystarczającą naukę języka w dominującym środowisku języka większościowego, wspierać i utrzymywać zdolności dziecka w posługiwaniu się drugim językiem. Można nam wybaczyć, jeżeli czasami chcielibyśmy, aby nasze dzieci uczęszczały do szkoły z językiem mniejszościowym, a my moglibyśmy w tym czasie leżeć w hamaku i odpoczywać (miewam tę fantazję dość często). Ale w naszej codziennej pracy nad wprowadzaniem języka pojawia się taka cudowna ironia:

Z powodu naszej misji spędzamy więcej czasu – a nawet znacznie więcej czasu – z dziećmi, niż moglibyśmy to robić w innych okolicznościach, gdyby utrzymanie codziennego kontaktu z językiem nie było taką samą koniecznością. Dlatego dajemy im siebie więcej w dzieciństwie, co bez wątpienia pogłębia naszą więź na całe życie.

Oczywiście nie sugeruję, że wysyłanie dziecka do szkoły z językiem mniejszościowym lub zatrudnienie niani, która mówi w języku docelowym, jest czymś negatywnym. Absolutnie nie. Takie okoliczności mogą po prostu znacznie zwiększyć szanse na sukces w posługiwaniu się dwoma językami. Ale jednocześnie warto pamiętać, że walka o wychowanie dwujęzycznego dziecka bez tych opcji oferuje bardzo pozytywny efekt uboczny:

Rozwijanie dwujęzyczności zachęca nas do spędzania z dziećmi więcej czasu i do świadomego korzystania z tych chwil, a to dla rodziców stanowi przecież jeden z priorytetów.

Spośród wielu innych korzyści dwujęzycznej podróży to często pomijane dobrodziejstwo może okazać się najlepszą rzeczą ze wszystkich.

WNIOSEK: Ciągła potrzeba zapewnienia dostępu do języka mniejszościowego może być zrządzeniem losu, dzięki większej interakcji i bogatszym relacjom z dziećmi.

Perspektywa 3
Twoje działania mają ogromne znaczenie

„Działaj, jakby to, co robisz, czyniło różnicę. Bo czyni".
William James

Podczas wielu lat pracy w zawodzie nauczyciela uświadomiłem sobie, że *moje wysiłki mają znaczenie*. Prawdą jest, że nauczyciele często nie mają okazji zaobserwowania w przyszłości wpływu swoich oddziaływań na uczniów – wychowankowie pojawiają się i znikają, rzadko powracając do swoich profesorów. Od czasu do czasu jednak, kiedy spotykam się z byłym uczniem, słyszę o tym, jak ważną rolę odegrałem w jego życiu, co potwierdza tylko, jak istotny był mój wkład w jego edukację. Dochodzę do wniosku, że wpływ mam zawsze, nawet wtedy, kiedy nie miałem możliwości osobiście widzieć rezultatów mojej pracy.

To samo tyczy się naszych wysiłków jako rodziców dzieci dwujęzycznych. Małe kroczki, jakie czynimy, dzień po dniu – jak głośne czytanie książki z obrazkami – zdają się mieć niewielkie znaczenie i mogą być postrzegane tylko jako pojedyncze doświadczenia. Ale miejcie na względzie to, że:

Na ostateczny poziom umiejętności językowych waszych dzieci (przynajmniej do czasu, kiedy samodzielnie będą mogły kontynuować tę podróż) złożą się te wszystkie drobne, codzienne czynności wykonywane wspólnie z rodzicami przez całe ich dzieciństwo.

Chodzi o to, że czytanie książki z obrazkami nie tylko wpływa na umiejętności językowe waszych dzieci, ale także na umiejętności *ich przyszłych potomków*. I jeśli głębiej się nad tym zastanowić, okazuje się, że poprzez wzajemne relacje waszych dzieci oraz ich latorośli z innymi osobami to ten wpływ sięga znacznie dalej, obejmując z kolei wiele innych ludzi.

A wszystko to na skutek tak niepozornej czynności jak czytanie książki z obrazkami.

Szersza perspektywa

Są chwile, kiedy nasze zmęczone, krótkowzroczne umysły mówią nam: *te małe rzeczy tak naprawdę nie mają znaczenia.*

Ale to błąd. Choć te działania mogą się wydawać niewielkie, to jednak są istotne. Mają znaczenie dla bardziej widocznego efektu tego doświadczenia: rozwoju języka naszych dzieci. I mają równie istotną wartość dla aspektów, których nigdy nie zobaczymy: dalszej przyszłości naszych rodzin, a co za tym idzie – całego świata.

To nie jest zwykły eksperyment myślowy, to jest fakt. To stara, banalna prawda, zawsze obecna, ale często nieuznana, że nasze czyny mają ogromne znaczenie – tutaj, teraz i w przyszłości.

Jednocześnie nie musimy czuć się winni z powodu utraconych okazji – to także część tego procesu. Nikt – i to na pewno dotyczy także mnie – nie jest całkowicie konsekwentny w swoich działaniach. Prawdziwym kryterium powinna być po prostu odpowiedź na to pytanie:

Czy na ogół robisz rzeczywiście wszystko, co możesz, aby produktywnie wykorzystać każdy dzień?

Więc następnym razem, gdy będziesz czytać dzieciom, puść wodze fantazji, by wybiec w przyszłość: że ten krótki moment służy nie tylko rozwojowi ich dwujęzyczności, ale może też odbić się na następnym pokoleniu, a być może także na kolejnych generacjach. Co więcej, ewentualne postępowanie twoich dzieci i ich potomków, dzięki użyciu języka mniejszościowego, bez wątpienia wpłynie również na cały świat w sposób, którego nigdy nie poznasz.

A zatem nasze dzisiejsze wysiłki mogą wpłynąć na jutro. To jest ważna spuścizna naszej dwujęzycznej podróży.

WNIOSEK: Działania, które podejmujemy każdego dnia, mają znaczenie nie tylko dla rosnącej zdolności językowej naszych dzieci i ich życia, te działania ostatecznie obejmują świat i dalszą przyszłość.

Perspektywa 4

Twoje dziecko chce być dwujęzyczne

> „Mam wielką wiarę w nasiono. Przekonaj mnie, że je masz,
> a ja jestem gotów oczekiwać cudów".
> Henry David Thoreau

Wyobraź sobie, że moglibyśmy zbadać każdą dwujęzyczną osobę dorosłą na świecie i zadać jej dwa pytania.

Pytanie nr 1: Czy żałujesz, że stałeś się dwujęzyczny?

Jak myślisz, jaka byłaby odpowiedź? Oczywiście, nie byłoby niczym niezwykłym, gdyby ludzie wspomnieli, jak ciężko było im czasami w dzieciństwie. Bo może trzeba było nadążać za dwoma językami czy należało wykonywać podwójną pracę domową, a może nieobce im było doświadczanie zawstydzenia podczas wypowiadania się w języku mniejszościowym publicznie, a także przezwyciężanie innych trudności. Możliwe, że kilku respondentów mogłoby nawet odpowiedzieć: „Tak, żałuję. To był po prostu zbyt duży ciężar".

Ale domyślam się, że odsetek osób, które odpowiedziały: „Nie, nie żałuję, że stałem się dwujęzyczny", byłby bardzo, bardzo wysoki. Mimo tych zmagań z dzieciństwa założę się, że byłoby to ponad 99 procent.

Pytanie nr 2: Jeżeli nie stałbyś się dwujęzyczny, to czy żałowałbyś tego?

Gdybyśmy odwrócili to pytanie i poprosili ludzi, aby wyobrazili sobie, jak by się czuli, gdyby *nie* stali się dwujęzyczni, jakiej odpowiedzi byś się spodziewał? Chociaż może znaleźć się garstka, która by nie żałowała, czy jednak większość ludzi nie poczułaby czegoś przeciwnego? Czy większość osób, ponad 99 procent, nie wyraziłaby prawdziwego żalu z powodu *braku* dwujęzyczności?

Pamiętaj o tym

Sprawa wygląda następująco: twoje gaworzące lub już starsze dziecko może jeszcze nie zdawać sobie z tego sprawy, ale *chce* być dwujęzyczne! I będzie tego żałować, jeśli *nie* stanie się dwujęzyczne! Serio, musisz o tym pamiętać podczas waszej wspólnej dwujęzycznej podróży.

Szczególnie ważne jest, aby pamiętać o tym w trudniejszych chwilach, na przykład gdy twoja pociecha buntuje się i nie chce rozmawiać z tobą w języku mniejszościowym. Kiedy pojawiają się trudności, to naturalne, że czujesz się zniechęcony, ale w tej właśnie chwili nie możesz dać się złapać w pułapkę. Musisz myśleć większymi kategoriami niż tylko o tym, co dzieje się tu i teraz.

Powiedz do siebie: „Tak, mój mały, wiem, że czasami jest to trudne. Ale wiem też, że w głębi duszy, w osobie dorosłej, która tkwi w tobie, naprawdę chcesz być dwujęzyczny i pewnego dnia żałowałbyś, gdybyś nie był. Będę więc nadal wspierał rozwój twojego języka mniejszościowego z całą cierpliwością, konsekwencją i wytrwałością, jaką może z siebie dać tak zmęczony stary rodzic, jak ja". I po prostu to robisz. I starasz się, jak możesz, dzień po dniu, kiedy tylko masz okazję. Robisz to, ponieważ wiesz, że nie jesteś jedyną osobą, która chce, aby twoje dziecko było dwujęzyczne. Twoja pociecha także chce być dwujęzyczna.

WNIOSEK: Zawsze pamiętaj, że twój potomek ostatecznie podziela to samo głębokie pragnienie bycia dwujęzycznym.

Perspektywa 5
Wykorzystaj szanse, by osiągnąć sukces

„Twoje obecne okoliczności nie określają, dokąd możesz dojść;
po prostu określają, gdzie zaczynasz".

Nido Qubein

Pomyśl o tym w ten sposób: wychowanie dziecka w dwujęzyczności
zależy od możliwości, a szanse powodzenia każdej rodziny będą większe lub mniejsze w zależności od konkretnych okoliczności i od tego, jak
aktywni są rodzice w kształtowaniu tych warunków w efektywny sposób.

Moje doświadczenie jako nauczyciela w Hiroshima International
School pokazuje, że szanse na to, aby japońskie dziecko z sukcesem stało
się dwujęzyczne, są niezwykle wysokie wtedy, gdy to dziecko uczy się
języka japońskiego od rodziny i społeczności, a języka angielskiego ze
środowiska szkolnego. Oczywiście, stopień tej umiejętności w języku angielskim będzie zależeć od takich zmiennych, jak wiek, w którym dziecko
przekroczy próg szkoły, i okres trwania nauki. Mimo to zdecydowanie
uważam, że dzieci, które są wystawione na język większościowy w domu,
a na język mniejszościowy w szkole, mają praktycznie zapewniony sukces
w rozwoju dwujęzyczności.

Inny scenariusz

Wiele rodzin boryka się jednak z zupełnie innym scenariuszem, z okolicznościami, które z natury utrudniają rozwijanie umiejętności aktywnych w języku mniejszościowym. Innymi słowy, takie okoliczności zamiast działać na korzyść rodziny – jak w powyższym przykładzie – *działają wbrew sukcesowi*.

Pozwolę sobie przypomnieć moją sytuację, jako konkretny przykład scenariusza, kiedy szanse powodzenia są raczej niskie. Jestem rodzicem reprezentującym język mniejszościowy, ale nie głównym opiekunem. Moje dzieci zawsze chodziły do szkół z językiem większościowym, moja partnerka nie mówi dobrze językiem mniejszościowym. Dodatkowo język mniejszościowy nie jest powszechnie używany w naszym środowisku i nie podróżujemy często. Prawda jest taka, że gdybym zrobił mniej, aby pokonać te trudności, i nie sprawił, by okoliczności bardziej zadziałały na moją korzyść od samego początku, to wyniki byłyby prawdopodobnie zupełnie inne. Ponieważ jednak zdałem sobie sprawę z tego dylematu i byłem gotów podjąć wszelkie możliwe starania, aby maksymalnie zwiększyć szanse na sukces, to osiągnąłem efekt zgodny z moim oczekiwaniem. Gdyby okazało się, że te działania – szczegółowo opisane w tej książce – nie wystarczają do osiągnięcia założonego celu, musiałbym albo sam zająć się podstawowymi kwestiami i na przykład sam kształcić dzieci w języku mniejszościowym, albo odpowiednio ograniczyć swoje ambicje, aby uniknąć rozczarowania oraz frustracji.

Zwiększanie szans

Dlatego ważne jest, aby dokładnie przyjrzeć się rzeczywistości – jeśli to możliwe, przed rozpoczęciem dwujęzycznej podróży – i ocenić swoje szanse: w jakim stopniu są korzystne, czy raczej są niewielkie? Jeżeli warunki zdają się działać na twoją niekorzyść, musisz być tak aktywny, jak to tylko możliwe, aby je poprawić. Największe powodzenie często wynika z przekształcenia w określony sposób samych podstawowych okoliczności. Na przykład twój małżonek również zaczyna używać języka mniejszościowego; zapisujesz dziecko do szkoły, gdzie wykłada się w języku mniejszościowym; częściej podróżujesz do miejsc, gdzie używają języka mniejszościowego itp.

Ale jeżeli takie większe zmiany nie są możliwe, odpowiedzialność za zwiększenie szans powodzenia spadnie wyłącznie na ciebie i wymagać będzie twoich codziennych starań. W trudnych warunkach musisz pozostać tak energiczny i zaradny, jak to możliwe, każdego dnia, aby zapewnić swoim dzieciom wystarczającą naukę i potrzebę aktywnego używania języka. W ten sposób możesz maksymalnie zwiększyć wasze szanse na sukces.

Jeśli chodzi o wychowanie dwujęzycznego dziecka, im mniej sprzyjające okoliczności, tym większa powinna być twoja aktywność, aby osiągnąć upragniony cel.

WNIOSEK: Przyjrzyj się z uwagą swojej sytuacji i stwórz najbardziej dogodne warunki, aby maksymalnie zwiększyć szanse na powodzenie.

Perspektywa 6
Wykorzystaj w pełni wczesne lata

„Przyszłość zależy od tego, co robisz w teraźniejszości".
Mahatma Gandhi

Dla rodzica czas jest dziwnie elastyczny: w przypadku niemowląt i małych dzieci dni (i nieprzespane noce) mogą być bardzo długie, natomiast lata ze starszymi dziećmi szybko mijają. Czasami zatrzymuję się, patrzę na swoje dzieci i myślę: *co się stało? Czy one nie były w pielu-chach w zeszłym tygodniu?*

Niedługo będą zmieniać moje pieluchy! Czasami może się wydawać, że osiemnaście lat dzieciństwa trwa wiecznie (także dla dzieci), ale tak naprawdę to jak mrugnięcie okiem. I prawda jest taka, że nasze podejście do dwujęzycznej podróży może zależeć w znacznym stopniu od działań, które podejmujemy lub których nie podejmujemy w ciągu kilku pierwszych lat. Jest to oczywiście szerokie uogólnienie – i zawsze można nad-robić zaległości w późniejszych latach – ale faktem jest, że *nasz wpływ na rozwój języka jest najsilniejszy na początku, kiedy możliwość przyswajania umiejętności językowych u dzieci jest również największa.* W miarę jak dzieci stają się coraz bardziej niezależne, a świat języka większościowego coraz bardziej przejmuje kontrolę nad ich życiem, to czas i energia dla języka mniejszościowego mogą się znacznie skurczyć.

Zacznij działać

Czy marzysz o wychowywaniu dzieci w obu językach jednocześnie, od ich urodzenia? Tak, abyś mógł nauczać drugiego języka od najmłodszych lat latorośli i komunikować się z nimi w tym języku przez całe ich dzieciństwo? Jednocześnie różne uwarunkowania ograniczają ci kontakt z językiem mniejszościowym, a pociechy prawdopodobnie będą uczęszczać do miejscowej szkoły z językiem większościowym? A może nie jesteś głównym opiekunem? Jeżeli to przypomina ci moją sytuację, to aby najlepiej zwiększyć szanse na sukces, musisz w pełni wykorzystać te pierwsze lata rozwoju, czasu, kiedy masz największy wpływ na przygotowanie dzieci do nauki języka. Tak naprawdę, jeśli chcesz zapewnić możliwie najsilniejszy rozwój dwujęzyczny, a odpowiedzialność za kontakt dzieci z językiem mniejszościowym spada przede wszystkim na ciebie, to musisz zacząć działać. Dwujęzyczna podróż to maraton i nie możesz się za wcześnie wypalić – ale jeśli zaczniesz zbyt wolno na linii startu, to zostaniesz w tyle bardzo szybko.

Nauka języka w pierwszych latach życia dziecka, kiedy rozwój mowy jest bardzo intensywny, jest podstawą twojego powodzenia. Jeżeli warunki ci nie sprzyjają, musisz je zmienić na swoją korzyść, działając i robiąc wszystko, co w twojej mocy, aby od pierwszego dnia dziecko miało zapewnione wystarczające osłuchanie się z językiem mniejszościowym. (Więcej na ten temat możesz przeczytać w drugiej części książki: Zasada 4: Spełnij podstawowe warunki: Obcowanie z językiem).

Utrzymuj język większościowy na tym samym poziomie

Rzeczywistość wygląda następująco: jeżeli nie ma dostatecznego osłuchania z językiem mniejszościowym, to jego rozwój szybko pozostanie w tyle za nieustającym postępem języka większościowego. Następnie, zanim się zorientujesz, maluch będzie miał trzy lub cztery lata, a język większościowy będzie już znacznie silniejszy i stanie się głównym narzędziem komunikacji. Nagle zdasz sobie sprawę, że oczekiwany rezultat, kiedy dziecko miało komunikować się z mniej więcej taką samą łatwością w obu językach, nie nabiera takiego kształtu, jak się spodziewałeś.

W tym momencie będziesz zmuszony „nadrabiać zaległości" w języku mniejszościowym, co będzie wymagało jeszcze większego wysiłku – i może być trudne do zrealizowania, jeżeli nie będziesz w stanie wprowadzić znaczących zmian w swoich zwyczajach, aby przywrócić równowagę językową dziecka. Aby uniknąć tego problemu – oraz towarzyszących mu rozczarowania i frustracji – zdecydowanie lepiej jest zacząć od konkretnych systematycznych działań, aby język mniejszościowy mógł „dotrzymać kroku" językowi większościowemu.

Jednocześnie chciałbym podkreślić, że nie ma nic złego w ponownym określaniu oczekiwań, jeśli zajdzie taka potrzeba, gdy uznasz, że twój pierwotny cel wykraczał poza twoje możliwości. Poza tym pasywna umiejętność w języku mniejszościowym – kiedy dziecko rozumie wiele z tego, co zostało powiedziane, ale nie ma jeszcze zdolności lub chęci aktywnego mówienia – jest nadal dużym osiągnięciem i zawsze można je „aktywować" w późniejszym etapie. Ale jeśli jest dla ciebie ważne – ale naprawdę ważne – aby twoje dziecko uczyło się obu języków jednocześnie, żebyś mógł komunikować się z nim w swoim języku ojczystym (lub drugim języku) przez całe życie, *to musisz pamiętać o rzeczywistej skali wyzwania i upewnić się, że twoje działania temu odpowiadają.*

WNIOSEK: Bycie aktywnym od samego początku – od urodzenia dziecka – pomoże ci zapewnić bardziej widoczny postęp w języku mniejszościowym.

Perspektywa 7
Bądź świadomy swoich dążeń

"Uważność polega na tym,
aby być w pełni świadomym w naszym życiu".

Jon Kabat-Zinn

Aby nie zapominać o wspieraniu języka mniejszościowego, każdego dnia musisz być w pełnej gotowości. Łatwiej to jednak powiedzieć, niż zrobić, ponieważ codzienne obowiązki często odwracają uwagę od pierwotnych planów i stają się przeszkodą w osiągnięciu celu. Na przykład większość rodziców prawdopodobnie zgodziłaby się, że regularne czytanie dzieciom jest kluczową formą wsparcia, bez względu na język mniejszościowy... a jednak bardzo często mamy do siebie żal z powodu niekonsekwencji w działaniu.

W jaki sposób zapracowany rodzic może wytrwale dążyć do założonego celu osiągnięcia dwujęzyczności dzieci? I co zrobić, aby te codzienne małe starania – które są niezbędne do wspierania dwujęzycznego rozwoju dziecka – nie zostały zaprzepaszczone? Oto pięć pomysłów:

1. Czytaj o wychowywaniu dwujęzycznych dzieci

Kiedy wyrobisz sobie nawyk czytania książek, blogów i forów dotyczących wychowywania dwujęzycznych dzieci, to ta lektura nie tylko dostarczy użytecznych wskazówek oraz pomysłów, ale też pomoże ci pamiętać o celu i o konieczności podejmowania wysiłków.

Mówiąc wprost:

im więcej na ten temat przeczytasz, tym więcej o nim pomyślisz; im więcej pomyślisz, tym więcej działań podejmiesz; a im więcej podejmiesz działań, tym większy postęp zrobią twoje dzieci. Aneks na końcu tej książki zawiera listę książek i stron internetowych o wychowywaniu dwujęzycznych dzieci.

2. Napisz o wychowywaniu dwujęzycznych dzieci

Pisanie o swojej dwujęzycznej podróży może być szczególnie skutecznym sposobem na utrzymanie uwagi. Pobudzasz umysł, aby nie „zasnął" poprzez prowadzenie dziennika, bloga, regularne angażowanie się na forum lub w grupie na Facebooku, i w konsekwencji zaczynasz głębiej zastanawiać się nad tematem. Poza tym dzięki dziennikowi lub blogowi będziesz tworzyć cenny zapis tego doświadczenia na przyszłość, który twoje dzieci pewnego dnia bez wątpienia przeczytają z przyjemnością (oczywiście w języku mniejszościowym!).

W moim przypadku pisanie o swoich przeżyciach w takim zakresie, w jakim to robię, pozwala mi stale koncentrować się na obecnych wyzwaniach i reagować na nie tak skutecznie, jak to możliwe. Chociaż wzmacnianie pozycji innych rodziców jest jednym z ważnych celów mojej pracy, prawdą jest również to, że samo pisanie jest przydatne i pomaga mi osiągnąć sukces w mojej drodze ku dwujęzyczności.

3. Wchodź w interakcje z innymi w kwestii wychowywania dwujęzycznych dzieci

Może mógłbyś nieformalnie wejść w interakcje z innymi rodzicami w twojej okolicy, aby dzielić się doświadczeniami i oferować wsparcie. Albo w swoim mieście czy regionie zostań członkiem bardziej formalnej grupy, która koncentruje się na tej kwestii lub załóż ją sam. Ja od dawna jestem członkiem The Bilingualism Special Interest Group (http://www.bsig. org), organizacji, która jest częścią The Japan Association for Language Teaching (JALT, Japońskiego Stowarzyszenia Nauczania Języków).

Inną opcją jest interakcja online poprzez uczestnictwo w forach lub zamieszczanie komentarzy na blogach – stanowią okazję, aby napisać o swoich doświadczeniach. Jest to jeden z głównych powodów, dla którego utworzyłem The Bilingual Zoo (Dwujęzyczne Zoo), ciepłą, żywą społeczność, w której opiekunowie dwujęzycznych dzieci z całego świata mogą wchodzić w interakcje i udzielać sobie wzajemnego wsparcia.

4. Korzystaj z regularnych przypomnień

Rozwieszaj karteczki w strategicznych punktach w domu z wiadomościami typu „Czytaj na głos każdego dnia", „Mów w języku mniejszościowym" lub innymi kwestiami, które chcesz wzmocnić. Wykorzystaj kalendarz w telefonie, aby dostarczał podobnych wezwań do działania w określonych porach dnia. Ja używam inspirujących cytatów, aby pogłębić swoją świadomość i wzmocnić motywację. Po prostu umieszczam aktualnie ulubione zdanie na ścianie nad moim biurkiem.

Aby uzyskać mnóstwo cytatów, które mogą przemawiać do rodziców wychowujących dwujęzyczne dzieci, pobierz mój darmowy e-book *Instant Inspiration for Parents Raising Bilingual Kids* (*Natychmiastowa inspiracja dla rodziców wychowujących dwujęzyczne dzieci*) pod tym linkiem: https://gumroad.com/l/instant-inspiration.

5. Medytacja i inne sposoby relaksacji

Kiedy byłem w stanie wolnym, zaczynałem każdy dzień od spokojnej medytacji przez piętnaście lub dwadzieścia minut, co, jak sądzę, pomagało mi wzmocnić umysł i ducha na cały dzień. Obawiam się, że po ślubie, a potem po narodzinach dzieci, utraciłem ten nawyk z powodu zabiegania. Mimo to uważam, że pisanie o doświadczeniach nadal uwrażliwia mnie na moje priorytety.

Jeżeli czujesz się przemęczony, a twoje wyższe cele – takie jak poświęcanie czasu i energii na rozwój językowy dzieci – są nieco zaniedbane, ponieważ pochłaniają cię mniej ważne zadania, to wtedy codzienna medytacja może być pomocna w przywróceniu hierarchii ważności. Kiedy ważniejszym celom poświęcasz mniej uwagi niż mniej istotnym, jakkolwiek „pilne" są w danej chwili – to wyraźny znak, że coś jest nie tak i sytuacja musi zostać naprawiona.

Codzienna uważność

Bez aktywnego angażowania się we wzmacnianie i w podtrzymywanie naszej świadomości, ryzykujemy utratę codziennej uważności, a także zapominamy o czynnościach, które miały nas doprowadzić do osiągnięcia długoterminowego celu.

Powyższe aspekty dotyczą oczywiście każdego większego przedsięwzięcia, ale są szczególnie ważne w dwujęzycznej podróży, w której efektywne wykorzystanie czasu każdego dnia – szczególnie w ciągu pierwszych kilku lat rozwoju dziecka – ma kluczowe znaczenie dla postępów dziecka w języku mniejszościowym, jak również zwiększenia jego dwujęzycznych umiejętności w ciągu następnych lat.

WNIOSEK: Aby codziennie podejmować wysiłki, by zapewnić stały postęp w nauce języka, niezbędna jest uważność.

Perspektywa 8
Chwytaj dzień codziennie

„W czasie swojego życia – żyj!".

William Saroyan

Zmarł mój przyjaciel. Odszedł dwa lata temu. Ostatni raz widziałem go dziewięć miesięcy przed jego śmiercią. Wpadliśmy na siebie na wystawie sztuki – dorocznej imprezie dla dzieci potrzebujących, którą kiedyś razem organizowaliśmy – odciągnął mnie na bok i powiedział: „Adamie, mam raka. Ale nie jestem gotowy na śmierć".

Ten człowiek – Japończyk, który nie mówił po angielsku – był nie tylko świetnym partnerem w rozpoczętej przez nas współpracy, ale także naprawdę dobrą osobą. Bezinteresowny, uśmiechnięty – wciąż próbuję mu dorównać.

Ponadto czułem z nim także szczególne pokrewieństwo, ponieważ mieliśmy urodziny tego samego dnia. Co mam na myśli, mówiąc „urodziny tego samego dnia"? Nie tylko urodziliśmy się tego samego dnia miesiąca, ale także w tym samym roku. Nie przypominam sobie nikogo innego, kogo bym spotkał osobiście podczas całego życia z identyczną datą urodzenia.

Pracowaliśmy wspólnie nad wystawą sztuki przez kilka lat, ale ponieważ z czasem stawaliśmy się coraz bardziej zajęci, przekazaliśmy organizację tych spotkań innym. A po kilku kolejnych latach już rzadko się widywaliśmy.

Kiedy więc spotkałem go tego grudniowego dnia, bardzo się ucieszyłem… a potem posmutniałem, słysząc jego oświadczenie. Uścisnąłem go za ramię i opracowaliśmy wstępne plany świętowania naszych urodzin w czerwcu.

Tak naprawdę to nigdy nie nawiązaliśmy kontaktów towarzyskich poza pracą, a sam pomysł wspólnego obchodzenia urodzin nigdy się nie ziścił.

Kiedy usłyszałem, że umarł, poczułem żal: *dlaczego nie starałem się bardziej do niego zbliżyć, kiedy miałem okazję?* Potem poczułem żal ponownie: *wiem, jak krótkie i cenne jest życie, a jednak jakoś ciągle o tym zapominam. Dlaczego nie pamiętam o najważniejszej rzeczy? Czy to nie czas, abym był bardziej świadomy życia?*

Każdy dzień jest ważny

Te fundamentalne pytania są nie tylko podstawą satysfakcjonującej egzystencji, ale mają kluczowe znaczenie dla powodzenia także w dwujęzycznej podróży. Idea chwytania każdego dnia jest ściśle powiązana z byciem świadomym naszych poszukiwań. Rozwój dwujęzyczności dziecka bywa procesem długotrwałym, ale można go rozwijać tylko krok po kroku, dzień po dniu, poprzez ciągłe działanie. Nie tylko trzeba myśleć o tej podróży codziennie, ale należy również wykorzystywać każdy dzień na zrobienie kolejnych kilku kroków. Pamiętaj, że dziecko będzie osiągało ogromny postęp w języku większościowym, dlatego musisz być tak konsekwentny i wytrwały, jak to tylko możliwe, jeśli chodzi o wsparcie malucha w nauce języka mniejszościowego.

Rozumiem, że jesteśmy zabiegani, ale jeżeli nie uznamy znaczenia każdego dnia i nie będziemy aktywnie wykorzystywać tego czasu, to kolejne dni, tygodnie, miesiące szybko miną z niewykorzystaną szansą na kontakt z językiem mniejszościowym. *Pamiętaj, że ostateczna znajomość języka mniejszościowego twojego dziecka w starszym wieku będzie w dużej mierze proporcjonalna do wszystkich wysiłków, które ty (i twoje dziecko) podejmujesz każdego dnia, w ciągu jego całego dzieciństwa.*

Te starania nie powinny jednak mieć w sobie pierwiastka szaleństwa. Chwytanie dnia oznacza po prostu konsekwentną aktywność, jeśli chodzi o rzeczy, które naprawdę mają największe znaczenie w naszym życiu, takie jak wychowywanie dzieci o dużych zdolnościach dwujęzycznych.

Tak naprawdę mogę mieć takie samo poczucie winy jak inni, jeśli chodzi o odkładanie rzeczy na potem. Ale myślę, że robimy to na własne ryzyko, ponieważ czas ucieka, a jeden dzień bezczynności może łatwo przynieść następne. Zanim się zorientujesz, mogą minąć miesiące, a nawet lata, a najważniejsze rzeczy jakoś się zagubią i zostaną niespełnione w natłoku wszystkiego, co wydaje się pilne w tej chwili, ale ostatecznie w niewielkim stopniu przyczynia się do życia, którego tak naprawdę pragniesz.

To jest moja przysięga

Od śmierci mojego przyjaciela budzę się każdego ranka i szepczę: *„Chwytaj dzień"*.

To jest moja przysięga, aby wykorzystać każdy nowy dzień, niezależnie od tego, ile mi zostało, i przeżyć go tak dobrze, jak to tylko możliwe. Wciąż o tym zapominałem, ale teraz staram się bardzo, aby pamiętać.

Oczywiście nasze życie może zmienić się w dowolnym momencie – i prędzej czy później tak się stanie. U mojego przyjaciela zdiagnozowano raka niespełna rok przed śmiercią. Przed zachorowaniem nie zastanawiał się nad tą możliwością jakoś głębiej, bardziej niż ty lub ja w tej chwili.

Dzisiaj mamy jednak kolejną szansę na to, aby żyć i kochać oraz dać naszym dzieciom to, co możemy najlepszego – w tym wspaniały dar języka. Chwytaj dzień!

WNIOSEK: Aby spełnić marzenia, także te o zdolności posługiwania się dwoma językami przez nasze dzieci, musimy jak najlepiej wykorzystać każdy dzień.

Długotrwałe wysiłki sumują się z czasem

"Sukces to suma niewielkiego wysiłku,
powtarzanego z dnia na dzień".
Robert Collier

Jeżeli reinkarnacja jest prawdą i moim przeznaczeniem jest odrodzić się w innym życiu, to myślę, że wybiorę nietoperza.

Nie przepadam specjalnie za nietoperzami – spędziłem kiedyś przerażające kilka minut, ścigając szamotającego się nietoperza po domu, potem łapiąc go do kosza na śmieci, a następnie uwalniając go przez okno.

Więc to nie jest tak, że lubię nietoperze, ale lubię jaskinie. Lubię wszystko, co wiąże się z jaskiniami: ciemność, chłodne powietrze, głęboką ciszę, kapiącą wodę, zimny, gładki kamień i cudowne formacje skalne.

I to właśnie te formacje – w szczególności duże sople jak stalaktyty i stalagmity – szepczą ważny sekret rodzicom wychowującym dwujęzyczne dzieci.

Długi, bardzo długi czas

Zatem, jeśli tak jak ja nie pamiętasz różnicy między stalaktytem a stalagmitem (dlaczego musieli nadać im takie mylące nazwy?), po prostu spróbuj tej małej sztuczki pamięciowej: "stalaktyt" ma w sobie "k", jak "kopuła", podczas gdy "stalagmit" ma w sobie "g", jak "gleba". Stalaktyty zwisają z góry jak sople, a stalagmity wznoszą się od ziemi jak kolce.

Inną rzeczą wartą zapamiętania na temat stalaktytów i stalagmitów jest to, że formują się one bardzo długo, powstając z kropel wody bogatej w minerały. Na przykład stalaktyty potrzebują setek, a nawet tysięcy lat, aby wyrosły zaledwie 2,5 cm.

Wyobraź sobie, ile czasu zajmuje utworzenie się pełnego stalaktytu!

Małe, konsekwentne wysiłki

Związek między tymi formacjami skalnymi a wychowywaniem dwujęzycznych dzieci przyszedł mi do głowy podczas podróży do USA. Niedaleko mojego rodzinnego miasta Quincy, w Illinois, jest stare rodzinne miasto Marka Twaina, Hannibal, w Missouri, które szczyci się jaskinią Marka Twaina, gdzie kiedyś bawił się jako chłopiec – ta sama jaskinia pojawiła się później w *Przygodach Tomka Sawyera*.

Gdy wędrowaliśmy przez jaskinię Marka Twaina i zobaczyliśmy tam wiele stalaktytów i stalagmitów – wynik ciągłego naciekania przez długi okres – uderzyło mnie, że wychowanie dwujęzycznego dziecka tak naprawdę nie różni się od tego procesu.

Dwujęzyczność jest wynikiem wytrwałych wysiłków, które z czasem się sumują.

I podobnie jak w formacji skalnej, tak naprawdę nie ma skrótów w wychowywaniu dwujęzycznego dziecka. Chodzi mi o to, że nie można od czasu do czasu tworzyć stalaktytu strużkami wody, potrzebna jest ciągła aktywność.

Dlatego powodzenie w wychowaniu dwujęzycznych dzieci prawdopodobnie nie zostanie osiągnięte poprzez sporadyczne działania. Sekret tkwi w małych, konsekwentnych krokach podejmowanych codziennie, co naturalnie doprowadzi do znacznego postępu z każdym rokiem.

Jednak, w przeciwieństwie do stalaktytu, nie masz tysięcy lat na wychowanie dwujęzycznego dziecka. Niestety jesteś ograniczony do około osiemnastu lat, a twój wpływ prawdopodobnie będzie słabnąć z czasem, gdy potomek stanie się coraz bardziej niezależny.

Z tego powodu musisz wykorzystać każdą chwilę na swoją korzyść, nie tylko poprzez wczesne podejmowanie starań, ale także przez ich podtrzymywanie każdego dnia, aby nagromadziły się przez lata. Podstawowym celem powinno być: robienie małych kroków każdego dnia, od samego początku, aby stale zmierzać do wyznaczonego celu.

Miej więc na uwadze jaskinie i ich niezwykłe formacje skalne: twoje wysiłki na rzecz pielęgnowania języka mniejszościowego powinny przypominać proces powstawania stalaktytów i stalagmitów, które tworzą się stopniowo, kropla po kropli.

W takim przypadku codzienna praca przyniesie cud dwujęzycznego dziecka.

WNIOSEK: Małe, regularne wysiłki każdego dnia przyczynią się do znacznego postępu przez lata dzieciństwa.

Perspektywa 10
Utrzymuj dobre nawyki i zwyczaje

„Sekret twojej przyszłości
jest ukryty w twojej codziennej rutynie".
Mike Murdock

Mój ośmioletni syn uwielbia bawić się wszelkiego rodzaju piłkami, w domu i na zewnątrz. Zazwyczaj kończy się na tym, że umieszczam piłki poza zasięgiem jego wzroku (na lodówce), aby skłonić go do innych zadań.

Z kolei moja jedenastoletnia córka chętnie spotyka się z przyjaciółmi przy każdej możliwej okazji, a jej aktywna natura oznacza, że Lulu zamiast czytać, woli psocić.

W moich dzieciach widzę siebie samego.

Pasowałyby do mnie wtedy te same opisy. Byłem aktywny każdego dnia, uprawiałem sporty i przedkładałem przyjaciół nad książki.

Teraz siedzę przed komputerem i jem chipsy kukurydziane. Wiem, że ten siedzący tryb życia stanowi problem, ale tak naprawdę nigdy nie byłem bardzo dobry w rzetelnym utrzymywaniu nawyków i zwyczajów, zwłaszcza jeśli chodzi o regularne ćwiczenia.

Na przykład po śniadaniu staram się biegać po okolicy, ale mój zapał często zależy od nastroju i pogody. Wstydzę się przyznać, że gdy budzę się w deszczowy dzień, od razu mam dobrą wymówkę, by nie biegać.

Opowiadam ci to wszystko, aby pokazać, że nie jestem tak zdyscyplinowany w wielu aspektach, jak bym sobie tego życzył. Jednak jeśli chodzi o przyzwyczajenia i procedury pielęgnowania rozwoju językowego moich dzieci, moja dyscyplina jest żelazna.

Kluczowe nawyki i zwyczaje

Moje kluczowe nawyki i zwyczaje to:

Czytanie na głos przy śniadaniu

Każdego ranka, odkąd moje dzieci mogły siedzieć przy stole w kuchni, czytałem im na głos podczas śniadania. (Nie, nie jadłem i nie czytałem jednocześnie. Czytałem maluchom, gdy one jadły, a ja jadłem potem.)

Robiłem to przez wiele lat – dzień po dniu, od dwudziestu do trzydziestu minut za każdym razem – i rzadko opuszczałem taki poranek. Kiedy jednak tak się zdarzyło – gdy podróżowaliśmy lub nasz normalny harmonogram zmienił się z innego powodu – czułem wewnętrzny alarm. I podejmowałem świadomy wysiłek, aby wrócić do tego tak szybko, jak to możliwe.

W ten sposób moje dzieci słyszały setki przeczytanych książek w ciągu lat. (Czytałem im na głos już od ich narodzin, a gdy jeszcze nie mogły siedzieć, to czytałem leżąc na podłodze).

Chociaż uważam, że ich rozwój w języku mniejszościowym jest wynikiem wielu źródeł obcowania z językiem, z których korzystały przez cały ten czas, gdybym musiał wskazać jedno działanie, które moim zdaniem najbardziej przyczyniło się do ich postępów, to byłoby właśnie takie czytanie na głos.

Wynika to z faktu, że język pisany jest na ogół bogatszy niż język mówiony, bardziej wyrafinowany i ekspresyjny, stąd wypracowało się to samo wyrafinowane wyczucie języka w ich małych głowach. Nie twierdzę, że teraz mówią jak Szekspir – mówią jak typowe dzieci. Ale mają podstawy do użycia bardziej wysublimowanego języka – co, jak widzę, wyraża się nieco w ich słownictwie i gramatyce – w wyniku tego bogatego kontaktu z książkami.

Angażowanie ich w interakcję

Ogólnie rzecz ujmując, nie jestem wielkim mówcą w towarzystwie do-rosłych. Wypowiadam się swobodnie może w obecności jednego lub dwóch bliskich przyjaciół albo gdy wcielam się w rolę nauczyciela lub gospodarza domu, ale poza tym jestem raczej introwertyczny. Jednak z moimi dziećmi, lub z innymi, z którymi pracuję, staję się wyjątkowo rozmowny, ponieważ nieustannie staram się je angażować w interakcje w celu wspierania rozwoju ich języka.

Częściowo jest to po prostu moja natura: nadal jestem jak dziecko (chociaż Keiko może nawet stwierdzić, że jestem infantylny) i uwielbiam żartobliwie przekomarzać się z maluchami. Ale jednocześnie doskonale zdaję sobie sprawę z faktu, że im bardziej zaangażuję je w posługiwanie się językiem mniejszościowym, tym bardziej wzrośnie ich zdolność językowa. Tak więc, chociaż prawdopodobnie byłbym równie rozmowny z moimi dziećmi nawet wtedy, gdybym nie był świadomy tej korzyści, to dzięki tej wartości dodanej, jeszcze aktywniej wykorzystuję nasze interakcje i robię to od czasu ich narodzin.

Jeśli chodzi o komunikację, podkreślę związany z nią nawyk, który może mieć decydujący wpływ na rozwój dwujęzyczności:

Im bardziej świadomie używasz języka mniejszościowego przy dzieciach i jednocześnie przykładasz mniejszą wagę do języka większościowego – w stopniu, w jakim jest to możliwe dla twojego stylu życia i zwłaszcza w najwcześniejszych latach dzieci – tym bardziej będziesz podnosić szanse pociech na to, aby odpowiedziały ci w języku mniejszościowym.

Wcale nie jest powiedziane, że skłonienie ich do używania języka mniejszościowego w twojej obecności nie może się udać, nawet jeśli swobodnie używasz również języka większościowego – wszystko zależy od konkretnej rodziny. Ale ogólnie rzecz biorąc, im częściej używasz języka większościowego w towarzystwie swoich dzieci, tym mniej autentyczna staje się potrzeba poczucia komunikacji z tobą w języku mniejszościowym. (Aby uzyskać więcej informacji na ten temat, zobacz Zasadę 5: Spełnij podstawowe warunki: Potrzeba języka).

Utrzymywanie zwyczaju w postaci pracy domowej

Trzecim wysiłkiem, który stanowi rdzeń naszego długoterminowego postępu, jest codzienna praca domowa. (Bardziej szczegółowe spojrzenie na tę procedurę można znaleźć w Zasadzie 24: Utrzymuj regularną rutynę pracy domowej).

Ponieważ mierzę wysoko i staram się pielęgnować umiejętności dzieci w języku mniejszościowym, zarówno w komunikacji ustnej, jak i w umiejętności czytania, od około trzech lat realizuję plan umiarkowanych zadań domowych. Może to wydawać się za wcześnie – gdyby moja sytuacja wyglądała inaczej, to wolałbym zacząć robić to później – ale czułem, jak ważne było, aby dzieciaki uzyskały dobry start w znajomości języka angielskiego, zanim weszły do japońskiego systemu szkolnego i język japoński zdobyłby pierwszeństwo.

Ponadto im wcześniej ustalę ten zwyczaj i uczynię go integralną częścią naszego codziennego życia, tym łatwiej będzie utrzymać go na dłuższą metę, zarówno dla syna i córki, jak i dla mnie.

I tak z roku na rok – z dnia na dzień, z nielicznymi wyjątkami – wyznaczałem im zadania do czytania i pisania, które mogli wykonywać, czasem ze mną, a niekiedy samodzielnie. Wymaga to dyscypliny po obu stronach, ponieważ dzieci mają również pracę domową z japońskiej szkoły, a ja mam swoje własne obowiązki, ale uważam, że ten zwyczaj jest niezbędny dla naszego sukcesu, dlatego uczyniłem z niego solidny nawyk.

Co ważne, nawet jeśli czytanie i pisanie w języku mniejszościowym nie są priorytetem, to im częściej angażujesz się w tego typu działania, tym bardziej poprawisz umiejętności mówienia dzieci. Wynika to z faktu, że umiejętność czytania i pisania poprawia ogólną biegłość językową, podobnie jak osoby dobrze czytające bardziej skłaniają się do mówienia. Reasumując, nawet jeśli zwyczaj codziennych zadań domowych jest poza twoimi możliwościami, czytanie i pisanie z dziećmi tak często, jak to możliwe, będzie miało istotny wpływ na ich komunikację w języku mniejszościowym.

Nawyki, zwyczaje i projekty

Powyższe punkty to trzy główne nawyki i zwyczaje, które stanowią podstawę moich codziennych wysiłków. Nie sugeruję, że celu, który wyznaczysz dla swojej rodziny, nie da się osiągnąć, jeśli te działania nie będą regularnie podejmowane. W końcu twoja wizja może być inna niż moja. Ale uważam za słuszne założyć, że jeśli przestrzegasz tych trzech podstawowych procedur i jeśli jesteś głęboko zdyscyplinowany w wykonywaniu ich każdego dnia, bez wątpienia przyspieszysz rozwój swoich dzieci w języku mniejszościowym.

Jeśli więc poważnie podchodzisz do maksymalnego zwiększenia zdolności dwujęzycznych swoich pociech, skuteczne nawyki i zwyczaje muszą być przemyślane oraz gorliwie przestrzegane – a także starannie dostosowane do okoliczności twojej drogi. Kiedy takie nawyki i zwyczaje są na swoim miejscu i są wykonywane sumiennie, wtedy stają się nie tylko motorem postępu twoich dzieci, ale także służą jako infrastruktura dla całej dwujęzycznej podróży.

Oprócz wytrwałych codziennych starań możesz dodatkowo zwiększyć wkład i zaangażowanie wszystkich, dzięki wykorzystaniu krótkoterminowych projektów: przeprowadzanie wywiadów wideo lub filmów „dramatycznych"; tworzenie książki z obrazkami lub komiksu; pisanie i wykonywanie krótkiej sztuki; śpiewanie i nagrywanie ulubionej piosenki (nawet tworzenie własnej); wymyślanie nowej gry i wspólne granie; sporządzanie albumu z podpisanymi zdjęciami; wykonywanie jakichś rzeczy rzemieślniczych lub zadań budowlanych; badanie z tworzeniem raportu na jakiś interesujący temat i wiele innych.

Jedna z matek wymyśliła nawet całoroczny projekt, w ramach którego wysłała pluszowego aligatora w podróż dookoła świata. Rodziny, które go gościły, relacjonowały swoje doświadczenia. Owa kobieta i jej dwoje dzieci blogowały o przygodach aligatora – w obu językach – realizując naprawdę zabawny i skuteczny plan. Aby dowiedzieć się więcej na ten temat (i obejrzeć zdjęcia z tej wyprawy po różnych częściach świata), zobacz post na Bilingual Monkeys pod tym linkiem: http://bilingualmonkeys. com/how-a-globe-trotting-alligator- helped-one-family-find-greater- -fun-and-success-on-their- bilingual-journey/.

WNIOSEK: Dobre zwyczaje i rutyna są podstawą stałego postępu w ciągu lat, a projekty krótkoterminowe mogą jeszcze bardziej zwiększyć kontakt z językiem mniejszościowym i zaangażowanie dzieci.

Perspektywa 11
Wypełniaj „szczeliny" dni

„Mówimy, że marnujemy czas, ale to jest niemożliwe.
Marnujemy siebie".

Alice Bloch

W arto powtórzyć tę myśl: ostateczna dwujęzyczna zdolność twojego dziecka będzie w przybliżeniu sumą niezliczonych momentów obcowania z językiem, na które dziecko będzie wystawione w ciągu całego swojego dzieciństwa.

Jednym z kluczowych sposobów na zwiększenie tego obcowania jest świadome wykorzystanie każdej wolnej chwili – kilka minut tu i kilka minut tam, codziennie, może znacznie przyczynić się do osiągnięcia postępów w ciągu lat. Tak naprawdę twoja obecność nie zawsze jest nawet potrzebna! Oprócz tych sposobów na kontakt z językiem, które wymagają twojej obecności, istnieją też inne pomysły wypełniania „szczelin" dnia, gdy nie ma cię w pobliżu.

Gdy jesteś obecny, możesz użyć krótkich okresów „przestoju" – na przykład gdy twoje dzieci wkładają piżamę i myją zęby – aby przeczytać im krótki wybór poezji, żartów lub zagadek w języku mniejszościowym. Przelotny, indywidualny charakter takich tekstów czyni je idealnymi na te chwile. Dłuższe historie, które wymagają skupienia, są mniej skuteczne, gdy czas jest ograniczony, a dzieci mogą wchodzić i wychodzić z pokoju. Poszukaj odpowiednich książek do tego celu, trzymaj je w poręcznym miejscu i wykształć nawyk sięgania po nie w takich momentach.

Wprowadzenie do mimowolnego czytania

Tymczasem nawet pod twoją nieobecność możliwe jest promowanie kontaktu z językiem mniejszościowym poprzez stałe stosowanie strategii, którą nazywam „mimowolnym czytaniem na własne potrzeby" (więcej informacji na temat tej strategii znajduje się w Zasadzie 18: Zaangażuj się w mimowolne czytanie).

Kiedy twoje dziecko kończy trzy lub cztery lata i rozpoznaje pismo języka mniejszościowego, zacznij pisać do niego proste wiadomości na kartce lub umieszczaj je na tablicy powieszonej w łazience lub w innej części w domu. (Jeśli pójdzie do przedszkola, takie wiadomości mogą być również umieszczane w jego pojemniku na drugie śniadanie).

Jeśli więc uczynisz takie czytanie centralną i trwałą częścią planu przez cały okres dzieciństwa, będzie to z czasem miało ogromny, produktywny wpływ na rozwój języka oraz umiejętności czytania i pisania. Oczywiście, ta praktyka wymaga energii do przygotowania materiałów do czytania, ale z kolei, pozytywny efekt obcowania z językiem może wystąpić pod twoją nieobecność.

Ponadto, gdy w tekście znajduje się pytanie lub prośba, może to stymulować późniejszą interakcję w języku mniejszościowym, gdy ty i twoje dziecko jesteście razem. W ten sposób takie czytanie może być podwójnie skuteczne jako sposób na zwiększenie i rozszerzenie nauki.

Wraz z rozwojem dziecka i jego umiejętności, powinien również ewoluować materiał używany do czytania. Przez lata publikowałem niekończącą się paradę wiadomości, zagadek, żartów oraz krótkich tekstów fabularnych i non-fiction. Czasami piszę je sam, innym razem biorę je z książki lub drukuję z Internetu. Ostatnio kopiuję krótkie zagadki, które służą temu podwójnemu celowi: promowaniu zarówno samodzielnego czytania, jak i późniejszej interakcji, kiedy syn czy córka przychodzą do mnie ze swoimi pomysłami.

Podstawowe zasady mimowolnego czytania

Aby ustanowić trwały zwyczaj mimowolnego czytania, pamiętaj o tych trzech zasadach:

1. Upewnij się, że materiał odpowiada wiekowi i poziomowi czytania twojego dziecka. Zacznij od jednego prostego zdania – a może nawet tylko liter lub słów – i stopniowo zwiększaj długość i złożoność materiału. Sam tekst powinien być wystarczająco długi i przyjazny dla czytelnika, aby przyciągnąć uwagę dziecka oraz ułatwić przeczytanie.

2. Wyciągaj z tej strategii tyle, ile się da, poprzez regularne zmiany materiału, tak aby pociecha mogła otrzymywać nowe bodźce. Jeśli jakaś sekwencja wisi zbyt długo na ścianie, dziecko (tak jak osoba dorosła) już jej nie zobaczy. Kiedy moje dzieci były małe, pisałem dla nich wiadomości codziennie, ale teraz, przygotowując dłuższe fragmenty, zmieniam materiał w naszej łazience co trzy dni. W tym tempie przeczytają go kilka razy, a potem, gdy się znudzi, zastąpię go nowym.

3. Zachowaj ostrożność przy dodawaniu zdjęć. Naszym celem jest zachęcanie do samodzielnego czytania. Użycie obrazów może go podważyć, jeśli dziecko będzie się wpatrywać w obrazek, zamiast aktywnie rozszyfrowywać tekst. Gdy brakuje zdjęcia, to jedyną opcją dla dziecka jest angażowanie się w sam druk.

Jeśli chodzi o rozwój języka, każdy drobiazg się liczy. Poprzez strategiczne wypełnianie „szczelin" każdego dnia językiem mniejszościowym, podsycasz ten rozwój i kontynuujesz wysiłki na rzecz rozwoju dwujęzyczności dziecka.

WNIOSEK: Podejmij świadome działanie, aby zwiększyć obcowanie z językiem mniejszościowym w „szczelinach" dnia, takie jak krótkie serie głośnego czytania lub regularne stosowanie mimowolnego czytania.

Perspektywa 12
Zachowaj cierpliwość

„Przyjmij rytm natury, jego sekretem jest cierpliwość".
Ralph Waldo Emerson

Maksymy, jak wspomniałem, od dawna są ważną częścią mojego życia. Przez lata zebrałem setki ulubionych, które w jakiś sposób do mnie przemawiają i mnie inspirują. Ściana nad moim biurkiem nieustannie eksponuje sentencje przypominające mi o projektach, które chcę zgłębić, lub zapewniające mi pomocne spojrzenie na wyzwania, przed którymi stoję.

Przypinam tam też wypowiedzi moich dzieci, takie choćby jak ta wiadomość napisana przez syna, gdy miał cztery lata:

„Tatuś jest! Bardzo dobry! Tatuś! OK!"
Podoba mi się! jego żywa! interpunkcja!

Bez wątpienia maksymy odgrywają znaczącą rolę w mojej pracy, ponieważ uważam, że odpowiednie przesłania nie tylko zapewniają ciągłą zachętę w codziennych wysiłkach pielęgnowania rozwoju języka, ale także mogą służyć jako głębokie metafory samej podróży.

Jak ta interesująca sentencja Jacoba Riisa:

„Popatrz, jak przecinarka wrzyna się w kamień, może już po raz setny, ale wciąż bez widocznego rezultatu. Jednak po sto pierwszej próbie podzieli go na dwie części, i wiem, że stanie się to nie za sprawą ostatniego cięcia, ale dzięki sumie wszystkich tych wcześniejszych".

Riis, który ponad sto lat temu był reformatorem społecznym w Nowym Jorku, kiedy to pisał, nie miał na myśli dwujęzycznych dzieci – domyślam się, że mówił o znaczeniu nieustających wysiłków w kwestii wprowadzania zmian w społeczeństwie.

Ja natychmiast dostrzegłem związek między piłą do kamienia a rodzicem dwujęzycznego dziecka – a w szczególności rodzicem małego dziecka.

Żartobliwe, radosne „wykuwanie"

Oczywiście, poza tym metaforycznym kontekstem, piły i małe dzieci nie mają ze sobą nic wspólnego. Ale pomyśl o tym w ten sposób: rodzic pielęgnujący język mniejszościowy dziecka jest bardzo podobny do przecinarki, która tnie kamień. Dziecko przez dłuższy czas nie tworzy zrozumiałego języka, nie ma żadnych widocznych „pęknięć", lecz potem nagle „kamień zostaje przecięty" i język mniejszościowy staje się aktywny… lub nie.

Chodzi o to, że bez tego uporczywego przebijania się w czasie pierwszych lat życia dziecka – bez tych codziennych starań prowadzących do oswojenia się dziecka z językiem mniejszościowym – „równy podział" prawdopodobnie nie nastąpi.

Zamiast tego, kiedy dziecko zacznie mówić, język większościowy będzie parł do przodu, podczas gdy język mniejszościowy pozostanie z tyłu, stanie się bardziej pasywny.

Dla młodych rodziców owo „przebijanie się" musi odbywać się z pełną wiarą. Dopóki nie zdobędziesz osobistego doświadczenia z pierwszym dzieckiem, naturalne, że będziesz się zastanawiać, czy twoje wysiłki rzeczywiście opłacą się. Wiedz o tym, że *opłacą się*. Jeżeli będziesz wytrwale dążył do celu – poprzez żartobliwe, radosne „wykuwanie" – naprawdę w sposób naturalny nastąpi przełom.

Twoje starania przez pierwsze kilka lat doprowadzą do aktywnej komunikacji w języku mniejszościowym, gdy dziecko zacznie mówić. Ale jeśli te wczesne działania będą niewystarczające, jeśli uderzysz w niego zbyt lekko… cóż, kamień nie podzieli się na dwie części.

I tak na marginesie, zapewniam cię, że mieszanie dwóch języków jest czymś naturalnym dla przyszłych dwujęzycznych dzieci i wcale nie musi być problemem. W miarę upływu czasu, gdy ich słownictwo się rozwinie, będą wybierać odpowiedni język w zależności od sytuacji, dostosowując go do rozmówcy lub miejsca. Jednak na początku instynktownie będą starały się wykorzystać wszystkie słowa, by przekazać to, co chcą zakomunikować, a to powinno być postrzegane jako oznaka pragmatyzmu, a nie zdezorientowania. Niestety, gdy małe dwujęzyczne dzieci mieszają języki, czasami uważa się to za problem, podczas gdy jest to po prostu krótkotrwały etap rozwoju w całym procesie przyswajania dwóch języków naraz. Innymi słowy, to „pragmatyczne mieszanie" z czasem naturalnie maleje, a dalsze przeplatanie lub przełączanie kodu staje się potem strategiczną częścią komunikacji z innymi ludźmi, również dwujęzycznymi.

Metafora czytania

Sentencja Jacoba Riisa jest także trafną metaforą wspierania umiejętności czytania i pisania w języku mniejszościowym. Moim zdaniem codzienna praktyka czytania dziecku na głos, od urodzenia, nie tylko kształtuje jego biegłość w mówieniu, ale wpływa także na rozwój czytania i pisania – co jest podwójnie produktywne.

W rzeczywistości czytanie i pisanie nie pojawi się wcześniej niż rok (lub później) po tym, jak dziecko zacznie mówić, ale wszystkie wysiłki poczynione w latach poprzedzających ten czas – setki sesji czytania na głos – utorują drogę do kolejnego „podziału" w zdolności dziecka do czytania i pisania w języku mniejszościowym. Faktem jest, że:

Im więcej „wykuwania" w ciągu pierwszych kilku lat – szczególnie poprzez ilość mowy skierowanej do dziecka i ilość głośnego czytania – tym bardziej prawdopodobne, że będziesz wspierać pozytywne „rozszczepienia" w języku mniejszości dla obu funkcji – mówienia i pisania.

Oczywiście te „podziały" mogą nastąpić później, ale kiedy język większościowy znacznie wyprzedza język mniejszościowy od najmłodszych lat, aktywacja pasywnej zdolności dziecka może stać się sporym wyzwaniem. Jeśli relatywnie „zrównoważona" dwujęzyczność jest dla ciebie ważna – ponieważ, na przykład, chcesz komunikować się ze swoim dzieckiem w języku ojczystym (lub ulubionym drugim języku) przez całe wasze wspólne życie – to uważam, że znacznie lepiej jest skupić się na ciężkiej pracy od samego początku, by „podział" mógł nastąpić wcześniej.

WNIOSEK: Cierpliwe, aktywne działania od samego początku mogą wspierać zarówno aktywną komunikację, jak i podstawy umiejętności czytania i pisania w języku mniejszościowym.

Perspektywa 13
Praktykuj „medycynę zapobiegawczą"

„Myślenie o przyszłości jest jak jej rozpamiętywanie".
Jarod Kintz

Fascynuje mnie, jak nasze doświadczenia, związane z wychowaniem dwujęzycznych dzieci, mogą być skrajnie różne, jeśli chodzi o nasze warunki – lokalizacje, języki, styl życia – a jednocześnie wykazują głębokie podobieństwa w wyzwaniach, przed którymi stoimy.

Jednym z tych powszechnych problemów, typowych dla każdego zakątka świata, jest *frustracja*. Dla wielu rodziców posługujących się językiem mniejszościowym uczucie bezsilności oraz zniechęcenia, w większym lub mniejszym stopniu, jest znaną częścią procesu nauczania.

Myślę, że sztuką jest utrzymywanie frustracji na względnie niskim poziomie, ponieważ większa koncentracja na bezsilności wpłynie na rozwój poważnych wątpliwości co do twojej dwujęzycznej podróży. A uczucie to, kiedy narasta, może nawet wpływać negatywnie na relacje rodzinne.

Jednocześnie każda frustracja, niezależnie od natężenia, jest również okazją do określenia jej źródła i stawienia czoła wyzwaniu. Innymi słowy, taki stan powoduje poważny problem i skłania nas do podjęcia decyzji w celu poprawy sytuacji. W tym sensie frustracja jest pozytywną i motywującą emocją, która może prowadzić do produktywnej energii i zapewnienia bardziej sprzyjających warunków do rozwoju języka dziecka.

Kurczący się czas na zadanie domowe

Oczywiście przez lata poddawałem się frustracji. Jednym z najlepszych przykładów jest nasza codzienna praca domowa w języku mniejszościowym.

Chociaż byłem w stanie utrzymać nasz nawyk pracy domowej, kiedy dzieci były małe – w celu pielęgnowania umiejętności ich czytania i pisania oraz zwiększenia ogólnej biegłości – to z upływem lat stawało się to coraz trudniejsze: po prostu nie mamy dla siebie tyle czasu po szkole co wcześniej. Gdy dzieci w japońskich szkołach przechodzą do wyższych klas, dzień w szkole wydłuża się, a obciążenie pracą domową rośnie. Wydaje mi się, że gdyby ich język większościowy także używał alfabetu rzymskiego, to znacznie ułatwiłoby naukę. Niestety japoński bardzo różni się od angielskiego, a nauka czytania i pisania po japońsku jest ogromnie czasochłonna.

Dlatego współczuję moim dzieciom, gdy niekiedy narzekają z powodu dodatkowego obciążenia w formie codziennych prac domowych w języku angielskim. Jednocześnie bardzo niechętnie obniżam swoje oczekiwania dotyczące ich rozwoju umiejętności czytania i pisania w tym języku, co oznacza, że muszę sprostać tym oczekiwaniom, ale jednocześnie nie obciążając moich pociech za bardzo.

Strategia „medycyny zapobiegawczej"

W pewnym sensie moja reakcja na tę sytuację rozpoczęła się na długo przed jej nadejściem. Ponieważ już na początku wiedziałem, że w końcu napotkam tę trudność, kiedy godziny szkolne i zadania domowe będą wypierać czas przeznaczony na umiejętność czytania i pisania w języku mniejszościowym. Wtedy właśnie zastosowałem strategię „medycyny zapobiegawczej": dołożyłem wszelkich starań, aby stworzyć solidne podstawy czytania i pisania po angielsku, zanim dzieci rozpoczęły naukę w lokalnej szkole podstawowej. Z tego powodu wcześniej ustaliłem zwyczaj pracy domowej, wprowadzając przyjazne czynności, takie jak książeczki z obrazkami do łączenia kropek, by potem, z biegiem lat, z dnia na dzień czytanie i pisanie po angielsku mogło stopniowo ewoluować.

I chociaż frustracja, jaką odczuwam w związku z kurczącą się przestrzenią na angielski, pozostaje faktem, to jednak nie jest ona tak duża, jaka mogłaby być, gdybym nie wykonał wcześniejszych działań i nie widział ich efektów. I to prowadzi mnie do ważnej konkluzji:

Jeśli potrafisz przewidzieć choćby część z większych wyzwań, które prawdopodobnie pojawią się w przyszłości, to możesz być w stanie zmniejszyć te trudności i towarzyszącą im frustrację, jeszcze zanim się pojawią, stosując „medycynę zapobiegawczą".

Oczywiście nie zawsze jest to możliwe, ale podobnie jak cieszymy się z dobrego zdrowia, tak prawdopodobnie będziesz cieszyć się „zdrowszą" dwujęzyczną podróżą z dziećmi, pod warunkiem że tego rodzaju przemyślane i zapobiegawcze działanie będzie częścią twojego sposobu myślenia. Pamiętaj, że niższy poziom frustracji jest lepszy niż wyższy, i to ty w znacznym stopniu masz kontrolę nad tym, do jak dużych rozmiarów w końcu urośnie.

WNIOSEK: „Medycyna zapobiegawcza" może pomóc w uniknięciu lub ograniczeniu większych wyzwań, a frustrację należy postrzegać w pozytywnym świetle, jako szansę na poprawę obecnych warunków.

Perspektywa 14
Pasja napędza postęp

„Sukces nie jest wynikiem spontanicznego spalania.
Najpierw musisz się podpalić".
Fred Shero

Lulu bierze udział w zajęciach tanecznych – tańcu jazzowym i współ-czesnym – od pierwszej klasy. Wydaje się, że ma naturalną pasję do tańca – od czasu, gdy stanęła na własnych nogach, właściwie bez prze-rwy tańczy po domu, a ja z przyjemnością aprobuję to zainteresowanie. (Chociaż czasem musimy ją skarcić, bo potrafi tańczyć nawet wtedy, gdy siedzi na krześle podczas posiłków).

Tak naprawdę moja pomoc dla Lulu (zgłosiłem się też na ochotnika, by być jej szoferem) nie polega tylko na klasycznym wsparciu córki przez ojca; mój entuzjazm wynika również z miłości do tańca.

Muszę przyznać, że teraz wyglądałbym dość komicznie w rajstopach, i prawdę mówiąc, nigdy nie brałem udziału w żadnych zajęciach tanecz-nych. Moje umiejętności taneczne ograniczały się do dzikiego skakania na imprezach w szkole średniej czy na studiach.

Moja pasja do tańca jest związana z emocjami, jakie taniec we mnie wywołuje.

I choć zawsze byłem związany z teatrem, to właśnie taniec jest dla mnie wyrazem czystej ekspresji.

Chodzi o pasję

Widzisz, pasja ma wiele wspólnego z tym, jak skutecznie będziesz doskonalić dwujęzyczne umiejętności swoich dzieci, ponieważ ta misja – podobnie jak osiąganie sukcesów przy każdym większym, długoterminowym zadaniu – sprowadza się do determinacji. Chodzi o to, jak dużo zapału masz na początku swojej podróży, a ile będziesz jej przejawiał w miarę upływu czasu.

Jeśli twoja sytuacja jest podobna do mojej, to poziom twojej pasji jest decydujący.

Zastanów się: ile tak naprawdę masz w sobie determinacji do wychowywania dwujęzycznych dzieci? Czy twój poziom zaangażowania odpowiada wysokości twojego celu? Jakikolwiek założysz cel dla języka mniejszościowego swoich dzieci – od biernego rozumienia do pełnej umiejętności czytania i pisania – to najprawdopodobniej wpadniesz w konsternację, gdy poziom pasji będzie zbyt niski, by osiągnąć cel, który sobie wymarzyłeś.

W moim przypadku wydaje mi się oczywiste, że niezależnie od tego, jaki sukces odniosłem w rozwijaniu silnych umiejętności językowych, jest on wynikiem pasji, którą odczuwam, aby wspierać mniejszościowy język dwujęzycznych dzieci, zarówno moich, jak i innych. A ta książka jest próbą podzielenia się tą pasją i pomocą w podsycaniu poziomu determinacji, jakiej potrzebujesz, jeśli chodzi o pielęgnowanie rozwoju językowego twoich dzieci.

Ostatnia myśl: oprócz wpływu na dwujęzyczny rozwój naszych dzieci, entuzjazm, który wyrażamy dla tego zadania i dla każdego innego aspektu naszych dni, ostatecznie przełoży się na przekazanie tym małym ludziom pasji do życia w ogóle. Myślę, że równie ważne jak pielęgnowanie dobrych umiejętności dwujęzycznych, jest także to, aby *podsycać ich pasję do życia, cokolwiek by robili.* To właśnie nasz przykład, rodziców, bardziej niż cokolwiek innego pomoże wesprzeć tego ducha.

WNIOSEK: Pasja do wychowywania dwujęzycznego dziecka musi być wystarczająco silna, aby zapewnić długofalowy sukces.

Perspektywa 15

Bądź bardzo poważny,
bądź bardzo zabawny

„Każdy dzień życia musi być świadomym tworzeniem, w którym dyscyplina
i porządek współistnieją wraz z zabawą i odrobiną czystej głupoty".

May Sarton

Spróbuj małego eksperymentu myślowego: już nie żyjesz, a twoje dorosłe
dzieci siedzą przy stole w kuchni i rozmawiają o tobie (w języku mniejszościowym, miejmy nadzieję). Twój duch unosi się nad nimi, słuchając.

Co słyszysz?

O czym mówią twoje dzieci, wspominając lata spędzone razem na
na tym świecie?

Czy będą pamiętać, jak poważnie podchodziłeś do pomagania im
w ich dwujęzyczności? Ile ciężkiej pracy włożyłeś w pielęgnowanie rozwoju ich języka?

Może w pewnym stopniu to zrobią.

Ale podejrzewam, że zapamiętają coś innego związanego z tobą, coś,
co wywarło głębsze wrażenie w ich umysłach i sercach niż poważny
wizerunek pracowitego rodzica. Chodzi o to, że to ta druga część twojej
natury ma teraz decydujący wpływ na twoje wysiłki na rzecz wspierania
dwujęzyczności dzieci.

Wspomnienia z dzieciństwa

Najpierw zastanów się: jak wspominasz rodziców, kiedy wracasz myślami do dzieciństwa? To prawda, możesz mieć jakieś nieprzyjemne wspomnienia, ale poza nimi – co kryje się pod tymi wspomnieniami – co najlepiej zapamiętałeś?

Oto niektóre z moich wspomnień, które swobodnie przychodzą mi do głowy podczas pisania:

- Pamiętam, że mama i ja razem zbieraliśmy jagody. (Nadal uwielbiam zbierać jagody!)

- Pamiętam, jak się oboje śmialiśmy, kiedy choinka, którą wieźliśmy do domu na dachu samochodu, zsuwała się na ruchliwą drogę.

- Pamiętam, jak tato grał ze mną długie rozdania w gry karciane. (I uczył mnie tasować, czego teraz uczę własne dzieci).

- Pamiętam, jak przebierał się w zwariowane kostiumy i występował w krótkich filmach kręconych starą kamerą filmową.

Czy na podstawie tych kilku pierwszych wspomnień, które przychodzą mi do głowy, kiedy myślę o rodzicach, widzisz jakiś wspólny motyw?

Co zobaczy twój duch?

Kiedy kręcisz się po kuchni jako duch, słuchając rozmów swoich dzieci, myślę, że to, co od nich usłyszysz, to przede wszystkim wspomnienia takie jak moje: czasów, kiedy się z nimi bawiłeś.

Będą pamiętać, jak czytałeś im śmieszne książki. Będą pamiętać, jak rysowałeś z nimi zabawne obrazki. Będą pamiętać, jak bawiłeś się z nimi zabawkami i grałeś w różne gry. Będą pamiętać, jak bawiłeś się z nimi w berka i w chowanego. Będą pamiętać, jak z nimi poznawałeś przyrodę. Będą pamiętać, jak żartowałeś i śmiałeś się z nimi oraz będą pamiętać, jak z nimi tańczyłeś…

Będą pamiętać, jak się bawiłeś.

Oczywiście, nie zawsze zapamiętają dokładnie te rzeczy jako konkretne zdarzenia. Ale możesz być pewien, że właśnie takie doświadczenia będą tworzyć ogólny obraz ciebie, jako ich matki lub ojca.

Szukaj dwóch skrajności

Jak bardzo kwestia radości jest ważna dla rodziców wychowujących dwujęzyczne dzieci? To znaczy poza wpływem na samą więź rodzic–dziecko.

Cóż, z mojego punktu widzenia idealna formuła pielęgnowania dobrych zdolności dwujęzycznych u dziecka polega zarówno na tym, by podchodzić do celu niezwykle poważnie, jak i bardzo zabawnie.

Jestem kiepski z matematyki, ale sugerowałbym równanie, które wygląda mniej więcej tak:

Im poważniej podejdziesz do celu i im zabawniejsze będzie to podejście, prawdopodobnie tym większe postępy twoje dzieci zrobią w swojej dwujęzycznej podróży.

Rozumiem, że to może jest dziwny i trudny do zbalansowania, ale niezbędny element podtrzymania skutecznego działania każdego dnia. Wymagania, które musisz postawić swoim dzieciom za dodatkowy wysiłek w języku mniejszościowym, będą dla nich o wiele łatwiejsze do zaakceptowania, gdy zostaną zrealizowane tak lekko, żartobliwie i radośnie, jak to tylko możliwe.

Jeśli równowaga jest zbyt mocno przechylona na poważną stronę – bez wystarczającej dozy dobrego humoru – podróż może wydawać się ciężarem zarówno dla rodzica, jak i dziecka. Dziecko będzie przede wszystkim postrzegać rodzica jako surowego nauczyciela i nie tylko może to zniszczyć więź miłości, ale kiedy dojdzie do zniechęcenia, a nawet otwartego buntu, to prawdopodobnie będzie on większy.

Z drugiej strony, jeśli nie jesteś wystarczająco poważny – jeśli zbyt swobodnie podchodzisz do swoich działań – dzieci prawdopodobnie też nie potraktują twoich oczekiwań bardzo serio i będą się zastanawiać, czy w ogóle język mniejszościowy jest tak ważny. W tym scenariuszu najważniejsze czynności, takie jak czytanie na głos i codzienne zadania domowe, stają się znacznie trudniejsze do utrzymania.

Dąż do równowagi

W moim przypadku owoce wysiłków są bezpośrednio związane z faktem, że jestem bardzo poważny w kwestii tego wyzwania, a jednocześnie niezwykle zabawny. Moje oczekiwania w stosunku do dzieci, z którymi pracuję, zawsze były wysokie, ale jednocześnie były łagodzone przez wesołego ducha, który znajduje się u podstaw moich działań. Dzieci nie tylko znacznie lepiej reagują na zabawę, ale takie podejście także sprawia, że to doświadczenie jest przyjemniejsze dla dorosłych. Kiedy zachowa się odpowiednią równowagę, powaga jest łagodzona, rozluźniana przez dowcip, a ta wesołość pomaga utrzymać wysiłek zarówno rodzica, jak i dziecka.

Nie sugeruję, że wszystko powinno przypominać zabawę i grę – to niemożliwe, a nawet niepożądane. Z wiekiem jednak dzieci muszą zaakceptować sytuacje, w których czasami ciężka praca i dyscyplina są niezbędne do wykonania zadania. Jednocześnie ważne jest, aby zachować silne poczucie humoru i zabawy – szczególnie w młodszych latach – aby dzieci czuły pozytywne emocje w stosunku do języka mniejszościowego i były skłonne, a nawet chętne, odbyć z tobą tę długą podróż.

Oczywiście, nie jest to idealna formuła. Jest natomiast idealnym rozwiązaniem w przypadku, kiedy chcemy postawić sobie coś za cel, taki, do którego można dążyć. Ale im bardziej szukamy skrajności – będąc wyjątkowo poważnymi, a jednocześnie niezwykle zabawnymi – tym więcej sukcesów, jak sądzę, odnajdziemy w trakcie tej podróży. Jednocześnie nasza aktywna pogoń za zabawą sprawi, że dzieci będą nas wspominać długo po naszym odejściu z tego świata.

WNIOSEK: Zachowaj równowagę między poważnym a żartobliwym podejściem do osiągania dwujęzyczności.

Perspektywa 16
Nie ucz, dawaj radość

„Nie uczę dzieci. Daję im radość".

Isadora Duncan

Nie jest przesadą stwierdzenie, że te sześć słów wypowiedzianych kiedyś przez Isadorę Duncan (1877–1927), amerykańską tancerkę, często nazywaną matką tańca współczesnego, podsumowuje całą moją filozofię edukacji dzieci i młodzieży, wypracowaną w ciągu ostatnich trzydziestu lat.

Bez względu na to, czego chcemy nauczyć dziecko, to najskuteczniejszym sposobem ukierunkowania jest czerpanie radości z doświadczenia pogłębiania wiedzy lub umiejętności. Tyczy się to również rozwijania aktywnych zdolności do posługiwania się innym językiem.

Nie chodzi o to, że nauczanie nie jest ważne, ale jest drugorzędne, a nawet w pewnym stopniu nieistotne, kiedy daje się radość i rozświetla codzienność dziecka.

Uwierz mi, że kiedy panuje radość, to nie tylko napędza naukę w danej chwili, ale może także stymulować dalszą edukację, która trwa znacznie dłużej niż chwile pracy z dzieckiem. W końcu, czy jako rodzic, czy nauczyciel, twój faktyczny czas spędzany z dzieckiem jest z konieczności ograniczony. Etap wczesnodziecięcy, gdzie mamy największy bezpośredni wpływ na swoje potomstwo, jest znacznie krótszy od okresu bez naszej obecności, gdy dziecko podejmuje się nowych wyzwań samodzielnie.

Jeżeli radość zostanie dana w tym ograniczonym czasie, który mamy dla siebie, to nasz pozytywny wpływ będzie odczuwalny przez wiele lat.

Jednak może pojawić się odwrotny scenariusz. Kiedy uczenie się nie daje radości, a nauka koncentruje się wyłącznie na uzyskaniu korzyści krótkoterminowych, czyli lepszych wyników. Taka presja może być przyczyną trwałego rozczarowania tym obszarem wiedzy lub umiejętnościami. Podejrzewam, że wszyscy moglibyśmy wskazać pewne sfery naszego życia, w których brak radości we wczesnych doświadczeniach doprowadził do niechęci i unikania ich przez kolejne dziesięciolecia.

Oczywiście może to wyglądać tak, że jestem nauczycielem, gdy jestem z dzieckiem, ale nauczanie jest tak naprawdę tym, co znajduje się tylko na powierzchni tej interakcji. Myślę, że najważniejsze jest to, co staram się zrobić *poprzez* edukację na głębszym poziomie.

Staram się dawać dzieciom radość – radość z posługiwania się drugim językiem i umiejętności czytania w nim – która nie tylko spowoduje większy postęp w tym czasie, kiedy razem go spędzamy, ale osłodzi i uprzyjemni ten proces, a co za tym idzie wpłynie na ich dalszy rozwój przez resztę życia.

WNIOSEK: Stymuluj dwujęzyczny rozwój dziecka, teraz i zawsze, wzbudzając radość płynącą z doświadczeń związanych z językiem mniejszości.

Perspektywa 17

„Magiczny składnik" motywacji

„Entuzjazm to elektryczność życia. Jak go zdobyć?
Działaj entuzjastycznie, dopóki nie stanie się to twoim nawykiem".

Gordon Parks

Od czasu do czasu proszę moje dzieci, aby nauczyły się na pamięć wiersza w języku mniejszościowym i wyrecytowały mi go. Kiedy to zrobią, otrzymują nagrodę. Nie zawsze mają do tego dużą motywację, ale nagroda zazwyczaj zapewnia im wystarczającą chęć do wykonania polecenia i czerpania korzyści z tego wysiłku.

Pewnego dnia jednak to nie zadziałało. Myślę, że syn i córka czuli się obciążeni innymi obowiązkami, a moje zadania po prostu były dodatkowym ciężarem. Narzekali, kiedy po raz pierwszy o tym wspomniałem, i pojękiwali, gdy przypominałem im o tym przez całe popołudnie.

Oczywiście mogłem odpuścić – tego dnia nie stanowiło to dla mnie problemu, a najwyraźniej było ciężarem dla nich. Mimo to byłem ciekawy, czy uda mi się ich przekonać, a nawet podekscytować, jeśli dodam więcej motywującego „magicznego składnika".

„Daj mi śmieci!"

Od dawna pracuję z dziećmi i młodzieżą. Sam właściwie byłem dzieckiem (nadal w sumie jestem), kiedy w wieku dziewiętnastu lat pełniłem funkcję doradcy obozowego dla dwunastoletnich chłopców na obozie letnim w Massachusetts.

Pewnego dnia podczas lunchu z obozowiczami w dużej jadalni siedziałem przy końcu długiego stołu, a wysoki kosz na śmieci stał tuż za moim krzesłem. Lunch dobiegał końca, a wszystkie papierowe talerze i kubki musiały dotrzeć do mnie, abym mógł je wyrzucić.

Nie jestem pewien, dlaczego – może po prostu miałem dość wielokrotnego kierowania tej prośby do dziesięciu próżnujących chłopców – ale nagle wybuchł we mnie zadziwiający entuzjazm. „Śmieci!” – zawołałem z dzikim błyskiem w oczach. „Śmieci! Dajcie mi śmieci!”.

Moje szaleńcze rozgorączkowanie szybko stało się zaraźliwe. Kilka sekund później cała grupa z niecierpliwością przekazywała dalej talerze i kubki z okrzykami: „Śmieci! Śmieci! Daj mi śmieci!”. Nigdy nie widziałem takiej ekscytacji z powodu zabrudzonych, papierowych rzeczy.

„Weź ze sobą szczoteczkę do zębów"

Dwanaście lat później znalazłem się w Czechach z grupą czeskich studentów. Byłem trzydziestojednoletnim nauczycielem języka angielskiego dla studentów pierwszego roku na dwudniowym wyjeździe, w ośrodku rekolekcyjnym, mieszczącym się na wsi.

Oprócz harmonogramu zajęć językowych nauczyciele zostali poproszeni o poprowadzenie wybranych przez siebie zajęć dodatkowych. Toteż umieścili na arkuszu rejestracyjnym takie rzeczy, jak „Słuchaj muzyki pop" lub „Graj w gry słowne".

Ja umieściłem hasło: „Wyczyść łazienkę".

To miał być żart, ale zapisało się dwóch studentów, więc musiałem kontynuować to zadanie i traktować dość poważnie. Poprosiłem ich, aby zabrali ze sobą szczoteczkę do zębów.

To popołudnie spędziliśmy w męskiej łazience, szorując pisuary. I niezależnie od tego, jak absurdalne to było – i że normalnie unikalibyśmy takiego zadania (szczególnie używając do tego szczoteczek do zębów) – to spędziliśmy tam prawie godzinę, entuzjastycznie sprzątając. Z powagą na twarzach, przerywaną napadami śmiechu, nawet opisaliśmy i zademonstrowaliśmy nasze najskuteczniejsze techniki. (Nie martw się, te szczoteczki nie były ponownie używane!).

„Umyślny entuzjazm"

Te dwa doświadczenia, choć mogą wydawać się głupie, nauczyły mnie czegoś bardzo ważnego w pracy z dziećmi i młodzieżą: „Magicznym składnikiem" motywacji jest „umyślny entuzjazm".

Ostatecznie, jeśli „umyślny entuzjazm" – świadome i taktyczne wykorzystanie entuzjazmu – może rozpalić motywację do wyrzucania śmieci i szorowania pisuaru szczoteczką do zębów, to może też generować zachętę do prawie wszystkiego.

I to właśnie zrobiłem, gdy moje dzieci nie chciały zapamiętać i recytować wiersza: wybrałem entuzjazm i zostałem entuzjastycznie przyjęty. Zamiast słuchać narzekania na ten temat, przeszedłem od razu do działania i zacząłem odgrywać wiersz – to było coś na wzór gry w kalambury – aby pomóc im go zapamiętać.

Zadanie nagle nabrało nowego tonu – żartobliwego, zabawnego – i moje dzieci ogarnął ten sam pozytywny duch. Teraz były w stanie szybko wykonać zadanie (i wreszcie otrzymać nagrodę).

Odskocznia dla „prawdziwego entuzjazmu"

Można argumentować, że „umyślny entuzjazm" jest fałszywy, a „prawdziwy entuzjazm" spontanicznie odczuwa się w przypadku działań, które naprawdę lubimy. Interesujące jest to, że zapał może być również celowy, a „umyślny entuzjazm" służyć jako odskocznia do „prawdziwego entuzjazmu". Innymi słowy, nawet jeśli entuzjazm jest wykorzystywany jako świadomy i taktyczny wybór w celu pobudzenia większej motywacji, może wywołać u wszystkich obecnych prawdziwe doświadczenie.

Więc następnym razem, gdy będziesz chciał zmotywować dzieci do zadania (nawet zadania obejmującego temat śmieci lub toalety), wypróbuj większy, bardziej ekspresyjny wyraz pasji dla tej czynności i przekonaj się, czy ten „magiczny składnik" sprawi, że także dzieciaki staną się bardziej entuzjastyczne.

WNIOSEK: Entuzjazm może być zaraźliwy, a użycie „umyślnego entuzjazmu" może pomóc w motywowaniu dzieci.

Perspektywa 18
Wykorzystaj każdą przerwę

„Kiedy twoje dziecko mówi, wtedy oderwij się od otaczającego cię świata".
Crystal DeLarm Clymer

Sposób, w jaki komunikujemy się z naszymi dziećmi i jakość tej interakcji, ma kluczowe znaczenie z tych dwóch powodów:

1. Wpływa na rozwój ich języka.
2. Wpływa na budowaną z nimi więź.

Fakt, że pracuję w domu jako niezależny pisarz i nauczyciel, ma wyraźne zalety, jeśli chodzi o zapewnienie moim dzieciom stałego wsparcia w języku mniejszościowym. Zauważam to i doceniam, ponieważ nie zawsze tak było. Kiedy dzieci były mniejsze, miałem pełnoetatową pracę w gazecie z regionu Hiroszima i widywałem je znacznie rzadziej.

Mimo to praca w domu ma również swoje wyzwania, a jednym z największych jest problem *ciągłego przerywania*. Chociaż moje dzieci uczęszczają do lokalnej szkoły podstawowej, gdy wracają do domu po południu, to od razu głośno atakują moje biuro. Następnie przez resztę dnia, a także przez cały weekend oraz dłuższe przerwy w szkole, z tej czy innej przyczyny powtarzają się naloty na moją kryjówkę.

Chociaż eksperymentowałem z różnymi metodami ograniczania tych zakłóceń (z ogrodzeniem pod wysokim napięciem włącznie, ale Keiko mi to wybiła z głowy), to w końcu doszedłem do tego wniosku:

Cóż, może powinieneś bardziej starać się doceniać te przerwy? Przynaj-
mniej dzieci chcą wchodzić z tobą w interakcje, a to może się zmienić, kiedy
staną się zamyślonymi nastolatkami. Co więcej, to właśnie poprzez każdą
interakcję będziesz realizować swoje większe cele pielęgnowania ich umie-
jętności językowych, a także więzi z nimi. Nawet jeśli twoja praca wydaje
się być pilna, to najczęściej rzadko kiedy jest – i tak przecież ją zrobisz – no,
powiedz, nie jest tak? Jaki jest zatem mądrzejszy wybór: odprawić dzieci
z kwitkiem, aby kontynuować „pilne" sprawy, czy nawiązać z nimi kontakt
w tym właśnie momencie?

I tym sposobem narodziło się nowe zobowiązanie: *angażuj się w każdą*
przerwę.

Zamiast zabarykadować się przed córką i synem (anulowałem zamówienie na rolkę drutu kolczastego do ogrodzenia wysokiego napięcia),
zdecydowałem się zaakceptować przerywanie mi pracy. I kiedy dzieciaki znowu wpadną do biura z kolejnym pytaniem, dziełem lub kłótnią,
umyślnie przypomnę sobie, aby zrobić przerwę na ich sprawy.

Wyższy priorytet

Teraz przyznaję, że nie zawsze odnoszę tak duże sukcesy, i tak naprawdę
nie sugeruję, abyśmy angażowali się za każdym razem, gdy dziecko wam
przerywa. Nie sądzę, aby ktokolwiek z nas mógł – a nawet powinien –
starać się cały czas przestrzegać tego ideału. Czasami jesteśmy naprawdę
zajęci.

Ponadto dzieci muszą nabrać trochę zdrowego szacunku dla naszego
czasu i naszych działań. Zasadniczo jednak uważam, że jest to przydatna
intencja dla zapracowanych rodziców młodszych dzieci – a zwłaszcza
tych, którzy chcą wspierać język mniejszościowy.

Jak reagujemy, gdy nasze dzieci podchodzą do nas, domagając się
uwagi, kiedy z kolei my skupiamy się na pracy lub pracach domowych?
Czy mamy tendencję do ich spławiania, tak abyśmy mogli kontynuować
swoje zadanie? Czy też staramy się pamiętać o możliwościach, jakie dają te
przerwy, zatrzymując się, by spojrzeć naszym dzieciom w oczy i nawiązać
z nimi jak najlepszy kontakt?

W moim przypadku, gdy dni stają się gorączkowe i wszystko zaczyna się wydawać „pilne" (choć większość ze spraw tak naprawdę nie jest), tracę z oczu fakt, że każda ta chwila jest w rzeczywistości kolejną ulotną szansą na poszerzenie znajomości języka mniejszościowego i pogłębienie więzi rodzicielskiej. A gdy szala moich interakcji przechyla się w kierunku „ignorowania ich", jest pewną oznaką tego, że moje priorytety zostały źle ustawione.

Przez większość czasu priorytetem powinny być nasze dzieci i ich chęć komunikowania się z nami.

Ostatecznie zdolność językowa naszych latorośli w przyszłości, a także więź, którą będziemy dzielić z nimi, kiedy dorosną (i wreszcie będziemy potrzebowali ich opieki!), są wspaniałym rezultatem wszystkich tych małych, pojedynczych momentów interakcji, których doświadczamy każdego dnia.

Chociaż nigdy nie staniemy się doskonałymi rodzicami (i to jest jak najbardziej w porządku), to tak naprawdę te chwile się liczą, i im częściej będziemy o tym pamiętać – że jakość naszych interakcji jest tak samo ważna dla długoterminowego sukcesu jak ich ilość – tym skuteczniej skorzystamy z tych ulotnych okazji.

WNIOSEK: Staraj się komunikować z dziećmi każdego dnia, świadomie angażując się w te interakcje.

Perspektywa 19

Kluczem do sukcesu jest kreatywne myślenie

„Zawsze istnieje sposób – jeżeli jesteś oddany temu co robisz".
Anthony Robbins

Mój ojciec przez wiele lat był profesorem sztuki w małym colle-ge'u w północno-wschodnim Missouri. Nauczał wielu dziedzin sztuk plastycznych, takich jak rysunek, malarstwo i ceramika, jednocześnie tworząc własne prace w domku położonym w lesie.

Ale życie mija szybko i jakiś czas temu przeszedł na emeryturę. Potem, kiedy jego żona zmarła (moi rodzice rozwiedli się, gdy byłem nastolatkiem), przeniósł się z lasu w stanie Missouri do wspólnoty domów spokojnej starości w pobliskim Quincy, w Illinois, moim rodzinnym mieście.

Dzielę się tym z wami, ponieważ chciałbym wam opowiedzieć pewną historię z mojego dzieciństwa. Stanowi symbol kreatywnego umysłu, którym mój ojciec cieszył się przez całe życie. Być może nie jesteśmy artystami, tak jak mój ojciec, ale faktem jest, że kreatywność to kluczowy aspekt naszych dążeń do wychowywania dwujęzycznych dzieci i maksymalnego zwiększania ich rozwoju językowego.

Ostatecznie naszą misją jest zasadniczo dopasowanie wysiłków do zaspokajania zmieniających się potrzeb w różnych okolicznościach, a im szerzej nasze umysły mogą wyobrażać sobie i tworzyć, tym skuteczniej możemy sprostać temu wyzwaniu.

Pomaga w tym także myślenie nieszablonowe lub – jak wkrótce zobaczycie – myślenie twórcze przy użyciu doniczki w kształcie łabędzia.

„Pamiątka rodzinna"

Kiedy byłem chłopcem, często towarzyszyłem ojcu w wypadach na pchli targ i aukcje na wsi. Bardzo miło wspominam buszowanie wśród wszystkich intrygujących rzeczy na wyprzedaży – to było jak poszukiwanie skarbu! Narzędzia rolnicze, meble, artykuły gospodarstwa domowego, ubrania, zabawki, a nawet zwierzęta... nigdy nie wiesz, na co możesz trafić.

Pewnego dnia mój ojciec natknął się na małą doniczkę wykonaną z ceramiki w kształcie białego łabędzia. Podniósł ją i odwrócił. Kosztowała tylko dolara lub dwa.

„Idealna" – mruknął.

„Idealna na co?" – zapytałem. „Co zamierzasz w niej zasadzić?"

„Och, niczego nie będę sadził" – odpowiedział.

„Nie? Więc do czego jej potrzebujesz?"

„Wkrótce zaczyna się nowy rok szkolny. Użyję jej na moich zajęciach z rysunku".

Przyniósł więc doniczkę do domu, wypolerował ją i zabrał do szkoły. Pierwszego dnia na zajęciach z rysunku, gdy grupa nowych, świeżo upieczonych uczniów patrzyła na niego, wyciągnął naczynie w kształcie łabędzia i powiedział:

„Widzicie to? To pamiątka rodzinna po mojej drogiej babci. Teraz wyobraźcie sobie, że będziecie ją rysować. Moje pytanie brzmi: na ile różnych sposobów możecie to zrobić?".

Uczniowie podnosili ręce.

„Z przodu".

„Z boku".

„Z innej strony".

„Od tyłu".

To były pierwsze odpowiedzi.

„Myślcie dalej" – poprosił mój ojciec. „Jakie są inne sposoby?"

„Z góry".

„Z dołu".

Nastała długa pauza.

„A może do góry nogami?" – zapytał ojciec, odwracając donicę.

Uczniowie uśmiechnęli się, kiwając głowami.

„A gdyby postawić ją na głowie?" – powiedział, demonstrując. „Moglibyście ją tak narysować, nieprawdaż? A teraz, z tej pozycji możecie obrócić ją trochę w lewo. To byłby inny nowy kąt, prawda? Następnie przekręcacie ją trochę bardziej i możecie ją narysować w ten sposób. Obracajcie ją, po odrobinie i za każdym razem będziecie mieli nowy kąt, czyż nie? Widzicie to? Tak! I tak!".

A gdy mówił dalej, ochoczo pokazując, jak można manipulować tym przedmiotem w przestrzeni, na nieskończenie wiele sposobów, nagle – „przypadkowo" – łabędź wyślizgnął się z jego ręki. Próbował go jakoś złapać, ale doniczka – „pamiątka rodzinna" – spadła, roztrzaskując się z hukiem na podłodze. Delikatna ceramika rozpadła się na setki kawałków.

Uczniowie wzięli gwałtowny wdech, obserwując akcję z szeroko otwartymi oczami. Zapanowała przenikliwa cisza. Potem mój ojciec wskazał energicznie na kawałki rozsypane na podłodze. „Lub nawet… *tak!*" – zawołał z triumfem.

Niekonwencjonalne pomysły

To naczynie nie było jedyną rzeczą, która zmieniła wszystko tego dnia. Ta mała sztuczka ojca wstrząsnęła również umysłami uczniów, umożliwiając im natychmiastowe odkrycie sposobów wychodzących daleko poza ich horyzonty myślowe.

Oczywiście mnie tam nie było, ale kiedy usłyszałem historię od ojca, mój umysł również się otworzył. Dla mnie był to decydujący moment w podejściu do problemów, wyzwań. W tym momencie przyszło mi do głowy: zawsze są inne rozwiązania, nie tylko te, które możemy sobie wyobrazić.

Oto moja uwaga dla rodziców wychowujących dwujęzyczne dzieci:

Bez względu na problemy, wyzwania, z którymi przyjdzie wam się zmierzyć podczas tej podróży, im większa jest wasza zdolność do kreatywnego myślenia, tym bardziej prawdopodobne, że znajdziecie skuteczne sposoby ich rozwiązania. Często chodzi o to, aby wyjść poza początkowe, konwencjonalne pomysły, ponieważ nasze umysły służą do odkrywania głębszych, bardziej niebanalnych odpowiedzi, które mogą mieć większą moc.

Sięgnij głębiej, by znaleźć nowe rozwiązania

Pozwólcie, że jeszcze raz wykorzystam przykład mimowolnego czytania, aby zilustrować moją myśl.

Jednym z moich aktualnych wyzwań jest zachęcanie dzieci do czytania w języku mniejszościowym. Język większościowy nie tylko zajmuje większość ich dnia – zarówno w szkole, jak i po niej, z japońską pracą domową i przyjaciółmi z sąsiedztwa. Co więcej Lulu z natury nie jest gorliwym czytelnikiem, wolałaby raczej aktywniej spędzać czas.

Chociaż byłem pewien, że moje inne starania w zakresie zapewnienia im umiejętności czytania i pisania pozwolą im stać się kompetentnymi czytelnikami (i na szczęście, okazało się to prawdą), to czułem również, że „więcej czytania" oznacza „większy postęp". Ale biorąc pod uwagę brak możliwości (i chęci) do czytania po angielsku – wraz z faktem, że mój własny czas z nimi jest raczej ograniczony – jak mogę sprawić, by czytali więcej sami?

Przez ciągłe szukanie odpowiedzi na to pytanie, koncepcja mimowolnego czytania, i jej wiele odmian, miała szansę rozwijać się na przestrzeni lat. To nie znaczy, że jestem całkowicie zadowolony z ilości czasu spędzanego przez moje dzieci na czytaniu. Mimo to rozwiązanie okazało się skuteczne w satysfakcjonującym stopniu i miało istotny wpływ na moje dążenie do maksymalnego wspierania rozwoju języka mniejszościowego. A było wynikiem wykorzystywania tych głębszych, bardziej niekonwencjonalnych pomysłów.

Następnym więc razem, gdy pojawi się wyzwanie, postaw sobie pytanie, a potem zacznij szukać różnych możliwości. Twoje pierwsze rozwiązania mogą być w porządku, ale nie odpuszczaj, nadal zadawaj sobie pytanie – zrób nawet burzę mózgu na papierze, tworząc listę opcji. Jeśli wstrzymasz się z oceną – jeśli nie odrzucisz szybko niekonwencjonalnych pomysłów, uznając je za szalone lub niemożliwe – będziesz kopać coraz głębiej i głębiej, to dzięki temu odkryjesz zaskakujące odpowiedzi, które ostatecznie będą mieć jeszcze większy wpływ na postępy twoich dzieci.

WNIOSEK: Odnieś się do wyzwań tak skutecznie, jak to możliwe, myśląc kreatywnie i przedsiębiorczo.

Perspektywa 20

Chodzi o to, jak bardzo się starasz

„Jak bardzo jesteś zaangażowany? Istnieje znaczna różnica między zaangażowaniem w 99 procentach a zaangażowaniem w 100 procentach".

Vic Conant

Doskonale rozumiem, jak trudne może być utrzymanie wystarczającego wsparcia dla języka mniejszościowego, dzień po dniu, rok po roku. I to jest szczególnie prawdziwe, jeśli, podobnie jak moje, także twoje dzieci uczęszczają do szkoły w języku większościowym, a mimo to masz jeszcze duże nadzieje na ich umiejętności językowe: nie tylko chcesz, aby dobrze komunikowały się w języku mniejszościowym, ale także, aby posiadały dobrą umiejętność czytania i pisania.

Pomimo to jedno doświadczenie z moją córką stało się sygnałem przypominającym, że *ostatecznie ważne jest nie to, jak trudne jest dane zadanie, ale to, ile wysiłku chcemy w nie włożyć.*

Dotyczy to zarówno rodziców, jak i dzieci.

Pisanie eseju

Kiedy Lulu miała dziewięć lat i była w trzeciej klasie szkoły podstawowej, pewnego dnia wróciła do domu w stanie szczególnego podekscytowania. Szkoły publiczne w Hiroszimie ponownie organizowały coroczny konkurs na esej, a zwycięskie prace miały zostać opublikowane w książce: jedna książka dla pierwszej i drugiej klasy; kolejna książka dla trzeciej i czwartej klasy; i jeszcze jedna książka dla piątej i szóstej klasy. Ponieważ Hiroszima jest dużym miastem (liczy ponad milion mieszkańców), a tysiące dzieci przesyłają eseje, zwycięstwo w swojej grupie wiekowej wcale nie jest takim łatwym zadaniem.

Nie przypominam sobie, o czym pisała Lulu w pierwszej i drugiej klasie, ale pamiętam jej wzburzenie po tym, jak dowiedziała się, że jej eseje nie zostały wybrane. Jej rozczarowanie było jeszcze większe w drugiej klasie, gdy esej kolegi z klasy okazał się jednym ze zwycięskich.

Kiedy więc powiedziała mi, że znów rozpoczął się sezon na pisanie esejów – i że jest zdeterminowana, aby tym razem jej esej został wydrukowany – wtedy zaoferowałem pomoc. Nie mogłem pomóc jej napisać eseju (pisała po japońsku), ale mogłem pomóc jej wybrać temat i uporządkować myśli w języku angielskim. A matka pomogłaby jej z językiem japońskim.

To, o czym pisała, zdradzę za chwilę, kiedy podzielę się angielskim tłumaczeniem oryginalnego japońskiego tekstu. Chcę tu podkreślić, ile wysiłku włożyła w pisanie tekstu i przepisywanie go, najpierw po angielsku ze mną, a potem po japońsku z matką. Jako wieloletni nauczyciel wiem, jak trudno jest małym dzieciom przepisać swoją pracę i ulepszyć ją po- przez kilka wersji roboczych. Ale Lulu poczuła w tym przypadku taką determinację, że potrafiła włożyć dużo więcej wysiłku w pracę pisemną niż kiedykolwiek wcześniej.

Tłumaczenie tekstu

Na szczęście ten wysiłek się opłacił. Lulu wróciła ze szkoły, tryskając radością w dniu, w którym usłyszała dobrą wiadomość od nauczyciela: jej esej został wybrany do książki trzeciej i czwartej klasy. Czułem wiel- kie podekscytowanie razem z nią i naturalnie zasugerowałem, że kiedy książka zostanie wydana, to Lulu zrobi angielskie tłumaczenie eseju dla naszej amerykańskiej rodziny.

Kilka miesięcy później książkę rozprowadzano w szkołach, esej Lulu ukazał się na stronach 80 i 81. Kiedy patrzyliśmy na książkę, to podkre- śliłem fakt, że Lulu spełniła swoje marzenie dzięki ciężkiej pracy, którą włożyła w pisanie. Następnie przypomniałem córce o tłumaczeniu na angielski i włączyłem ten cel w ramy jej codziennej pracy domowej.

Niestety wysiłek włożony w tłumaczenie nie był wystarczający, a wynik okazał się słaby: pominęła całe zdania. Po wielkim trudzie, jaki podjęła, aby wyprodukować oryginalny esej, byłem zaskoczony i rozczarowany jego angielską formą.

JA: Lulu, możesz to zrobić znacznie lepiej.

LULU: Próbowałam, ale to *trudne*.

JA: Nie mówię, że to łatwe, ale jak bardzo się starałaś? W skali od jednego do dziesięciu, gdzie jedynka oznacza „W ogóle nie próbowałam", a dziesiątka „Naprawdę starałam się jak najlepiej", jaką liczbę byś sobie dała?

LULU: Pięć. Ale to było *trudne*.

JA: Lulu, nie chodzi o to, jak trudne coś jest, ale o to, jak bardzo się starasz.

A potem usiadłem z nią i pomogłem jej przepisać tłumaczenie wiersz po wierszu. Oto wynik...

WSPOMNIENIA ZWIĄZANE Z BABCIĄ

Moja babcia jest Amerykanką. Ma brązowe włosy jak ja i uwielbia grę na fortepianie.

Ma dwa koty. Ich futro jest bardzo puszyste i przyjemne w dotyku.

Mieszka w Ameryce, więc nie widuję jej zbyt często, ale odwiedziłam ją zeszłego lata. To są moje wspomnienia związane z babcią…

W każdą niedzielę gra w kościele na dużych organach piszczałkowych. Kiedy gra na organach, jej palce i stopy poruszają się tak szybko! To niesamowite! Dźwięk organów jest głośny i potężny. Kiedy słońce świeciło na witraż w kościele, ten lśnił w promieniach słonecznych. To było piękne.

Pokazałam jej także japońską grę, w której dwoje ludzi jednocześnie porusza rękami, ale nie potrafiła tego zrobić zbyt dobrze. Wszyscy się śmialiśmy.

Moja babcia przeczytała mi książkę. To była ekscytująca historia. Potem ja przeczytałam jej. Tańczyłyśmy też razem, słuchając muzyki klasycznej. Trzymałyśmy się za ręce i kołysałyśmy w tę i z powrotem, tańcząc radośnie.

Moja babcia mieszka daleko, ale moje wspomnienia z nią związane są wciąż w moim sercu, więc wydaje mi się, że jest blisko mnie.

Skoncentruj się na wysiłku

Potem przyszło mi do głowy, że to samo dotyczy rodziców wychowujących dwujęzyczne dzieci:

Nie chodzi o to, jak ciężko jest, ale o to, jak bardzo się starasz.

Wiem, że ta podróż może być trudna – nie umniejszam tej walce. To jest ciężkie dla nas wszystkich, dla każdego z nas na swój sposób. Jednak to nie powinno być naszym celem. Oczywiście, jeśli uda nam się przekształcić okoliczności na naszą korzyść, to są to działania warte podjęcia. Ale jeżeli nie jesteśmy w stanie lub nie chcemy wprowadzać zmian w naszej sytuacji, to musimy ją zaakceptować i pozostać skutecznymi mimo wszystko.

Rozwodzenie się nad trudnościami może osłabić twoją motywację – podobnie jak w przypadku Lulu podczas tłumaczenia eseju. Przede wszystkim należy się skupić na swoich staraniach:

Jak mocno tak naprawdę starasz się każdego dnia i czy jesteś zadowolony ze swojego wysiłku? Jak oceniasz siebie w skali od 1 do 10?

WNIOSEK: Koncentruj się (a także zachęć do tego dzieci) wyłącznie na staraniach, a nie na napotkanych trudnościach.

Perspektywa 21

Bądź stanowczy

„Upewnij się, że stawiasz stopy we właściwym miejscu,
a potem trwaj i nie ustępuj".

Abraham Lincoln

Aby uczcić pięćdziesiątą rocznicę ślubu rodziców mojej żony, poje-chaliśmy do miasta Kagoshima na południowo-zachodnim krańcu Japonii. W Kagoshimie mieszka 600 000 ludzi – znajduje się tam także najbardziej aktywny wulkan w Japonii, znany jako Sakurajima. Wyłaniając się z morza, w odległości krótkiego rejsu promem z miasta, Sakurajima nieustannie uaktywnia działalność wulkaniczną. Nawet podczas naszej wizyty nad wulkanem kłębił się ciemny dym i popiół.

Ale tak to już jest z Sakurajimą: zawsze grzmi i straszy, ale tak naprawdę nigdy nie wybucha. (Zgoda, od czasu do czasu wybucha – i bez wątpienia pewnego dnia znowu się to stanie – ale ostatnia poważna erupcja miała miejsce w styczniu 1914 r.).

Doszedłem do wniosku, jeśli chodzi o moje dzieci i ich dwujęzyczny rozwój, że jestem bardzo podobny do tego wulkanu.

Utrzymanie domowych rytuałów

Jednym z najważniejszych celów, jakie postawiłem moim dzieciom, jest dobra umiejętność czytania w języku mniejszościowym. Ten cel jest jednak dla nas dużym wyzwaniem, ponieważ naszym językiem większościowym jest japoński i, jak zaznaczyłem wcześniej, japoński system pisania bardzo różni się od angielskiego, a jego nauka jest wymagającym zadaniem, które trwa przez całe dzieciństwo. Z tego powodu pozostaje niewiele czasu oraz energii do nauki czytania i pisania w innym języku.

Mimo to udało nam się osiągnąć solidny, stały postęp, do tego stopnia, że Lulu i Roy dobrze czytają oraz piszą jak na swój wiek. W jaki sposób to zrobiliśmy?

Od kiedy dzieci były małe, zadawałem im solidną rutynową pracę domową, i fakt, że byłem wymagający – zarówno względem siebie, jak i względem nich, bo utrzymywałem konsekwentnie ten rytuał w świątek czy piątek – przeważył o naszym sukcesie.

Innymi słowy, podobnie jak Sakurajima nieustannie grzmię: stanowczo oczekuję, że ta praca domowa będzie wykonywana każdego dnia, i to dobrze. I to „grzmienie" zwykle wystarcza, by utrzymać skuteczną rutynę. Z kolei te kilka razy, kiedy wybuchłem z powodu prac domowych, wynikało tylko z braku zadowalających starań.

Lata później nadal grzmię

Jak już wspomniałem, ustaliłem codzienną rutynową pracę domową z dziećmi od momentu, kiedy mogły chwycić ołówek w dłoń, tak aby wcześnie zapuściły korzenie i wzrastały z upływem czasu.

Gdyby ich język większościowy był bardziej podobny do angielskiego, nie czułbym potrzeby rozpoczęcia tego procesu tak wcześnie, ale mając do czynienia z japońską alfabetyzacją w szkole podstawowej, byłem zdeterminowany, aby dać początek alfabetyzacji w języku angielskim. Jednocześnie ustanowiłem ten zwyczaj na początku naszej podróży, żeby mógł stać się naturalny dla nas wszystkich – podobnie jak mycie zębów – i wtedy łatwiej byłoby go utrzymać przez kolejne lata.

Po ośmiu latach nasze zadania domowe wciąż rosną w siłę. Oczekiwanie na odrobienie codziennej pracy domowej jest teraz tak mocno ugruntowane, że moje dzieci zazwyczaj wykonują ją bez wielu ponagleń czy narzekań. A w tych sytuacjach, gdy rzeczy są zaniedbywane lub źle robione, po prostu wyrażam swoje niezadowolenie, a dzieciaki muszą wykrzesać z siebie trochę motywacji, aby spróbować jeszcze raz.

Dyscyplina łatwiejsza do zaakceptowania

Pozwolę sobie raz jeszcze podkreślić: gdybym był po prostu surowy – jak taki naprawdę surowy nadzorca – podejrzewam, że napotkałbym większe trudności z nieugiętymi postawami, a nawet wyraźnym buntem. Bycie stanowczym w codziennych pracach domowych nie oznacza, że trzymam dzieci w ryzach przez cały dzień. Przez większość czasu jestem infantylny oraz figlarny, i myślę, że ta słodsza strona pomaga znacznie łatwiej zaakceptować moje surowsze oblicze.

Jeśli więc umiejętność czytania i pisania w języku mniejszościowym jest także ważna i dla ciebie, ustal procedurę domową i trzymaj się jej. A kiedy będziesz grzmieć jak Sakurajima, aby podtrzymać ten codzienny nawyk, upewnij się, że twoja stanowczość jest dobrze wyważona z twoją łagodniejszą, zabawniejszą stroną.

WNIOSEK: Ustal rozsądne oczekiwania wobec dzieci i bądź stanowczy.

Perspektywa 22
Ta wyprawa to bardzo długa podróż

„Dzięki wytrwałości ślimak dotarł do arki".
Charles Spurgeon

Podróż za granicę, od naszego domu w Japonii do domu mojej matki w USA, jest zawsze długa i męcząca, nawet jeśli przebiega dość sprawnie. Czasami jednak, tak jak w przypadku naszego ostatniego powrotu do Hiroszimy, oferuje szereg nieoczekiwanych wyzwań.

Ale zanim podzielę się tymi incydentami – i tym, jak to wszystko łączy się bezpośrednio z wychowaniem dwujęzycznych dzieci – muszę wyznać, że dziś nie jestem zbyt dobrym podróżnikiem. Jestem prawie stale rozdrażniony, w głowie aż mi wiruje od zmartwień:

Czy powinienem pójść do łazienki, zanim wsiądę do samolotu? Co się stanie, jeśli inni pasażerowie zaczną wchodzić na pokład, a my nie dostaniemy miejsca w schowkach nad głowami? Mam nadzieję, że nasze torby podręczne będą pasować. Czy nie są za duże? Czy zatrzymają nas przy bramce? Może mam przy sobie zbyt wiele toreb. Czy Lulu też powinna coś nieść? Lulu też prawdopodobnie powinna teraz iść do łazienki...

To nie do końca jest relaksujące.

Prawdopodobnie możesz sobie wyobrazić mój szok na widok pierwszej przeszkody, tuż przed tym, jak opuściliśmy dom mojej mamy, wyjeżdżając na lotnisko. Była piąta rano, a nasz lot do Chicago miał się odbyć za niecałe dwie godziny. Gdy zasuwałem naszą ostatnią niezbyt ekskluzywną torbę – bagaż podręczny z jedzeniem i innymi przedmiotami na podróż – część zamka błyskawicznego oderwała się całkowicie od torby. Cóż, torba została teraz na stałe zamknięta, bo zamek błyskawiczny był zepsuty. „Głupia torba!" – warknąłem, dając kolejny dojrzały przykład dzieciom.

Rozerwałem więc torbę bardziej, wziąłem od mamy dużą siatkę na zakupy i wrzuciłem do niej wszystko z tej rozdartej. Następnie, nie chcąc, aby torba na zakupy rozerwała się od ciężaru i by jej zawartość wysypała się, gdy będziemy spieszyć się z jednego samolotu do drugiego, wzmocniłem jej spód pasami z taśmy do pakowania.

Kiedy dotarliśmy na międzynarodowe lotnisko w Memphis, wydawało się, że mamy dużo wolnego czasu, ale nie sądziłem, że tak szybko zmierzę się z kolejną trudnością.

„Może przepakuj walizki?"

Ponieważ wracaliśmy do Japonii z większą ilością rzeczy niż wtedy, gdy przylecieliśmy – ubrania, książki, gry, jedzenie, pamiątki dla przyjaciół – jedna z naszych walizek znacznie przekroczyła limit wagi ustalony przez linię lotniczą.

A opłata za nadbagaż wynosiła aż 100 dolarów. Wtedy uśmiechnięta kobieta przy stanowisku odprawy powiedziała: „Masz jeszcze czas - może przepakuj walizki i przynieś je z powrotem?"

Przepakować walizki? Zapakowanie ich zajęło nam cały wczorajszy dzień! Ale odciągnęliśmy je na bok, otworzyliśmy i zaczęliśmy szaleńczo przepakowywać. Piętnaście minut później w końcu udało nam się zmniejszyć ładunek naszej najcięższej torby, odprawiliśmy się i wsiedliśmy na pokład samolotu do Chicago.

„Idź po kogoś!"

W Chicago, czekając na nasz lot do Tokio, stanęliśmy przed trzecim nieoczekiwanym dylematem – czymś, co nawet nie przyszło mi do głowy jako potencjalny problem.

Roy, już wyczerpany po bardzo wczesnej pobudce, leżał na dwóch siedzeniach obok mnie. Jadłem bajgla z cebulą, kiedy syn nagle usiadł, odwrócił się do mnie z bezradnym wyrazem oczu *i zwymiotował na siebie.*

Chyba mogło być gorzej. Bałagan był ograniczony do jego własnych ubrań i najbliższej okolicy, w której siedział. *Co teraz?* Zastanawiałem się, adrenalina gwałtownie wzrosła. Co robisz, gdy twoje dziecko wymiotuje na lotnisku?

Chodzi mi o to, że czytałem wiele książek o wychowaniu dzieci, ale nigdy nie spotkałem się z taką cenną poradą. Zrobiłem więc to, co przyszło naturalnie: spanikowałem.

„Co powinienem zrobić?" – zapytałem Keiko (po angielsku).

„Idź po kogoś!" – odpowiedziała (po japońsku).

Mam kogoś znaleźć? Kogo? Doktora?

Pospieszyłem więc, by kogoś znaleźć, ponieważ moja żona zajmowała się biednym Royem. Pomyślałem, że ktoś z oficjalnie wyglądającym identyfikatorem byłby właściwy.

Złapana przeze mnie kobieta z odznaką (i krótkofalówką, co wydawało się jeszcze bardziej obiecujące) po wysłuchaniu mojego wytłumaczenia, wyrażonego panicznym, wysokim głosem: „Mój mały chłopiec właśnie zwymiotował", przywołała członka ekipy sprzątającej.

Sprzątaczka ze szmatą i spryskiwaczem nie do końca była lekarzem, ale dałem jej znak, aby poszła za mną, i zaprowadziłem ją do miejsca, gdzie siedzieliśmy. Gdy sprzątaczka atakowała miejsce spryskiwaczem i szmatą, Keiko zabrała Roya do łazienki, aby wyczyścić mu ubranie.

Kiedy wrócili, Roy miał na sobie nową koszulkę – jaskrawoczerwoną „Chicago Rocks!". Koszulka była na niego za duża, ale to był najmniejszy rozmiar dostępny w sklepie z pamiątkami na lotnisku. Kosztowała 25 USD. (Ale odkąd zaoszczędziliśmy 100 USD w Memphis, wydaje mi się, że byliśmy o 75 USD do przodu).

Wytrzyj oczy i idź dalej

Dzielę się z tobą tą historią, aby przedstawić prosty, ale ważny punkt. (Oprócz moich rad dotyczących podróżowania z dodatkową zmianą ubrań dla dzieci na wypadek, gdyby nagle zwymiotowały).

Dwujęzyczna podróż przypomina bardzo długą wyprawę: w obu napotkasz trudności po drodze, ale jeśli zrobisz wszystko, co potrzeba, aby je rozwiązać, osiągniesz stały postęp i dotrzesz do celu.

Ostatecznie, gdybym po prostu usiadł na ciężkiej walizce w Memphis i zaczął płakać, moglibyśmy nigdy nie wrócić do domu, do Japonii.

Pamiętaj, że nie ma nic złego w tym, że siedzisz na walizce i płaczesz, ale jeśli to twoja jedyna odpowiedź na problem, to nigdy nie dotrzesz do celu. Wreszcie musisz wytrzeć łzy i iść dalej. Rób, co musisz zrobić, aby iść do przodu i dotrzeć do celu.

Dwujęzyczna podróż tak naprawdę nie jest inna. Masz cel – którym są duże zdolności dwujęzyczne twoich dzieci – i prawdopodobnie będziesz doświadczać ciągłej serii wyzwań tak fizycznych, jak i umysłowych w miarę postępów uczniów. Ale musisz stawić czoła tym wyzwaniom, musisz wytrwać, przetrzymać, aby móc iść naprzód. *Język większościowy nie ma współczucia dla twoich frustracji i obaw, i nie będzie czekał na wznowienie wysiłków.*

Więc, jak tylko będziesz w stanie, wstań, otrzep koszulkę „Chicago Rocks!" i z radością rozpocznij kolejny dzień.

WNIOSEK: Aby pokonać przeszkody na swojej drodze i osiągnąć sukces, do którego dążysz, po prostu idź dalej.

Perspektywa 23
Nie ustawaj w rozwoju

„Nie mogę zmienić kierunku wiatru, ale mogę dostosować żagle,
aby zawsze dotrzeć do celu".

Jimmy Dean

Gdybyśmy mogli tak po prostu wdrożyć od samego początku skuteczne podejście do rozwoju dwujęzycznego naszych dzieci i trzymać się tego samego podejścia przez całe ich dzieciństwo, dwujęzyczna droga byłaby o wiele łatwiejsza. Wkrótce moglibyśmy zdjąć nogę z gazu i zacząć płynąć.

Ale to by oznaczało identyczne interakcje z naszymi dziećmi, zarówno w dziesiątym miesiącu ich życia, jak i wtedy, kiedy by liczyły dziesięć lat. Gaworzenie i pieluchy są odpowiednie dla niemowląt, ale takie zachowania byłyby wręcz śmieszne dla starszaków.

Tak więc ponieważ konsekwencja, jako ogólna zasada, jest niezbędna, ważne jest także, abyśmy pozostali elastyczni i otwarci na zmiany. W miarę ewoluowania okoliczności – jak zawsze w przypadku dorastających dzieci – nasze wybory muszą świadomie iść naprzód i się zmieniać. Niektóre z twoich decyzji, takie jak sposób używania języków w rodzinie, mogą się niewiele zmienić, ale inne aspekty twoich wysiłków muszą stale rozwijać się, w zależności od bieżących potrzeb dzieci.

Jedna wielka pułapka

Dobrym przykładem tego są zasoby, takie jak: książki, zeszyty ćwiczeń, aplikacje, muzyka, itp. Uzyskanie odpowiednich narzędzi w języku mniejszościowym jest ciągłym wyzwaniem przez całe dzieciństwo. Materiały te muszą nie tylko odpowiadać wiekowi, dojrzałości i poziomowi językowemu dziecka, ale także powinny odpowiadać jego obecnym pasjom i zainteresowaniom.

Z mojego doświadczenia wynika, że to wielka pułapka dla wielu rodziców posługujących się językiem mniejszościowym: ciągłe poszukiwanie odpowiednich materiałów jest często tak zniechęcające i wyczerpujące – szczególnie w przypadku mniej popularnych języków – że ilość czasu i wysiłku poświęcona na to zadanie jest niewystarczająca. *Rezultatem, jak można się spodziewać, jest dokuczliwy brak narzędzi i słabszy rozwój języka mniejszościowego.*

Pomimo trudności, im wytrwalej podejmujesz działania w celu urozmaicenia nauki i im właściwsze są twoje wybory w tym momencie– tym większy postęp twoje dzieci osiągną w szerszym zakresie dwujęzycznych poszukiwań.

Odwaga i wiara

Zachowanie elastyczności i otwartości na zmiany wymaga odwagi. Przylgnięcie do tego, co znane, leży w naturze ludzkiej, ale wiele taktyk i materiałów nieuchronnie straci na sile w miarę rozwoju okoliczności i dorastania naszych dzieci. Musimy podchodzić do każdego etapu podróży z pozytywnym nastawieniem i niezachwianą wiarą w naszą zdolność do opracowania innej właściwej strategii lub znalezienia odpowiedniego nowego zasobu dostosowanego do tych nowych warunków.

Zasadniczo nasze wyzwanie polega na *jak najlepszym dopasowaniu bieżących działań do naszej aktualnej sytuacji.* Im lepiej zarządzamy tym zadaniem – konsekwentnie i stanowczo z jednej strony, kreatywnie i elastycznie z drugiej – tym bardziej wspieramy przyswajanie języka przez nasze dzieci.

WNIOSEK: Nasze działania muszą być konsekwentne, ale powinny być również elastyczne, ewoluujące w celu dostosowania ich do obecnych warunków i potrzeb naszej misji.

Perspektywa 24

Nie ma porażek

„Porażka nigdy cię nie załamie, jeśli twoje zdecydowanie
w dążeniu do sukcesu będzie dostatecznie silne".

Og Mandino

Regularnie słyszę od rodziców, jak wyrażają ten sam głęboki niepokój, bo uważają, że „nie udało im się" wychować dwujęzycznego dziecka. Ponieważ to uczucie jest tak powszechne – i może przynieść efekt przeciwny do zamierzonego – myślę, że lepiej byłoby przyjrzeć się temu bliżej. Co tak naprawdę oznacza „porażka", kiedy mówimy o rozwoju dwujęzycznym?

Nie ma porażek

To prawda, że obecne umiejętności twojego dziecka w języku mniejszościowym mogą nie odpowiadać twoim pierwotnym nadziejom lub oczekiwaniom, ale to nie jest porażka – *to po prostu poziom umiejętności osiągnięty do tej pory*. Innymi słowy, postawmy nacisk w odpowiednim miejscu, czyli: *na osiągnięcia*. Faktem jest, że dzięki tobie dziecko poczyniło już znaczne postępy, jestem tego pewien – może nie takie, jakie wydają ci się satysfakcjonujące – ale mimo wszystko to postęp. Niezależnie od tego, jaki poziom umiejętności twoje dziecko osiągnęło do tego momentu, możesz je rozwijać w miarę poruszania się naprzód.

Sęk w tym, że wielu z tych postępów, szczególnie wcześnie, naprawdę nie można jeszcze zobaczyć, jeśli dziecko nie mówi lub ma tendencję do polegania na języku większościowym, i to właśnie rodzi frustrację oraz poczucie porażki.

Ale jeśli konsekwentnie podejmujesz wysiłki, możesz być pewien, że znajomość języka mniejszościowego stale rośnie w umyśle malucha.

Szczerze mówiąc, jedynym sposobem, aby naprawdę stwierdzić, czy „ponieśliście porażkę", jest to, że pomimo osiemnastu lat dzieciństwa twoje dziecko nie zrobiło żadnego postępu! Czy w tym świetle porażka jest w ogóle możliwa?

Porażka to tak naprawdę informacja zwrotna

Gdy poziom umiejętności dziecka nie spełnia twoich oczekiwań, nie jest to porażka, lecz informacja zwrotna. Życie daje jasne, konstruktywne informacje: *jeśli naprawdę chcesz spełnić te pierwotne nadzieje, musisz robić więcej.* (To, czym jest owo „więcej", zależy oczywiście od konkretnej sytuacji każdej rodziny).

Nie popełnij błędu: życie nie mówi, że poniosłeś porażkę. Byłoby to błędnie interpretowane przesłanie. Życie po prostu mówi ci, abyś starał się bardziej, jeśli ten cel jest dla ciebie ważny.

Jednocześnie nie ma wstydu w ponownym ustawieniu oczekiwań i celu, jeśli okaże się, że nie jesteś w stanie zrobić nic więcej niż dotychczas. W rzeczywistości jest to mądry krok, zwłaszcza gdyby alternatywą miała być ciągła frustracja z powodu nierealistycznych założeń. Pamiętaj: *musisz być świadomy rzeczywistej wielkości tego wyzwania i upewnić się, że twoje wysiłki odpowiadają skali twojego marzenia.*

Niepowodzenie może mieć pozytywne strony

Uczucie porażki, postrzegane jako sprzężenie zwrotne, staje się korzystną zmianą, która pobudza silniejsze, skuteczniejsze działanie. Problem oczywiście polega na tym, że takie uczucia mają często odwrotny skutek: niweczą naszą siłę i podważają wysiłki, które powinniśmy podjąć, aby odnieść większy, długofalowy sukces. Ironią jest to, że gdy tylko mamy szansę poprawić sytuację, zniechęcenie może powstrzymać nas od skorzystania z tej okazji. Poczucie rozczarowania jest naturalne w takich chwilach – kiedy rzeczywistość nie spełnia oczekiwań – ale jeśli większy cel pozostaje dla ciebie ważny, musisz ponownie wstać i otrzepać się z kurzu. Musisz iść dalej, odważnie, śmiało, będąc pewnym, że im więcej działań podejmiesz, i im skuteczniejsze one będą, tym więcej dystansu ostatecznie pokonasz przez lata dwujęzycznej podróży.

Bierna umiejętność jest znacznym osiągnięciem

Rozumiem, jak bardzo rodzice chcą, aby ich dzieci mówiły językiem mniejszościowym. Dla wielu rodziców (w tym dla mnie) komunikowanie się z potomkami w języku ojczystym przez całe życie jest głębokim pragnieniem.

Czasami jednak wyzwania związane z zapewnieniem dziecku wystarczającego kontaktu z językiem mniejszościowym i prawdziwa potrzeba jego używania – dwa „podstawowe warunki" dla aktywnej znajomości języka – są po prostu poza możliwościami rodziców.

W takim przypadku, pomimo rozczarowania, rodzic powinien zdać sobie sprawę, że nawet umiejętność pasywna jest znaczącym osiągnięciem. Chociaż dziecko może nie być jeszcze gotowe do aktywnego używania języka, *to nadal powinno być wystawiane na wpływ języka mniejszościowego – w ten sposób stale jest wzbogacana jego pasywna wiedza. Dzięki temu tę pasywną umiejętność będzie można aktywować w przyszłości, kiedy przyjdzie odpowiedni czas.*

Nie pozwól, by zniechęcenie uniemożliwiło ci zobaczenie większego obrazu, większej perspektywy dwujęzycznego rozwoju dziecka. Wszelkie wysiłki, które możesz podejmować, na pewno się opłacą w trakcie dłuższej podróży.

Postęp jest gwarantowany

Prawdę mówiąc, jedynym sposobem, aby naprawdę nie wychować dwujęzycznego dziecka, jest całkowite poddanie się. „Kiedy dochodzisz do sedna słowa »sukces« – powiedział F. W. Nichol – odkrywasz, że oznacza to po prostu kontynuację".

Innymi słowy, musisz po prostu kontynuować, musisz wytrwać – dzień po dniu, rok po roku – a postęp będzie gwarantowany. Jak mogłoby być inaczej?

WNIOSEK: Dopóki podejmujesz rozsądne działania i masz oczekiwania, dopóty nie poniesiesz porażki w wychowaniu dwujęzycznego dziecka.

Perspektywa 25
Nie jesteś sam

"Tylko świadomość, że nie jesteś sam, często wystarcza,
by rozpalić nadzieję".
Richelle Goodrich

Chcę, abyś wiedział, że *nie jesteś sam*. Wiem, że czasami tak się czujesz, szczególnie jeśli jesteś głównym źródłem kontaktu z językiem mniejszościowym w życiu swojego dziecka. Co gorsza, członkowie rodziny i przyjaciele – nawet małżonek – nie rozumieją, jak trudne jest to dla ciebie każdego dnia i nie wspierają cię tak, jak byś sobie tego życzył.

Wiem, że kiedy czujesz się samotny, dwujęzyczna podróż – która jest skomplikowana w każdym przypadku – staje się jeszcze trudniejsza. Może się zdarzyć, że pod koniec kolejnego długiego, samotnego oraz wyczerpującego dnia będziesz leżał w łóżku i zastanawiał się: *"Czy naprawdę mogę to zrobić?"*.

To prawda, że sytuacje, z którymi się zetkniesz, mogą być bardzo niełatwe. Ale jest znacznie trudniej, jeśli te sytuacje połączone są z samotnością, wątpliwościami i frustracjami. Ostatecznie to nie same okoliczności mogą sprzeniewierzyć twoje marzenie, ale właśnie wątpliwości i frustracja. Tak naprawdę jesteś większy niż jakiekolwiek wyzwania, które kiedykolwiek napotkasz. Zawsze istnieją sposoby radzenia sobie z kłopotami, jeśli mamy wystarczającą wolę i wykonamy wysiłek. Jednak rosnące niepewność i bezsilność mogą stać się przytłaczające – szczególnie w przypadku samotności.

Ale posłuchaj mnie: nie jesteś sam.

Są miliony rodziców, którzy odbyli tę podróż przed tobą, i miliony innych, podróżujących razem z tobą w tym właśnie momencie. A jeden z tych rodziców, który teraz ci kibicuje, jest dziwacznym ojczulkiem w małym, zagraconym domu w Hiroszimie w Japonii.

Naprawdę kibicuję ci. Czuję twoje wątpliwości i frustracje, ale wiem, że możesz to zrobić. Wiem, że możesz iść dalej, próbować, przez kolejny dzień, a potem jeszcze jeden.

Czy twoje starania pozwolą dziecku dotrzeć do miejsca docelowego, o którym marzysz? Podobnie jak sprawy reszty życia – nie ma takiej gwarancji. Ale mogę obiecać, że jeśli nie będziesz kontynuować, nie będziesz próbować dalej, wynik będzie przesądzony: wcale nie zajdziesz za daleko. Tak długo, jak będziesz stawiał kolejny krok każdego nowego dnia, będziesz musiał przejść długą drogę w nadchodzących latach. I wreszcie twoje dziecko będzie w dobrym miejscu, aby kontynuować podróż.

W międzyczasie obiecaj mi to: jeśli kiedykolwiek poczujesz się tak samotny i tak przytłoczony wątpliwościami i frustracją, że pojawi się myśl o zakończeniu całej podróży – choć w twoim sercu będzie to dla ciebie naprawdę ważne – skontaktuj się ze mną osobiście za pośrednictwem mojego bloga lub forum. Naprawdę. Nie żartuję. I powiem ci: „Nie jesteś sam". Powiem ci: „Wierzę w ciebie". Możesz to zrobić. Idź dalej, próbuj przez kolejny dzień, a potem jeszcze jeden i oddychaj radością podczas tej pamiętnej podróży, jaką tylko twoje serce może przyjąć.

WNIOSEK: Nawet w tych chwilach, kiedy czujesz się najbardziej samotny, nigdy, naprawdę nigdy nie jesteś sam.

Perspektywa 26
Prowadź dziennik na temat swoich dzieci

„Dziennik to ścieżka ułożona z kamyków, którą zostawiasz za sobą,
więc masz pewność, że zawsze możesz wrócić".

Samara O'Shea

Ten poniższy fragment z 29 stycznia 1985 roku pochodzi z jednego z moich dzienników:

Ostatniej nocy śniło mi się, że biorę prysznic w domu naszych sąsiadów. Kiedy obudziłem się dziś rano, odpływ z wanny był zatkany, więc nie mogłem skorzystać z prysznica. Czy to tylko zbieg okoliczności? Czy rozwijam zdolności parapsychiczne?

Nie, to nie były nadprzyrodzone zdolności, tylko zapach potu. W moim małym biurze stoi niewielka szafa, w której to z kolei jest duże kartonowe pudełko, a w tym pudełku znajduje się wielki stos starych zeszytów, które zawierają lata sumiennie zapisanych gryzmołów na temat mojego młodzieńczego życia sprzed kilku wieków.

Oto jeszcze jeden, z 8 stycznia 1990 roku. Miałem wtedy 27 lat…

W Nowym Jorku pada śnieg i jest pięknie. Wcześniej przechadzałem się wśród padającego śniegu, próbując złapać płatki śniegu w usta. Zabawne, jak to teraz potrafi być krępujące, kiedy robi się tę radosną, dziecinną czynność. Chwilę później zobaczyłem dziecko i, oczywiście, stało z szeroko otwartymi ustami skierowanymi do nieba, i chwytało jak największą ilość płatków śniegu. Szkoda, że nie istnieje prawo, które by nakazywało, że wszyscy muszą łapać płatki śniegu buzią, kiedy pada śnieg.

Chociaż straciłem ten nawyk w trakcie dorastania i nie prowadziłem dziennika przez wiele lat, wkrótce po tym, jak zostałem ojcem, wiedziałem, że nadszedł czas, aby zacząć od nowa.

Bezcenne spojrzenie na ich dzieciństwo

Prowadzenie dziennika moich dzieci naprawdę nie zajmuje dużo czasu. Mam plik na pulpicie komputera i dodaję do niego coś za każdym razem, kiedy nachodzi mnie nastrój, czyli co kilka tygodni. Dla mnie to niewielka inwestycja, ale uważam, że dla Lulu i Roya pewnego dnia te notatki będą bezcennym wglądem w dzieciństwo, o którym w dużej mierze zapomną. (Od czasu do czasu wysyłam nawet e-mailem do Keiko najnowszy plik, na wypadek mojej przedwczesnej śmierci. Traktuję te dokumenty jako cenne artefakty rodzinne).

O czym piszę? Zasadniczo o wszystkim, co dzieje się wtedy w moich myślach, ale te krótkie wpisy wydają się dotyczyć głównie tych trzech rzeczy:

1. Obserwacji rozwoju języka mniejszościowego u moich dzieci.
2. Obserwacji ich osobistych cech i zainteresowań.
3. Godne uwagi zdarzenia i doświadczenia.

Oto kilka przykładów, prosto ze źródła:

Obserwacje rozwoju języka

21 września 2006 (Lulu miała dwa lata i trzy miesiące)

Umiejętności językowe Lulu wciąż rosną w szybkim tempie. Jest teraz dość komunikatywna i coraz lepiej potrafi wyrażać bardziej złożone myśli przy wciąż ograniczonym słownictwie i gramatyce. Na przykład pewnego wieczoru wróciłem do domu z kilku lekcji, a ona powiedziała do mnie: „Tatuś praca. Zabawa nie. Lulu smutna".

Tymczasem kamienie milowe pojawiają się każdego dnia. W ciągu ostatnich kilku dni zaczęła mówić: „See you later, alligator" („Do zobaczenia później, aligatorze!") (zabawne!); recytuje alfabet (choć tak naprawdę nie zna wielu pojedynczych liter); rozpoznaje kształty (koło, kwadrat, trójkąt, serce, prostokąt) i mówi „Konnichiwa!" (z wyraźną, uroczą wymową). [„Konnichiwa" to po japońsku „cześć"]. Jej rozwój jest bardzo ekscytujący i angażowanie jej w krótkie rozmowy to niesamowita zabawa.

29 listopada 2008 (Roy miał rok i osiem miesięcy)

Roy i ja mieliśmy zwyczaj czytać razem, często siedząc na kanapie z owiniętym wokół nas kocem. Najwyraźniej Roy rozwinął szósty zmysł, ponieważ za każdym razem, kiedy wracałem z pracy do domu, cierpliwie czekał z książką w ręku. Podbiegając do mnie i pchając książkę w moją stronę, krzyczał: „Przeczytaj to!". Innego dnia ściągnął z półki ciężką encyklopedię o zwierzętach. Po moim powrocie pospiesznie próbował ją podnieść, ale miał z tym problem. Zdenerwowany złapał skarpetkę leżącą niedaleko na podłodze i podbiegł do mnie. Na jego małej twarzy pojawił się wyraz zmieszania, ale i tak wyciągnął do mnie swoją małą skarpetkę.

Obserwacje ich osobistych cech i zainteresowań

9 stycznia 2009 roku (Lulu miała trzy lata i sześć miesięcy; Roy miał dziesięć miesięcy)

Oprócz chowanego (kiedy w zasadzie jedyne miejsca do ukrycia się są za zasłonami lub pod biurkiem) Lulu ciągle chce grać w „robienie zakupów". Polega to w zasadzie na odgrywaniu roli między sklepikarzem a klientem, a kilka dużych klocków służy za kasę. Następnie wykonujemy scenariusz zakupów przy użyciu zabawek i książek.

Czasami mam dość tej ciągłej zabawy, ale teraz zdaję sobie sprawę, jak przydatna jest ta aktywność dla jej umiejętności językowych i wyobraźni oraz że powinienem zachęcać ją do tego, a nie narzekać, że jestem zmęczony lub znudzony. Wczoraj starałem się nie tylko zaangażować w zabawę, ale także rozszerzyć jej zakres, wypróbowując „zabawę w sklepie zoologicznym".

Scenariusz ze sklepem zoologicznym okazał się zabawnym sukcesem, w któ-
rym Roy wcielił się w rolę miauczącego kotka, a następnie szczekającego
szczeniaka. (Przypięliśmy mu nawet smycz, abyśmy mogli odprowadzić
naszego nowego zwierzaka do domu).

19 sierpnia 2011 roku (Roy miał cztery lata i pięć miesięcy)

Roy bardzo chętnie dokonywałby zakupów za każdym razem, gdy wycho-
dzimy z domu. Nadal akceptuje „nie" z mniejszym oporem niż Lulu, ale
jego tęsknota za nowym nabytkiem jest silnie wyrażona na inne, bardziej
intelektualne sposoby.

Na przykład w zeszłym tygodniu powiedział mi, po tym, jak odmówiłem
mu zakupu czegoś w muzeum dla dzieci: „Kiedy umrzesz, będę mógł sobie
kupić wszystko, co będę chciał". Nie mogłem się powstrzymać od śmiechu.

A dzisiaj, po tym, jak mu wytłumaczyłem, że mamy już dużo zabawek i nie
możemy nabyć nowych rzeczy, dopóki nie damy komuś starych, dręczył
mnie, żebym przekazał część z tych rzeczy innym dzieciom, abyśmy mogli
kupić dla niego nowe zabawki. Znowu śmieszne.

Jego podejście do tego małego dylematu uwypukla fakt, że Lulu i Roy z na-
tury różnią się pod względem reakcji na frustrację: mimo że oboje reagują
emocjonalnie, Lulu jest nieco bardziej porywcza. Jej reakcje wydają się być
bardziej wybuchowe i ma większe trudności z kontrolowaniem i tempero-
waniem swoich uczuć. Jednocześnie umysł Roya wydaje się być bardziej
skoncentrowany na poszukiwaniu kreatywnych rozwiązań problemu.

Godne uwagi zdarzenia i doświadczenia

15 luty 2010 roku (Roy miał dwa lata i jedenaście miesięcy)

Coś szokującego wydarzyło się w sobotę.

Razem z dziećmi wracałem z wycieczki do księgarni, która znajdowała się
przed dworcem kolejowym w naszym mieście. Było około godziny drugiej
po południu, kiedy wysiedliśmy z autobusu przed naszym lokalnym super-
marketem. Aby dostać się z tego miejsca do domu, przeważnie przechodzimy

przez ulicę i schodzimy wąskim pasem jezdni. Ten pas prowadzi do drogi, wiodącej do naszego domu. Jednak miejsce, w którym przecinają się pas i droga, jest całkowicie niewidoczne po lewej stronie. Z tej strony stoi budynek, a jedynym sposobem, aby dowiedzieć się, czy nadjeżdża samochód, jest spojrzenie w okrągłe lustro usytuowane na słupie, ustawione pod kątem. Lustro, w które większość dorosłych, nie mówiąc już o małym dziecku, prawdopodobnie nie ma zwyczaju patrzeć za każdym razem. Serce wali mi jak oszalałe, kiedy przypominam sobie ten moment, kiedy Roy rzucił się wzdłuż pasa, biegnąc przed Lulu i przede mną. Gdy zbliżył się do drogi, krzyknąłem, żeby się zatrzymał. I dzięki Bogu, że to zrobił. Chwilę później obok niego wyhamowała ciężarówka. Gdyby Roy się nie zatrzymał, zostałby uderzony i niewątpliwie zabity. To oszałamiające i przerażające, kiedy się myśli, że mógłby być martwy, gdyby nie ułamek sekundy, decyzja, którą podjął w swoim małym dwuletnim umyśle. Nasze życie wywróciłoby się do góry nogami, a moje wyrzuty sumienia byłyby nie do zniesienia.

Tej nocy, kiedy Roy spał, uklęknąłem przy jego łóżku i pogłaskałem go po głowie. Czułem się szczęśliwy i wdzięczny, że los zapewnił mu bezpieczeństwo.

Teraz jest dla mnie boleśnie widoczne, jak zwykła chwila uśpionej czujności może doprowadzić do tragedii na całe życie. I takie wypadki zdarzają się zbyt często małym dzieciom. Ten incydent naprawdę wstrząsnął mną i sprawił, że postanowiłem zrobić wszystko, co w mojej mocy, aby zapewnić im bezpieczeństwo, gdy chodzimy wąskimi uliczkami, pełnymi samochodów i rowerów. Wczoraj mieliśmy spotkanie rodzinne i powiedziałem Lulu i Royowi, że wszyscy musimy przestrzegać nowej zasady: nie wybiegać jeden przed drugiego; musimy chodzić razem. Nie możemy sobie pozwolić na większą swobodę, aby nie ryzykować tragedii, która prawie miała miejsce w sobotę.

2 lipca 2010 roku (Lulu miała sześć lat; Roy – trzy lata i cztery miesiące)

Lulu kończyła sześć lat we wtorek. W zeszły weekend poszliśmy do domu rodziców Keiko, aby świętować ten dzień przy torcie. Kupiliśmy jej także nowy rower w sklepie z zabawkami. Zabawna sytuacja przydarzyła się w poniedziałek wieczorem. Kiedy zapytałem: „Czyje urodziny są jutro?", wtedy Roy w sekundzie podniósł rękę do góry. Najwyraźniej myślał, że urodziny Lulu miały miejsce już w weekend. Kiedy wyjaśniłem sytuację, szczęśliwy uśmiech zniknął mu z twarzy i synek wybuchnął płaczem. Dlatego też od jakiegoś czasu naszą nową tradycją jest dawanie prezentów również osobom, *które nie obchodzą urodzin. Roy był więc podekscytowany, że dostał wielki piankowy miecz, którym powalił nas wszystkich.*

Pewnego dnia będą wdzięczni

Jeśli nie prowadzisz jeszcze dziennika o swoich dzieciach, to zachęcam cię do tego – możesz stworzyć plik na komputerze lub kupić nowy notes. Jeśli tego nie zrobisz, nie będą miały żalu, ale założę się, że jeśli się tego podejmiesz, któregoś dnia będą ci za to bardzo wdzięczne.

WNIOSEK: Prowadź dziennik, aby uchwycić rozwój języka swoich dzieci, ich osobiste cechy i zainteresowania, a także godne uwagi zdarzenia i doświadczenia.

Perspektywa 27
Wartość archiwum

„Każdego dnia naszego życia składamy depozyty
w bankach pamięci naszych dzieci".
Charles R. Swindoll

Rzućmy okiem na moje biuro tutaj w domu: stare biurko, a na nim komputer, obok czarne krzesło, dwa duże regały, cztery małe regały, szafka na dokumenty, mapa świata na jednej ścianie oraz różne rysunki i wiadomości od moich dzieci na drugiej, brązowy dywanik, niski stolik z dwiema dużymi poduszkami, gdzie siedzę z dziećmi, gdy je uczę… i stosy papierów wyrastających z podłogi niczym chwasty.

To, że papiery rosną jak chwasty w tym pokoju, powinno dać wam do zrozumienia, że nie jestem guru organizowania. Z drugiej strony udało mi się stworzyć archiwum dużej ilości prac wykonanych przez moje dzieci, odkąd były małe – to duża kupka papierów i skoroszytów na pobliskiej półce. Co jakiś czas rozkładam je na podłodze i dodaję najnowsze godne uwagi dzieła. (*Nie trzymam wszystkiego*, naprawdę).

Zmierzam do tego, że jeżeli nie masz jeszcze zadowalającego systemu kolekcjonowania pisemnych prac swoich dzieci – lub nie utrzymujesz w nim porządku – jest to coś, na co powinieneś zwrócić uwagę.

Nie musisz robić niczego wymyślnego. Wystarczy przechowywać wszystko w dużym pudle. Ale w domu powinno znajdować się wyznaczone miejsce do trzymania najważniejszej twórczości dzieci i warto też pamiętać, by napisać imię dziecka oraz datę wykonania pracy (przynajmniej miesiąc i rok). W przypadku zeszytu ćwiczeń zalecam podanie zarówno daty rozpoczęcia go (zrób to na początku, kiedy dziecko zacznie go używać), jak i daty ukończenia.

Rozwój i przyszłe pokolenia

Wartość tego archiwum jest dwojaka, ale bez oznaczenia go datą i imieniem straci na znaczeniu.

1. Rozwój

Materiały te mogą pomóc ci zobaczyć, jak rozwija się umiejętność językowa twojego dziecka w miarę upływu czasu. Podobnie jak fizyczny rozwój dziecka, tak i przyswajanie języka przez pierwsze kilka lat stanowi stopniowy, długoterminowy proces, który jest trudny do zaobserwowania i wymyka się naszej świadomości, chyba że nastąpi jakiś przełomowy postęp. Archiwum pozwala nam lepiej zrozumieć ten rozwój (przez pryzmat umiejętności czytania) i może wskazać obszary słabsze, które mogą wymagać uwagi. Korzystanie z nagrań wideo i audio może uchwycić podobny rozwój języka mówionego twoich dzieci. Na każde urodziny, od kiedy moje dzieci zaczęły gaworzyć, postanowiłem przeprowadzić z nimi wywiad na temat tego kamienia milowego, a ewolucja od filmu do filmu jest zabawna i jednocześnie fascynująca.

2. Przyszłe pokolenia

Przeglądając te zbiory, nie tylko z przyjemnością będę wspominał naszą dwujęzyczną podróżą w dalszej przyszłości, ale będą to też bez wątpienia cenne pamiątki z dzieciństwa dla moich pociech. Tak jak zachowane przez moich rodziców prace są wartościowe teraz dla mnie. Ale pozwólcie, że po raz ostatni podkreślę, jak ważne jest umieszczenie imienia i daty na wszystkim, co zbieracie. Bez tego jasnego oznaczenia nie możemy tak naprawdę mieć wyraźnego punktu odniesienia, a poczucie zaskoczenia rozwojem zostaje w pewnym stopniu osłabione.

W dzisiejszych czasach można oczywiście również korzystać z technologii, aby zachować pracę pisemną w formie cyfrowej. Po prostu zrób zdjęcie lub zeskanuj, a pracę zachowaj jako plik cyfrowy. Takie podejście ma tę zaletę, że zmniejsza liczbę dokumentów, które trzeba przechowywać, a także ułatwia dzielenie się twórczością naszych dzieci z rodziną i przyjaciółmi w innych częściach świata.

Ja wciąż po prostu zbieram prace na papierze i od czasu do czasu skanuję, a później udostępniam najważniejsze fragmenty krewnym. Chociaż z pewnością widzę wartość, jaką ma uczynienie mojego archiwum bardziej cyfrowym, to w tym momencie nie jest to moim priorytetem, ponieważ zabrałoby czas i uwagę zarezerwowane dla innych aspektów życia. W końcu, podobnie jak sama dwujęzyczna podróż, jeśli chodzi o archiwum, w którym przechowujemy prace naszych dzieci, każdy z nas musi sam zdecydować, jak bardzo chce się postarać i ile wysiłku włożyć w to, co planuje osiągnąć.

WNIOSEK: Archiwum prac dzieci ujawnia rozwój języka i nagradza przyszłe pokolenia.

Perspektywa 28
Pisz listy do przyszłości

„Dzieci to żywe przesłania, które wysyłamy do tych czasów,
których my nie zobaczymy".

Neil Postman

Jednym z moich ulubionych autorów, piszących o edukacji jest Parker Palmer, autor książki *The Courage to Teach* a także innych wnikliwych, pełnych wdzięku pozycji o pedagogice lub utrzymanych w tym duchu.

Najpierw przeczytałem książkę Palmera *Let Your Life Speak*, jeszcze zanim urodzili się Lulu i Roy, ale tak naprawdę nie zrozumiałem sedna tego, o czym pisał, dopóki nie zacząłem obserwować, jak moje dzieciaki rosną.

Palmer sugeruje, że każdy z nas rodzi się z oryginalną osobowością i że wyrażenie tego w dzieciństwie dostarcza wskazówek co do życia, które ostatecznie powinniśmy prowadzić. Innymi słowy, teraz dobrze wiem, że dzieci nie przybywają na ten świat jako czyste tabliczki. Każde dziecko jest obdarzone niepowtarzalnym charakterem i wyraźnymi skłonnościami. Nie oznacza to, że środowisko nie odgrywa żadnej roli w kształtowaniu osobowości i pasji dziecka. Oczywiście, że tak. Ale jednocześnie nasza „pierwotna osobowość" stanowi rdzeń naszej istoty i jej ekspresja – lub brak ekspresji – będą miały znaczący wpływ na nasze poczucie spełnienia.

Na przykład Lulu i Roy to bardzo różni mali ludzie, mimo że mają tych samych rodziców. Lulu ma zupełnie inny temperament, jest emocjonalna i porywcza, podczas gdy Roy jest bardziej analityczny i skupiony. Chociaż oboje lubią brykać, jak większość dzieci, to Lulu wydaje się mieć większe inklinacje do poruszania się i tańczenia, podczas gdy Roy często jest zadowolony, gdy siedzi spokojnie i rysuje skomplikowany rysunek lub tworzy nowe dzieło z LEGO.

Nawet jeśli chodzi o rozwój ich języka, pojawiły się uderzające różnice. Chociaż nadal jestem zadowolony z postępów córki, kinetyczna natura Lulu utrudnia jej precyzyjne czytanie: kiedy pominie słowo, ma tendencję do pędzenia z tekstem dalej, nawet jeśli tak naprawdę nie rozumie znaczenia zdania. W tej samej sytuacji Roy zatrzyma się, dołoży wszelkich starań, aby odczytać pominięte słowo, a następnie wróci do początku zdania, aby zrozumieć całą myśl.

Szkic ich najwcześniejszych dni

Co zatem możemy zrobić z takimi obserwacjami „pierwotnej osobowości" dziecka?

Parker Palmer wyjaśnia:

Jeśli wątpisz, że wszyscy przybywamy na ten świat z talentami... zwróć uwagę na niemowlę lub bardzo małe dziecko. Kilka lat temu moja córka ze swoją córką, która wtedy była noworodkiem, zamieszkały ze mną na pewien czas. Obserwując moją wnuczkę od najwcześniejszych lat jej życia, mogłem po pięćdziesiątce zobaczyć coś, co wymknęło mi się jako dwudziestokilkuletniemu rodzicowi: moja wnuczka przybyła na świat jako właśnie taka, a nie inna osoba, nie jako ta – czy tamta.

Nie pojawiła się jako surowy materiał, który można ukształtować w dowolny obraz, jaki świat chciałby zobaczyć. Przybyła ze swoją utalentowaną formą, z kształtem swojej świętej duszy. (...) We wczesnych dniach życia wnuczki zacząłem obserwować upodobania i skłonności, którymi została obdarzona przy narodzinach. Zauważyłem i nadal zauważam, co lubi, a czego nie, co ją pociąga, a co odpycha, jak się porusza, co robi, co mówi.

Moje obserwacje zbieram w liście. Kiedy moja wnuczka stanie się nastolatką lub osiągnie dwudziestkę, upewnię się, że mój list do niej dotrze, z przedmową mniej więcej taką: „Oto szkic tego, kim byłaś od najwcześniejszych dni na tym świecie. To nie jest ostateczny obraz – tylko ty możesz go narysować. Ale został naszkicowany przez osobę, która bardzo cię kocha. Być może te notatki pomogą ci zrobić wcześniej coś, co zrobił twój dziadek później: pamiętaj, kim byłaś, kiedy przybyłaś po raz pierwszy i odzyskaj dar prawdziwej siebie".

Przypomnienie tożsamości

Jako dorośli wszyscy wiemy, jak ważne jest życie, które jest dla nas autentyczne i znaczące, niezależnie od tego, jaki kształt może przybrać w przypadku każdej osoby. Problem polega na tym, że w miarę dorastania bardzo łatwo można odsunąć nasze „ja" na boczny tor i stracić kontakt z naszą prawdziwą naturą. „Jesteśmy obdarci z daru pierwotnego stanu bycia w pierwszej połowie naszego życia" – pisze Palmer (z rozmachem).

Zatem przesłanie listu do małego dziecka – listu, którego nie przeczyta, dopóki nie stanie się znacznie starsze – ma na celu przypomnienie tej oryginalnej tożsamości. Jeśli dziecko, gdy dorośnie, nie będzie już połączone z darem swojej „pierwotnej natury", prawdopodobnie doświadczy czegoś w rodzaju niespokojnego odłączenia od życia. (To było sedno moich własnych zmagań przez wiele lat).

Oferując wskazówki na temat „pierwotnej osobowości" twojego dziecka – w formie obserwacji, które poczyniłeś w liście napisanym w przeszłości – możesz pomóc mu odzyskać niektóre z najgłębszych części jego tożsamości i potencjalnie pomoc mu przeżywać bardziej autentyczne oraz sensowne życie. Oczywiście, jak podkreślił Palmer, nie jest to zamierzony ostateczny obraz. Nie sugeruję, byśmy narzucali naszą wolę i definiowali obraz naszych dzieci, to musi być praca ich życia, realizowana swobodnie. Jednak gdy opisujemy to, czego jesteśmy świadkami, gdy są młodzi, możemy podarować odkrywcze i konstruktywne spojrzenie na wczesne życie, którego już nie pamiętają.

Tak właśnie zrobiłem. Kiedy Lulu i Roy byli jeszcze w wieku przedszkolnym, napisałem do każdego z nich długi list o ich przyszłej tożsamości. W tych listach podzieliłem się spostrzeżeniami na temat ich „pierwotnej osobowości" – ich szczególnych cech i skłonności – a także moich nadziei na ich życie i mojej bardzo głębokiej miłości do nich.

Włożyłem całe moje serce w te listy, a następnie ostrożnie wsunąłem je do dwóch dużych pudeł, w których przechowujemy pamiątki z dzieciństwa.

Pisanie listów było dziwnym i wzruszającym doświadczeniem. Naprawdę, trudno jest mi wyobrazić sobie ich jako młodych dorosłych, ale oczami wyobraźni widziałem, jak odkrywają listy, kiedy są starsi, być może nawet po moim odejściu, i czytają (w języku mniejszościowym) słowa, które napisałem wiele lat wcześniej. Czułem, że sięgam w przyszłość, aby być blisko nich jeszcze raz, powiedzieć im wszystkie ważne rzeczy, których nie mogli zrozumieć jako małe dzieci, rzeczy, które, mam nadzieję, pomogą im znaleźć właściwą drogę na tym świecie i sprawią, że wniosą satysfakcjonujący wkład w talenty, które zostały im przekazane.

WNIOSEK: Czułe ślady z wczesnych lat dziecka, przelane na papier, mogą służyć jako wnikliwe przypomnienie tożsamości w wieku dorosłym.

Doceniaj wszystko entuzjastycznie

„Jeżeli wdzięczność jest jedyną modlitwą, jaką odmawiasz
w ciągu swojego życia – to będzie w zupełności wystarczające".

Mistrz Eckhart

Pewnego październikowego wieczoru, kiedy Lulu miała dziewięć lat, a Roy sześć, zabrałem ich na festiwal w lokalnej świątyni w naszej okolicy. Niewiele brakowało, a nie poszlibyśmy wcale, ale poddałem się, gdy moje dzieci zaczęły błagać. Keiko była jednak zmęczona i chciała zostać w domu. Choć później żałowałem, że w ogóle poszliśmy.

Po kolacji przeszliśmy przez ciemne ulice, z naszego domu do świątyni jest około 15 minut piechotą. Mała kapliczka znajduje się na wzgórzu i tego dnia była wypełniona po brzegi ludźmi, którzy jedli smakołyki z licznych stoisk z jedzeniem i oglądali występy na scenie znajdującej się na zewnątrz.

Kupiliśmy kolorowe cukierki i zajadając się nimi, przeszliśmy za świątynię, w kierunku ogrodu w japońskim stylu. Ogród był dość nieduży, ale przecinało go kilka ścieżek, no i był pogrążony w całkowitej ciemności. Szedłem przed dziećmi, aż w pewnym momencie odwróciłem się, by upewnić się, że podążają za mną. Była Lulu, ale… *Gdzie Roy?*

Ktoś go porwał

„Lulu – spytałem – gdzie jest Roy?".

„Nie wiem".

„Jak to?" – Ominąłem ją, zaglądając w mrok i próbując dostrzec mojego małego syna. Ale nigdzie go nie widziałem.

Odwróciłem się do Lulu. „Przecież on był z tobą?"

„Był, ale powiedział, że pójdzie inną drogą".

„W porządku, poszukajmy go".

I tak zaczęliśmy szukać. Wołałem go po imieniu.

Ale gdy minuty mijały i ciągle nie było po nim śladu, zacząłem wołać głośniej, bardziej nagląco. (Nawet wyplułem wiśniowe cukierki w krzaki). „Roy!" – krzyczałem w ciemność raz po raz. W oczach innych uczestników przechadzających się po ogrodzie musiałem wyglądać jak szaleniec.

Gdzie on może być? Dlaczego mi nie odpowiada? Lulu zaczęła płakać. „Kochanie, płacz nie pomoże. Chcę, żebyś była silna, dobrze? Wróć do świątyni i poszukaj go tam. Ja będę dalej szukał tutaj". Skinęła głową i się odwróciła. I kiedy Lulu również zniknęła w poszukiwaniu brata, stałem tak na ogrodowej ścieżce, nie mogąc powstrzymać tej okropnej myśli: *Zniknął. Ktoś go porwał.*

Prawie dwudziestu nieznajomych

To był wielki wstrząs, zwłaszcza że Japonia jest ogólnie bardzo bezpiecznym krajem dla dzieci, ale jestem Amerykaninem, a uprowadzenia dzieci nie są rzadkim problemem w Stanach Zjednoczonych. To niestety ciemna strona mojej psychiki jako rodzica.

Poszedłem więc na skraj ogrodu i spojrzałem w dół po wysokich schodach prowadzących do migoczącego miasta. „Roy!" – krzyknąłem. „Roy, słyszysz mnie?"

Grupa dzieci podeszła do mnie nieśmiało. „Kogo szukasz?" – zapytały po japońsku. Opisałem syna, jego wiek, ubranie, a one zgłosiły się na ochotnika do przeszukania ogrodu. „Roy!" – zaczęły wołać. „Roy!" Następnie Lulu wróciła sama – ani śladu Roya w świątyni.

„Postarajmy się o więcej pomocy" – zdecydowałem. Pospieszyliśmy do biura świątyni i porozmawialiśmy ze starszym mężczyzną. „To takie dziwne" – wyjaśniłem. „On właściwie zniknął".

Mężczyzna złapał latarkę i wkroczył do akcji. Dźwięk bębnów taiko huknął za nami, a nieznajomy zgromadził kilku innych i razem ruszyliśmy do ogrodu.

„Roy! Roy!" Już prawie dwudziestu nieznajomych przeczesywało teren i wołało mojego syna po imieniu.

W tym momencie odezwała się Lulu: „Tato, może on poszedł do domu?". Do domu? Dlaczego miałby iść do domu? Ta myśl już dawno powinna była przemknąć mi przez głowę, ale tak się nie stało. Nigdy bym nie pomyślał, że sześcioletni Roy sam wróci do domu po ciemku. Zapytałem jednego z poszukiwaczy, czy mógłbym pożyczyć jego telefon komórkowy i zadzwonić do Keiko, która była w domu. (Akurat przypadkiem zostawiłem mój telefon na stole w kuchni).

– Keiko, Roy zniknął z festiwalu około piętnastu minut temu. Jeśli wróci do domu…

– Właśnie wszedł – odpowiedziała.

Bardzo ważne rzeczy

Szczerze mówiąc, pierwszą rzeczą, jaką chciałem zrobić, to udusić go, ale na szczęście moje dłonie i jego szyję dzielił piętnastominutowy spacer. W rzeczywistości, gdy szedłem do domu po ciemku, z Lulu obok mnie, możliwość rozważenia całego incydentu na spokojnie pozwoliła mi zrozumieć kilka bardzo ważnych rzeczy…

- Kiedy Roy został rozdzielony od nas w świątyni, prawdopodobnie wpadł w panikę. Później dowiedziałem się, że czekał na nas przed ogrodem – jak długo, nie jestem pewien – ale kiedy nie wracaliśmy (ponieważ go szukaliśmy!), wziął sprawy w swoje małe ręce: ruszył prosto do domu. Chociaż wolałbym, żeby poprosił o pomoc kogoś dorosłego w świątyni, to jednak fakt, że zachował spokój i samotnie wracał nocą do domu, pomimo strachu, który musiał odczuwać, był powodem do pochwały, a nie obwiniania.

- Byłem również dumny z Lulu, ponieważ ona także zachowała spokój, podczas gdy mogła rozpłynąć się we łzach. (Teraz, gdy o tym myślę, jedyną osobą, która naprawdę straciła rozum, byłem ja sam!).

- Myśl o zniknięciu syna, sprawiła, że poczułem ogromne poczucie straty wszystkiego oprócz głębokiej miłości, jaką do niego czuję, do obojga moich dzieci. Nie da się ukryć, że im jestem starszy, tym bardziej zdaję sobie sprawę z tego, jak krótkie jest nasze życie, ale wiem też, że mogę bardziej doceniać ludzi w moim życiu, gdy mamy tę ulotną szansę bycia razem.

- Pomysł doceniania moich dzieci rozciąga się na moje oczekiwania dotyczące rozwoju ich języka. Co prawda wiele od nich oczekuję i nie zawsze doceniam to, jak bardzo się starają i ile już zrobiły postępów. Bycie małym dzieckiem nie jest łatwe, a bycie małym dzieckiem z dwoma językami – czy można być aż takimi szczęściarzami? – może być jeszcze trudniejsze. Wydaje mi się, że to naturalne, ale zbyt często koncentruję się na niedociągnięciach, które widzę w ich rozwoju językowym.

- Dotyczy to również moich własnych wysiłków. Gdybym umarł jutro, a życzliwy anioł zapytałby mnie, jak mi poszło, prawdopodobnie skończyłoby się rozwodzeniem nad rzeczami, których nie zrobiłem dobrze lub które powinienem wykonać, ale tego nie zrobiłem. Ponownie wyraźniej widzę braki. I wydaje się, że dzieje się tak w przypadku wielu rodziców wychowujących dwujęzyczne dzieci: chociaż ważne jest, aby zaradzić naszym niedociągnięciom, równie ważne jest docenienie wielu dobrych wysiłków, które już podjęliśmy.

Kiedy więc w końcu tej nocy wróciłem do domu z festiwalu, poszedłem prosto do Roya i przytuliłem go tak mocno, jak tylko mogłem. A kiedy płakał w moich ramionach, czułem wdzięczność za powrót do domu. Wciąż było wiele do powiedzenia, ale na razie wszystko mogło zaczekać. Na razie przytulanie syna było jedyną rzeczą, która miała znaczenie w całym tym zwariowanym, pięknym świecie.

WNIOSEK: Doceń z entuzjazmem wszystkich cennych ludzi i ważne rzeczy, które składają się na twoje życie.

Perspektywa 30
Dwujęzyczne dzieci mogą zmienić świat

„Jeśli chcemy osiągnąć prawdziwy pokój na całym świecie,
musimy zacząć od dzieci".

Mahatma Gandhi

Na szczycie pomnika w Hiroshima Peace Memorial Park stoi statua młodej dziewczyny z brązu, z rękami uniesionymi do nieba, trzymającej nad głową ogromnego żurawia z origami. Dziewczyna nazywała się Sadako Sasaki i była inspiracją dla Children's Peace Monument (Pomnik Pokoju Dziecka).

Sadako Sasaki zmarła w wieku dwunastu lat, dziesięć lat po wybuchu bomby atomowej nad Hiroszimą, który nastąpił rano 6 sierpnia 1945 r. W tym czasie dziewczynka miała zaledwie dwa lata i przeżyła je bez najmniejszego zadrapania, ale promieniowanie, jakie objęło całe miasto, zatruło jej ciało i doprowadziło do białaczki, którą zdiagnozowano u niej, kiedy była w szóstej klasie.

Gdy Sadako leżała już w szpitalu, a jej zdrowie pogarszało się, ona mimo wszystko składała papierowe żurawie z każdego kawałka papieru, jaki mogła znaleźć. W japońskiej tradycji złożenie tysiąca papierowych żurawi jest czynem, który może spełnić życzenie, a Sadako żarliwie pragnęła znów być zdrowa. Kiedy osiągnęła tysiąc, a jej zdrowie nie uległo poprawie, kontynuowała niepokonana. Sadako, nawet przykuta do łóżka i mimo ograniczonych zasobów papieru, składała żurawie nie większe niż paznokieć, używając do tego igły, którą robiła małe fałdy. Składała papierowe żurawie do momentu, kiedy już nie miała siły, by zrobić kolejnego.

W sumie Sadako Sasaki wykonała prawie tysiąc pięćset żurawi, które wypełniły jej salę szpitalną, po czym zmarła o godzinie 9:57, 25 października 1955 roku.

Gdy historia Sadako stała się bardziej znana, papierowy żuraw stał się symbolem pokoju. Do dziś dzieci z całego świata wysyłają do Hiroszimy tysiące papierowych żurawi. Te kolorowe żurawie przez jakiś czas są wystawiane w przezroczystych skrzyniach przy Children's Peace Monument (Pomnik Pokoju Dziecka), a następnie przenoszone są do innych części miasta. W rezultacie jest tak wiele życzeń pokoju od dzieci z całego świata, że po prostu nie ma wystarczająco dużo miejsca, aby je wszystkie pomieścić.

Tymczasem dorośli na świecie nadal prowadzą wojny i gromadzą broń nuklearną. Jak na ironię, nawet grupy działaczy pokojowych tu, w Hiroszimie, uwikłały się w niefortunną historię sprzeczek i konfliktów. Szczerze mówiąc, jeśli istnieje jakakolwiek nadzieja, by utrzymać, zmierzający do własnego upadku, gatunek ludzki z dala od wojny i uzbrojenia, to należy ją pokładać w niewinności naszych dzieci, które wciąż wierzą w nadzieję i pokój. I myślę także, że dzieci, posługujące się więcej niż jednym językiem, mogą także rozwinąć większą tolerancję i zrozumienie dla innych, a także stać się ważną siłą w budowaniu bardziej pokojowego świata. Może się tak zdarzyć nawet bez względu na ich osobiste doświadczenia. Bo jeśli dwujęzyczność uwrażliwia ludzki mózg na tolerancję, to zapewne ta silna tendencja z czasem zostanie zakotwiczona w umysłach przyszłych pokoleń.

WNIOSEK: Dwujęzyczna zdolność, którą pielęgnujemy u naszych dzieci, może nie tylko poprawić ich życie, ale bardziej pomóc w ulepszeniu całego świata.

Część druga: Zasady

„Marzenia i poświęcenie to potężne połączenie".
William Longgood

W pierwszej części tej książki rozważaliśmy różne perspektywy lub sposoby myślenia, które mogą stanowić potężny fundament dla dwujęzycznej podróży. W części drugiej rozważymy zasady, sposoby działania, które każdego dnia zmuszą cię do podejmowania produktywnych wysiłków powodujących znaczny postęp.

Oba aspekty są kluczowe, abyś doświadczył większych sukcesów. Z jednej strony brak przemyślenia może prowadzić do nieefektywnego – a nawet odwrotnego do zamierzonego – działania; z drugiej bez działania mnożą się jedynie pobożne życzenia i niespełnione marzenia. Tylko połączenie tych dwóch elementów daje pomyślne efekty: kiedy nasze myśli i działania są pełne entuzjazmu, to pozwala nam podejmować skuteczne wysiłki dzień po dniu, rok po roku przez całe dzieciństwo naszych dzieci, a wtedy możemy maksymalnie zwiększyć rozwój ich języka i rosnącą zdolność dwujęzyczną.

Przejdźmy teraz do działań, które będą napędzać nasze powodzenie. Chociaż niektóre z tych pomysłów zostały przedstawione wcześniej, nadszedł czas, aby przyjrzeć się pełnej gamie kluczowych zasad.

Zasada 1
Ustal priorytety

„Zainwestuj swój czas tam, gdzie jest twój priorytet".
Sebastian Faulks

Jako pisarz, bloger, nauczyciel i rodzic codziennie żongluję wieloma różnymi piłkami. Szczerze mówiąc, niektóre z tych piłek ciągle spadają mi na głowę – po prostu nie mogę nadążyć za wszystkim, co chciałbym zrobić. Żongluję więc tyloma rzeczami, iloma się da, starając się jednocześnie pozostać przy zdrowych zmysłach. Mój grafik często jest bardzo napięty, mam długą listę zadań każdego dnia, połowy z nich nie udaje mi się wykonać, a każdą z tych rzeczy uważam za naprawdę ważną, bo nadają sens życiu i dają mi spełnienie. Byłoby niedobrze, gdybym zepchnął na dalszy plan sprawy o mniejszym znaczeniu, dlatego staram się nadać im priorytet i rozłożyć w czasie.

Jeśli chodzi o język mniejszościowy twoich dzieci, gdy odpowiedzialność za niego spoczywa głównie na twoich barkach – tak jak na moich – to przedstawię ci prostą zasadę dla dwujęzycznej podróży:

Owoce pracy, które zbierzesz, będą na ogół proporcjonalne do priorytetu, który wybierzesz.

Innymi słowy, im bardziej priorytetowy jest cel, tym bardziej uważny i proaktywny będzie wysiłek, który z czasem przyczyni się do silniejszego rozwoju języka twojego dziecka. Jest to oczywiście podobne do naszych innych priorytetów, zarówno związanych z pracą, jak i osobistymi zajęciami lub relacjami. Bo im większe znaczenie przywiązujemy do określonego aspektu naszego życia, tym większe postępy zobaczymy w tym obszarze w miarę upływu czasu. Jednak wychowanie dwujęzycznych dzieci jest trochę inne pod tymi względami:

1. Jest to długi proces, który często trwa przez cały okres dzieciństwa.

2. Potrzeba dużo codziennej uwagi, by dziecko mogło robić stały postęp w języku mniejszościowym i chociaż z grubsza nadążać za językiem większościowym. Może to stać się szczególnie trudne, gdy dziecko uczęszcza do szkoły z językiem większościowym i codziennie intensywnie się z nim styka.

3. Poświęcenie większej uwagi we wczesnym okresie rozwoju dziecka wynika z nieodłącznego biologicznego wymiaru rozwoju języka. Mimo że ludzie mogą uczyć się nowego języka w każdym wieku, to ludzki mózg jest szczególnie przygotowany do przyswajania języka w najmłodszych latach życia. Jeśli to w ogóle możliwe, rodzice powinni w pełni skorzystać z tej predyspozycji, podejmując aktywne działania na rzecz wspierania języka mniejszościowego od samego początku.

W skali od 1 do 10

Moim zdaniem, jeżeli cel rodzica jest wysoko w hierarchii ważności i zakłada, że biegłość dziecka w języku mniejszościowym ma być podobna do rodzimego, być może również w zakresie umiejętności czytania, to należy mu nadać priorytet. W przeciwnym razie może dojść do rozczarowania. Ale niezależnie od tego, jak ważny jest nasz cel (i to zależy od każdego rodzica), nasze poczucie priorytetu powinno być równie ważne.

W skali od 1 do 10, priorytet na poziomie 9 lub 10 oznaczałby, że rodzic wyznacza cel wysoko i przywiązuje szczególną wagę do tego aspektu tożsamości rodziny, czyniąc dwujęzyczną misję jednym z najwyższych priorytetów każdego dnia. Tym, którzy obawiają się, że może to podważyć inne aspekty życia rodziny, radzę pamiętać o moim przesłaniu, że większa ilość i jakość interakcji, by zwiększyć kontakt z językiem mniejszościowym, może faktycznie wzmocnić więź rodzic–dziecko.

Dla przykładu, ja ustaliłbym priorytet na poziomie 9 lub 9,5. Co znaczy, że zarówno mój cel, jak i moje poczucie priorytetu są dość wysokie, ale prawdą jest również, że mógłbym zrobić więcej, gdybym postanowił nie realizować niektórych innych priorytetów w tym samym stopniu. (Wszyscy mamy ograniczony czas i skończoną ilość energii, więc z tych względów zawsze trzeba iść na kompromis).

Zastanów się: *Na ile oceniasz dwujęzyczną podróż jako priorytet w swoim życiu?* Jak wysoki jest ten priorytet w skali od 1 do 10? Czy jesteś zadowolony z sytuacji? Jeśli nie, czy możesz nadać swojej misji wyższy priorytet i umieścić ją w samym w centrum swojego stylu życia?

WNIOSEK: Im wyższy priorytet nadasz twojemu celowi, czyli osiągnięciu dwujęzyczności przez dziecko, tym większy postęp prawdopodobnie ono poczyni.

Zasada 2
Zapoznaj się z tematyką

„Wiedza to potęga".
Sir Francis Bacon

Choć rodzic może być bardzo zapracowany, znalezienie regularnego czasu na zapoznanie się z tematyką wychowywania dwujęzycznych dzieci powinno być sednem twoich działań.

Krótko mówiąc, im głębsza jest twoja wiedza i im większa liczba praktycznych pomysłów i zasobów, tym lepiej będziesz przygotowany, aby maksymalnie wzbogacić rozwój języka swojego dziecka. (A to jest niekończący się proces dla nas wszystkich, ponieważ zawsze możemy pogłębiać naszą wiedzę i poszerzać naszą pulę praktycznych pomysłów oraz zasobów).

Sięganie po wiedzę, pomysły i zasoby nie tylko zwiększa efektywność ze strategicznego punktu widzenia, ale także wspiera twoje wysiłki na dwa ważniejsze sposoby:

1. Kiedy czytasz książki i blogi na dany temat lub zdobywasz wiedzę, pomysły i zasoby za pomocą innych metod, wtedy praktyka sprawia, że jesteś bardziej świadomy poszukiwań oraz bardziej proaktywny w codziennych staraniach. Sam zwyczaj regularnego zagłębiania się w tę tematykę pomaga napędzać twoje działania i sukces.

2. Gdy wykorzystujesz również osobiste interakcje – na przykład z przyjaciółmi i grupami lub online na blogach i forach – to te doświadczenia zapewniają nie tylko dostęp do informacji, ale także tworzą zachętę

i zapewniają przyjazne środowisko. W przypadku młodych rodziców, wyruszających dopiero w tę podróż lub rodziców napotykających trudności po drodze, to wsparcie może mieć kluczowe znaczenie zarówno dla spokoju ducha, jak i samego postępu.

Książki i zasoby internetowe

Ponieważ osoby piszące książki i blogi są często uważane za ekspertów, pozwólcie, że wyrażę mój pogląd na wiedzę specjalistyczną: *mianowicie sama w sobie nie jest celem podróży, ale jest samą podróżą.* Innymi słowy, wiedza specjalistyczna – w dowolnej dziedzinie – jest kontinuum, które nie ma realnego końca: w każdej dziedzinie można ją ciągle zgłębiać i uzupełniać.

Myślę też, że jeśli chodzi o wychowywanie dwujęzycznych dzieci, sprawdza się to szczególnie. Ze względu na fakt, że temat ten jest tak szeroki, to nikt nie może być uznany za prawdziwego eksperta.

Zatem istotne dla sukcesu są oba czynniki – formalna wiedza na temat dwujęzyczności, która cały czas się rozwija, oraz nieustanne dostarczanie praktycznych pomysłów i zasobów do rozwijania umiejętności językowych u dzieci.

Nie da się ukryć, że każdy język ma także inne zasoby! (Zapytaj mnie o książki dla dzieci w języku angielskim, a ja mogę wiele podpowiedzieć, ale nie miałbym pojęcia, jakie tytuły polecić w języku francuskim, rosyjskim lub w innych językach świata!)

Według mnie ważne jest, aby spojrzeć na wiedzę specjalistyczną reprezentowaną przez nieakademickiego fachowca. A także korzystać z porad każdego, kto ma duże doświadczenie w wychowaniu dwujęzycznych dzieci, kto poświęcił szczerze czas i wysiłek na napisanie książki lub prowadzenie bloga, a dodatkowo ma coś wartościowego do powiedzenia. Potencjalnie może to ci przynieść korzyści w poszukiwaniach, na dużą lub małą skalę.

Oczywiście, nikt z nas nie ma czasu na przeczytanie każdej książki lub bloga, ale warto podejmować ten regularny trud, ponieważ ostatecznie im więcej czytasz na ten temat, tym jesteś lepiej poinformowany, a im lepiej jesteś poinformowany, tym skuteczniej możesz nawigować przez lata swojej dwujęzycznej podróży.

Jednocześnie możesz uzupełniać swoją lekturę, słuchając podcastów i oglądając filmy. W Internecie można znaleźć bogactwo treści multimedialnych, w tym wiele pogłębionych wywiadów z rodzicami, wychowawcami i innymi fachowcami z tej dziedziny. Lista sugerowanych książek i zasobów internetowych znajduje się na końcu tej książki.

Przyjaciele i społeczności

W tym czasie staraj się zapoznać z innymi rodzicami, aby dzielić się doświadczeniami i pomysłami, a także udzielać sobie wzajemnego wsparcia i zachęty. Ta podróż może być trudna w każdym przypadku, ale dla tych, którzy czują się bardziej odizolowani, poprzez brak innych dwujęzycznych rodzin lub osób posługujących się językiem mniejszościowym w ich okolicy, może być szczególnie trudny.

Jeśli znalezienie znajomych lub lokalnych społeczności jest niemożliwe, to poszukaj ich w Internecie. The Bilingual Zoo[3], forum, które jest częścią Bilingual Monkeys, zaprojektowałem w celu zaspokojenia tej potrzeby. Jest to żywa, wspierająca się społeczność, z członkami i gośćmi z całego świata, więc zapraszamy cię, byś przyłączył się do nas.

Bardziej świadomy i aktywny

Jeszcze raz chciałbym podkreślić, że wyszukiwanie informacji i interakcji jest ważne nie tylko dla poszerzenia wiedzy na dany temat, zdobywania zestawu praktycznych pomysłów i informacji o przydatnych zasobach dla języka mniejszościowego. Ale też sam fakt robienia tego, i to regularnie, sprawia, że jesteś bardziej świadomy i aktywny w codziennych staraniach. A to z kolei wzmacnia ogólną skuteczność i pozwala w większym stopniu wpływać na dwujęzyczny rozwój dzieci.

Dzięki czytaniu książek i blogów, słuchaniu podcastów, oglądaniu filmów oraz znajdywaniu przyjaciół i społeczności, a także pisaniu na ten temat często na Bilingual Monkeys i The Bilingual Zoo – ja sam stałem się

---

[3] Forum autora Adama Becka, prowadzone przez niego po angielsku: http://bilingualzoo. com (przyp. red.).

bardziej świadomy i aktywny, niż gdybym robił co innego. Wzmocnienie tych kluczowych cech sprawiło, że każdego dnia podejmuję skuteczniejsze działania i robię większe postępy w mojej pracy z dwujęzycznymi dziećmi.

WNIOSEK: Aby wzmocnić swoje wysiłki i przybliżyć sukces, spraw, aby informacje na temat wychowywania dwujęzycznych dzieci oraz wynikające z nich interakcje stały się częścią twojego stylu życia.

Zasada 3
Spełnij podstawowe warunki

„Jeśli nie wiesz, dokąd zmierzasz,
prawdopodobnie trafisz gdzie indziej".

Laurence J. Peter

Ta książka ma ponad 75 000 słów – i zapewne napisałem dziesięć razy więcej na Bilingual Monkeys i The Bilingual Zoo – ale ostatecznie powodzenie w wychowaniu dwujęzycznych dzieci można sprowadzić do prostej formuły:

OBCOWANIE Z JĘZYKIEM + POTRZEBA = DWUJĘZYCZNA UMIEJĘTNOŚĆ

Z jednej strony wcale nie jest to takie skomplikowane. Kiedy te dwa podstawowe warunki zostaną spełnione – czyli kiedy dziecko wystarczająco osłucha się z dwoma językami i poczuje prawdziwą potrzebę ich używania – to natura zadziała i zrobi resztę. Z czasem wynik stanie się tym pożądanym: *aktywna zdolność dwujęzyczna.*

Zaś z drugiej strony proces ten może być prosty, ale rzadko bywa łatwy. W rzeczywistości dla większości rodzin prostota wyzwania może stać się bardzo trudna. Innymi słowy, *to, co należy zrobić*, jest proste, ale *jak to zrobić*, jest bardzo wymagające.

W jaki sposób ustalić odpowiedni czas obcowania w języku mniejszościowym, tydzień po tygodniu, jeśli rodzic języka mniejszościowego ma ograniczoną ilość czasu i energii do spędzania z dzieckiem? Jak zachęcić dziecko do używania języka mniejszościowego, gdy stanie się oczywiste, że rodzic, posługujący się językiem mniejszościowym, jest w stanie porozumiewać się także w języku większościowym?

Dwa kluczowe czynniki

Oczywiście odpowiedzi na te pytania (i wiele innych) będą różne dla każdej rodziny, ponieważ wyzwanie polega na dopasowaniu skutecznych działań do określonych warunków. Rozwiązania będą się znacznie różnić, ale sedno problemu jest zawsze takie samo:

Aby stać się aktywnie dwujęzycznym, dziecko musi być w wystarczającym stopniu zaznajomione z językiem mniejszościowym i odczuć prawdziwą potrzebę używania go w sposób ekspresyjny.

Kiedy dziecko zaczyna polegać głównie na języku większościowym, opór do używania języka mniejszościowego można ogólnie przypisać brakom obcowania z językiem i samej potrzeby robienia tego. Aby pobudzić chęci na zwiększenie zdolności aktywnych, od samego początku należy pamiętać o tych dwóch kluczowych czynnikach.

W rzeczywistości im częściej język mniejszościowy towarzyszy dzieciom od urodzenia, tym mniej trudności napotkasz w miarę upływu czasu. Oczywiście zawsze mogą pojawić się nowe wyzwania, na przykład gdy dziecko pójdzie do szkoły z językiem większościowym (jeśli tak jest w waszym przypadku) i zanurzy się w tym języku. Jednak te wyzwania będą łatwiejsze do pokonania, jeśli solidny fundament w języku mniejszościowym zostanie już wcześniej ustanowiony, czyli w pierwszych latach rozwojowych.

Nigdy nie jest za późno

Nawet w przypadku zdolności pasywnych, gdy dziecko ogólnie rozumie język mniejszościowy, ale nim nie mówi, podstawowe warunki obcowania i potrzeby są kluczem do odblokowania bardziej aktywnej komunikacji.

Jeśli potrafisz odpowiednio zająć się tymi dwoma obszarami, na pewno zobaczysz oznaki postępu.

Może się jednak zdarzyć, że w tej konkretnej sytuacji, w tym szczególnym momencie nie będziesz w stanie podjąć działań w wymaganym stopniu. To nie powód do wstydu. Ważne jest jednak, aby zmodyfikować swój cel i pozostać w zgodzie z ideą wspierania rozwoju dzieci w języku mniejszościowym w zakresie, w jakim realnie możesz coś robić. Nigdy nie pozwól sobie doprowadzić do momentu, kiedy zniechęcenie sprawi, że przestaniesz próbować. Pamiętaj, że każdy twój wysiłek może mieć pozytywny wpływ na rozwój języka twoich dzieci i ich długoterminową przyszłość.

Nawet jeśli nie zobaczysz od razu owoców swoich starań, to przecież działania, które teraz podejmujesz, także mogą doprowadzić do dnia, kiedy osiągniesz swój wyższy cel, a twoje dzieci zaczną aktywniej używać języka mniejszościowego.

Innymi słowy, nigdy nie jest za późno na podejmowanie prób. Jednocześnie podejdź do tego tak beztrosko i wesoło, jak tylko możesz. Dwujęzyczna podróż, zarówno dla ciebie, jak i twoich dzieci, powinna być radością, a nie ciężarem. Rozumiem frustracje wynikające ze wspierania języka mniejszościowego, ale nie należy pozwolić, aby wpływały one na nasze codzienne relacje z domownikami.

Ostatecznie z punktu widzenia dziecka *bycie kochanym zawsze będzie ważniejsze niż bycie dwujęzycznym.*

Kształtuj swój los

W języku japońskim słowo *en* można z grubsza przetłumaczyć jako „przeznaczenie". Dla rodziców, którzy chcą wychowywać dwujęzyczne dzieci, słowo to jest odpowiednim akronimem[4], ponieważ obcowanie (*e*) z językiem mniejszościowym i potrzeba (*n*) jego użycia ostatecznie decyduje o *en* czy też „przeznaczeniu" dwujęzycznej podróży całej rodziny.

---

[4] Akronim – słowo utworzone przez skrócenie wyrażenia składającego się z dwóch lub więcej słów. Akronim 'en' z ang. e=exposure n=need (przyp. red.).

Zatem, aby ukształtować los, jaki sobie wymarzyłeś, podejmuj świadomy i skoordynowany wysiłek, aby od pierwszego dnia zająć się podstawowymi warunkami obcowania z językiem mniejszościowym i zaspakajania tej potrzeby. Ostatecznie ta prosta formuła leży u podstaw wspierania i maksymalnego zwiększania zdolności dwujęzycznych dziecka.

WNIOSEK: Dwa podstawowe warunki sukcesu w osiągnięciu dwujęzyczności przez dziecko to zapewnienie wystawienia na obcowanie z językiem mniejszościowym i zaspokojenie potrzeby aktywnego używania go przez dziecko.

Zasada 4

Spełnij podstawowe warunki: Obcowanie z językiem

„Nie wystarczy coś wiedzieć, trzeba też umieć to zastosować.
Nie wystarczy chcieć, trzeba działać".

Johann Wolfgang Goethe

Dla rodziców niemających dostępu do edukacji w języku mniejszościowym w szkole lub innych formach poza rodziną, podstawowym wyzwaniem – i to takim, które należy podejmować dzień po dniu, przez całe dzieciństwo latorośli – jest zapewnienie wystarczającego wystawienia dziecka na obcowanie z językiem. Kiedy zdolność językowa dziecka pozostaje w dużej mierze bierna, bywa to na ogół powodowane brakiem wystarczającego kontaktu z językiem docelowym. (Jest to często związane z brakiem rzeczywistej potrzeby używania języka, jak wyjaśniam w następnym rozdziale).

Ale co rozumiemy przez „wystarczające" wystawienie dziecka na obcowanie z językiem? I jaki zakres obcowania jest skuteczny?

Wystarczające wystawienie na obcowanie z językiem

Po pierwsze, ważne jest, aby ponownie podkreślić, że każda rodzina jest inna, żyje w innych warunkach i ma różne cele, więc naprawdę to niemożliwe, by przypisać jedną „magiczną liczbę" wystarczającej ilości obcowania dla wszystkich. To, co jest wystarczające dla jednej rodziny, może nie być wystarczające dla drugiej. Ze względu na wiele zmiennych niektóre rodziny mogą osiągnąć swój cel przy mniejszym zakresie obcowania z językiem, a inne rodziny będą potrzebować więcej czasu. Można zatem powiedzieć, że *każda rodzina ma swoją „magiczną liczbę" godzin niezbędną kontaktu z językiem mniejszościowym w tygodniu, które przynoszą pożądany rezultat.*

Problem polega na tym, że nie można właściwie określić, jaka jest twoja „magiczna liczba". Chodzi mi o to, że z perspektywy czasu, kiedy dziecko dorasta, możliwe jest spojrzenie wstecz i dokonanie przybliżonego oszacowania. Jednak nie można tak naprawdę tego przewidzieć we wczesnych latach – kiedy obcowanie okazuje się tak ważne do wspierania aktywnych umiejętności w języku mniejszościowym.

Co powinieneś zrobić?

Moim zdaniem, nawet jeśli ściśle określona „magiczna liczba" dotycząca każdej rodziny faktycznie nie istnieje, to na podstawie opinii ekspertów i doświadczenia innych osób, można określić ogólny punkt odniesienia dla satysfakcjonujących dwujęzycznych umiejętności u dzieci. W końcu nawet jeśli tego obcowania z językiem nie da się dokładnie oszacować ani obliczyć, to stawianie sobie konkretnego celu, który w wielu przypadkach się powiódł, z pewnością jest lepsze niż życie bez żadnego celu.

Ponownie chcę podkreślić, że niektóre rodziny mogą osiągnąć własne cele przy mniejszym obcowaniu z językiem, ale nie jest to regułą, więc byłbym ostrożny, jeśli stosowałbym takie podejście, bo kiedy wkładamy mniej wysiłku, a oczekujemy dużych rezultatów, to możemy się bardzo rozczarować.

Sugeruję, że skoro tak naprawdę na początku nie znasz swojej „magicznej liczby" – czyli ile wkładu musisz zapewnić, aby zwiększyć aktywność w języku docelowym – to o wiele lepiej jest pomylić się na rzecz większego zakresu obcowania z językiem, co nie tylko zwiększy szanse na osiągnięcie podstawowego celu, ale także pozwoli zwiększyć dwujęzyczny rozwój twojego dziecka.

Z mojego doświadczenia, a także innych badaczy w tej dziedzinie, takich jak Barbary Zurer Pearson (autorka książki *Raising a Bilingual*

Child[5], której poglądy podzielam), satysfakcjonujący czas obcowania z językiem mniejszościowym wynosi około *dwudziestu pięciu godzin tygodniowo*. To około 30 proc. aktywnej części dnia dziecka, w zależności od harmonogramu dnia. Oczywiście im większa liczba godzin, nawet więcej niż te zalecane, tym bardziej prawdopodobne, że maksymalnie zwiększysz szanse na powodzenie. Jednocześnie może być również odwrotna sytuacja: mniej niż dwadzieścia godzin tygodniowo może być powodem do niepokoju, jeśli twoim celem jest promowanie solidnej, aktywnej umiejętności w języku mniejszościowym.

Pozwólcie, że wyrażę się jasno:

Liczba ta jest po prostu przybliżonym szacunkiem, który może służyć jako praktyczne narzędzie motywowania do intensywnego kontaktu z językiem docelowym; nie jest to pewnik i nie powinien być traktowany jako taki.

Chociaż stopień wkładu, niezbędny do wspierania aktywnych zdolności dwujęzycznych, jest ciągłym przedmiotem badań, to podejrzewam, że zawsze trudno będzie wyciągnąć mocny i uniwersalny wniosek na temat tego kluczowego problemu. Powodem jest, jak już pisałem, branie pod uwagę wielu zmiennych przy rozpatrywaniu rodzin pochodzących z różnych zakątków świata. Mając na uwadze to zastrzeżenie, sądzę, że korzystanie z rozsądnej miary do określenia regularnego kontaktu z językiem mniejszościowym może rzeczywiście wspierać proces doskonalenia języka. Natomiast brak ustaleń, w tak ważnym aspekcie tej całej podróży, może być niekorzystny. Myślę też, że warto od czasu do czasu policzyć te godziny wkładu, szczególnie na kluczowych etapach, takich jak narodziny nowego członka rodziny czy zapisanie dziecka do szkoły w języku większościowym.

Oczywiście będzie to jedynie przybliżone oszacowanie i to jest w porządku. Umieszczenie tego na papierze może pomóc zobaczyć, czy kontakt z językiem mniejszościowym, który zapewniasz swojemu dziecku, jest wystarczający czy nie, a także czy to obcowanie z językiem jest tak skuteczne, jak mogłoby być.

---

5   Polskie wydanie: *Jak wychować dwujęzyczne dziecko. Poradnik dla rodziców (i nie tylko)*, wyd. Media rodzina, Poznań 2008 (przyp. red.).

Skuteczne wystawienie na obcowanie z językiem

Ekspozycja na obcowanie z językiem nie tylko musi być wystarczająca, ale musi być też skuteczna. Umieszczenie dziecka przed telewizorem na dwadzieścia pięć godzin tygodniowo, żeby miało kontakt z językiem mniejszościowym, raczej nie zapewni większego powodzenia. Telewizja, jako uzupełnienie innych działań, z pewnością może być pomocna, ale aby wspierać rozwój mowy, znaczna część tego obcowania z językiem musi być aktywna. Innymi słowy, rozmowa z człowiekiem z krwi i kości, jest kluczem do skutecznego rozwoju języka.

Pozwól, że podsumuję podstawowe formy obcowania z językiem, a szczegółowo je opisuję w innym miejscu tej książki.

Rozmawiaj z dzieckiem

Badania wykazały korelację między użytą ilością mowy przez rodziców w stosunku do ich dzieci w najwcześniejszych latach a zdolnościami językowymi dziecka w późniejszym wieku. Innymi słowy, sama ilość mowy kierowanej do dziecka przez rodziców i opiekunów od urodzenia do trzeciego roku życia ma ogromny wpływ na rozwój języka. Chociaż nie zalecam ciągłego mówienia nad uchem biednego dziecka – niemowlęta również potrzebują spokoju, aby ich mózgi utrwalały codzienne nowe odkrycia – to radzę rodzicom języka mniejszościowego, aby byli bardzo aktywni w kontaktach z dziećmi. I nawet jeśli twoje dzieci są nieco starsze i nie odpowiadają teraz w języku mniejszościowym, kontakt z językiem, który nadal im zapewniasz – poprzez konwersację, opowiadanie historii, wspólne działania itp. – pozwoli na rozwój ich pasywnej wiedzy i pomoże utorować drogę komunikacji.

Czytaj na głos

Czytanie dziecku na głos w języku mniejszościowym przez co najmniej piętnaście minut dziennie jest niezbędną praktyką, jeśli chodzi o pielęgnowanie dobrych umiejętności dwujęzycznych. Może się to wydawać zbyt proste, ale regularne czytanie na głos – poprzez interakcje z dzieckiem, takie jak rozwijanie wątków opowieści i swobodne zadawanie pytań – ma ogromny wpływ na rozwój języka dziecka, a także na jego zainteresowanie książkami i umiejętność czytania oraz pisania. Czytanie dziecku na głos – najlepiej od pierwszego dnia i kontynuowanie tej praktyki przez całe dzieciństwo – jest istotną częścią maksymalnego zwiększania jego zdolności dwujęzycznych i powinno stanowić podstawę codziennych wysiłków.

Graj w gry

Inną formą skutecznego obcowania z językiem jest stosowanie gier: planszowych, karcianych, słownych, opowiadanie historii. I niekoniecznie muszą to być gry wyprodukowane specjalnie dla twojego języka docelowego. Na przykład w różne gry zaprojektowane w języku angielskim, można grać w dowolnym języku, jeśli czytanie nie jest ich integralną częścią. Tak więc obok powiększającej się domowej biblioteki książek w języku mniejszościowym przydatna będzie także kolekcja interaktywnych gier. Oczywiście zabawki czy kukiełki, którymi można się bawić w języku mniejszościowym, będą również pomocne.

Korzystaj z muzyki

Śpiewaj piosenki swojemu dziecku i śpiewaj je razem z nim. Nabierz nawyku regularnego odtwarzania muzyki w tle, w domu lub w samochodzie. Nawet jeśli nie jesteś aktywnie zaangażowany – na przykład gdy twoje dziecko bawi się samo – to stałe obcowanie z muzyką w języku mniejszościowym będzie miało pozytywny wpływ na rozwój języka. Może nawet dziecko samo zacznie śpiewać do chwytliwej piosenki!

Wspieraj się mediami

Telewizja i urządzenia elektroniczne mogą być użytecznymi formami wspierania, ale powinny stanowić jedynie niewielką część ogólnego kontaktu dziecka z językiem. I znów, skuteczny kontakt z językiem powinien być interaktywny z rodzicem, innym opiekunem lub towarzyszem zabaw.

Podróżuj

Oprócz tych wszystkich codziennych działań, jeśli jest możliwość podróży do miejsca, gdzie mówi się głównie w języku mniejszościowym, może to być jedna z najpotężniejszych form stymulowania rozwoju języka i świadomości kulturowej. Chociaż obecnie rzadko bywamy z moją rodziną w USA, to czasy, kiedy udawaliśmy się w te podróże, miały wyraźny wpływ na rozwój moich dzieci. Słyszałem też relacje wielu rodziców, których dzieciaki doświadczyły ekscytujących postępów podczas takich wojaży. W niektórych przypadkach ten czas spędzony za granicą może nawet aktywować umiejętność pasywną dziecka w języku docelowym i umożliwić rodzinie utrzymanie nowego postępu po powrocie do domu.

Staraj się więc, aby podróżowanie było waszym priorytetem i zadbaj, by robić to tak często, jak to możliwe. Niezależnie od tego, czy odwiedzasz rodzinę i przyjaciół, zwiedzasz na własną rękę, czy nawet umieszczasz dziecko w szkole lub na obozie na krótki pobyt, to potencjalne korzyści są ogromne. I choć koszty wydają się też być wielkie, możesz wykorzystać oferty linii lotniczych w rzadszych, mniej obleganych okresach, a także takie możliwości, jak usługi airbnb (https://www.airbnb.com), a nawet „wymiany domów" z rodziną w innym miejscu na świecie (https://www. homeexchange.com). Kiedy zaczniesz sprawdzać takie możliwości, może okazać się, że to tempo wzrośnie i twoja podróż faktycznie zacznie nabierać kształtu!

Obcowanie z językiem jest niezbędne

Dostateczne godziny ukierunkowane na kontakt z językiem mniejszościowym – a także bogaty, zróżnicowany i aktywny wkład – są niezbędne do wspierania zdolności dwujęzycznych dziecka. Sympatyzuję z tymi, którzy muszą stawiać czoło trudnościom w celu zapewniania skutecznego kontaktu z językiem na co dzień. Niestety nie ma alternatywy, poza ograniczeniem twoich ambicji, ponieważ obcowanie z językiem jest niezbędne: jest siłą napędową dwujęzyczności.

Smutna prawda jest taka, że twój ostateczny sukces zależy w dużej mierze od ciebie: od twoich chęci i determinacji, twojej energii i wytrzymałości. Chyba że masz dostęp do nauki w języku mniejszościowym w szkole lub możesz zorganizować inną formę konsekwentnej prezentacji języka, na przykład zatrudnienie au pair, co jest doskonałą opcją dla niektórych rodzin. Jest to poważne wyzwanie – zwłaszcza jeśli jesteś głównym źródłem kontaktu z językiem mniejszościowym – i musisz podjąć zobowiązania dotyczące czasu i pieniędzy. Niemniej jednak zawsze można kształtować sytuację w taki sposób, aby pomagać w zwiększeniu kontaktu dziecka z językiem mniejszościowym. Im bardziej jesteś w stanie robić to regularnie, tym intensywniej przyspieszysz dwujęzyczny rozwój dziecka.

WNIOSEK: Obcowanie z językiem mniejszościowym musi być wystarczające i skuteczne, aby wspierać aktywne zdolności dziecka.

Zasada 5

Spełnij podstawowe warunki: Potrzeba języka

„Okazja stoi zawsze po stronie roztropnego".
Eurypides

Chociaż kontakt z językiem i prawdziwa potrzeba jego używania są dwoma podstawowymi warunkami wychowania dwujęzycznego dziecka, należy wprowadzić pewne rozróżnienie między ich poziomem konieczności.

Obcowanie z językiem jest niekwestionowane, jeśli chodzi o przyswajanie – i to samo dotyczy uczenia się pierwszego, drugiego lub dziesiątego języka. Bez wystarczającej wiedzy nie można opanować języka lub przynajmniej uzyskać aktywniejszego stopnia biegłości. Z tego powodu łączność z językiem stanowi sedno całego wyzwania wychowania dwujęzycznego dziecka. Nie można przecenić znaczenia kontaktu w osiąganiu i zwiększaniu zdolności dwujęzycznych – dla każdego dziecka w każdej rodzinie, na całym świecie.

Tymczasem druga podstawowa przesłanka, czyli potrzeba używania języka, nie zawsze jest absolutną koniecznością, ponieważ z pewnością niektóre rodziny potrafią wspierać aktywne zdolności w języku mniejszościowym, nawet jeśli dziecko jest świadome, że rodzic (lub rodzice) języka mniejszościowego jest również biegły w języku większościowym. W tym świetle ta potrzeba nie jest najważniejsza, a mimo to zwracam uwagę, żeby jej nie zaniedbywać. I znowu, skoro nie wiesz na pewno, jak rozwinie się język twojego dziecka w ciągu pierwszych kilku lat życia, to uważam, że roztropniej będzie zachować ostrożność, jeśli chodzi o obcowanie z językiem i potrzebę jego używania. Z mojego doświadczenia wynika, że najczęściej frustrację rodziców wywołuje sytuacja, w której dziecko w dużej mierze rozumie język mniejszościowy, ale nie mówi w nim aktywnie – i ogólnie można to przypisać nie tylko brakowi obcowania z językiem, ale właśnie brakowi potrzeby używania języka.

Dzieci są pragmatyczne

Rozważając kwestię potrzeby, jedyną rzeczą, o której należy pamiętać, jest fakt, że dzieci są pragmatyczne. Jeśli dorastający maluch zda sobie sprawę, że rodzic języka mniejszościowego posiada również umiejętność posługiwania się językiem większościowym, to potrzeba używania języka mniejszościowego przez dziecko naturalnie się zmniejszy. A jeśli praktycznie nie ma potrzeby używania języka mniejszościowego poza domem (np. w szkole z językiem mniejszościowym), to istnieje prawdopodobieństwo, że dziecko nie będzie zbyt chętne, aby komunikować się w tym języku tak, jak życzyliby sobie tego rodzice.

Na szczęście nie zawsze tak się dzieje. Jednak myślę, że szanse są większe, kiedy rodzicem języka mniejszościowego jest główny opiekun. Mimo wszystko ważne jest, aby pamiętać o tej potencjalnej trudności od samego początku.

Zanim moje dzieci pojawiły się na świecie, obserwowałem, jak inni rodzice, których językiem ojczystym jest angielski, wchodzili w interakcje ze swoimi dziećmi. Wtedy zdałem sobie sprawę, że im częściej rodzice będą używać japońskiego, tym potrzeba używania języka mniejszościowego przez ich dzieci będzie mniejsza, a tym samym rzadziej będą komunikować się z nimi po angielsku. Zasadniczo za każdym razem, gdy rodzic używał japońskiego, wysyłał niewypowiedzianą wiadomość: „Mogę również mówić w języku większościowym, więc tak naprawdę nie musisz używać języka mniejszościowego do komunikowania się ze mną"[6].

---

[6] Tak samo dzieje się w sytuacji, gdy językiem mniejszościowym jest polski, a język angielski to język otoczenia i rodzic używa języka angielskiego, kiedy mówi do swojego dziecka. Za każdym razem, gdy rodzic mówi do dziecka po angielsku, wysyła cichą wiadomość – „mogę mówić po angielsku, więc nie musisz używać polskiego, żeby się ze mną komunikować" (przyp. red.).

Właśnie dlatego, kiedy moje dzieci się urodziły – i pamiętajcie, że nie jestem głównym opiekunem – byłem zdeterminowany, aby mówić jak najmniej po japońsku, gdy pozostawały w zasięgu słuchu, szczególnie jako niemowlęta i maluchy. Czułem, że im bardziej świadomie i aktywnie ograniczam używanie języka większościowego, tym bardziej zwiększam szanse na skuteczne przymuszanie ich do używania ze mną tylko angielskiego, kiedy zaczną już mówić.

Pierwsze trzy lata

Aby to osiągnąć, wiedziałem, że bardzo istotne jest, abym ruszył z kopyta od samego początku i używał angielskiego w rozmowach z córką i synem, w sposób konsekwentny oraz wytrwały. Im częściej będą słyszeć, jak mówię po japońsku, tym większe ryzyko, że zorientują się, że tak naprawdę wcale nie muszą używać ze mną angielskiego. Moim zdaniem najważniejsze stały się trzy pierwsze lata. Był to czas intensywnego rozwijania naszej komunikacji w języku mniejszościowym, a to oznaczało, że musiałem być szczególnie czujny, jeśli chodzi o stosowanie przeze mnie języka w tym czasie. Musiałem kłaść nacisk na angielski i przykładać mniejszą wagę – na tyle, na ile było to realistyczne – do japońskiego. Gdy dzieci zaczęły mówić, a nasza komunikacja w języku angielskim została już mocno ugruntowana, mogłem stopniowo zmieniać swoje stanowisko. W tym momencie mówienie językiem większościowym stałoby się mniejszym problemem.

Innymi słowy, zrobiłem, co mogłem, aby nie mówić językiem większościowym w ich obecności, gdy syn i córka byli niemowlętami, a później małymi dziećmi. Przez cały czas i we wszystkich sytuacjach rozmawiałem z nimi tylko po angielsku, i mówiłem do żony tylko po angielsku, kiedy maluchy były w pobliżu. A kiedy musiałem przełączyć się na język japoński, aby rozmawiać z teściami lub innymi osobami, starałem się to robić cichszym, bardziej „dorosłym" tonem. Chodziło mi o to, aby dzieci nie zarejestrowały go w takim samym stopniu jak mój angielski, który zawsze wyrażałem mocno i wyraźnie, w „mowie skierowanej do niemowląt", czyli w radośniejszym tonie, na wyższych częstotliwościach, używanym instynktownie przez dorosłych, który małe dzieci przyswajają najlepiej.

I szczerze mówiąc, dążyłem do unikania sytuacji towarzyskich, kiedy istniała szansa, że musiałbym częściej używać japońskiego. Ta taktyka może wydawać się ekstremalna, ale pamiętajcie, że moim najwyższym celem było ustanowienie solidnych podstaw komunikacji w języku angielskim. Dla mnie był to priorytet, o znacznie większej wartości, niż każda inna chwilowa aktywność lub zdarzenie, które moglibyśmy pominąć w tych wczesnych latach. Nie byliśmy pustelnikami, bynajmniej, ale chciałem, aby moje działania skutecznie dopasowały się do moich celów.

Oczywiście jest naturalne, że młodzi rodzice chętnie spotykają się z innymi członkami społeczności. Jednocześnie radzę przynajmniej pamiętać, że te działania, jakkolwiek warte zachodu, mogą również wpływać niekorzystnie na twój cel osiągnięcia dwujęzyczności przez dziecko, zwłaszcza gdy w tych sytuacjach regularnie używasz języka większościowego. Dlatego zachęcam cię do podejmowania decyzji, które trafnie odpowiedzą na twoje potrzeby, z uwzględnieniem świadomości niebezpieczeństwa.

Teraz, gdy moje dzieci są starsze i stały się „uwarunkowane" do używania ze mną tylko języka mniejszościowego, wierzę, że ta strategia pomogła osiągnąć ten cel. I tak, jak się spodziewałem, ponieważ angielski jest mocno zakorzeniony jako nasz język komunikacji, nie odczuwam obecnie potrzeby zachowania czujności w używaniu japońskiego w ich obecności. Nadal świadomie go unikam, kiedy sytuacja mi na to pozwala, ale nie boję się aż tak bardzo o jego wpływ na rozwój języka latorośli. W rezultacie łatwiej mi mówić po japońsku, gdy wymaga tego okazja.

Dalsze obawy

Zatem głównym celem pierwszych kilku lat rozwoju jest „uwarunkowanie" dziecka do komunikowania się z tobą w języku mniejszościowym od momentu, gdy zacznie mówić. Osiąga się to poprzez spełnienie dwóch podstawowych warunków wspierania aktywnej zdolności językowej: zapewnienie wystarczającego kontaktu z językiem docelowym i zaspokojenie naturalnej potrzeby używania tego języka przez dziecko.

Ale co zrobić, kiedy po prostu nie możesz uniknąć używania języka większościowego w obecności swojego dziecka? Co w sytuacji, gdy podobnie jak wielu rodziców, musisz używać języka większościowego do komunikowania się z małżonkiem (i innymi osobami)? Co wtedy?

A co z pomysłem modelowania dwujęzycznych zdolności twojego dziecka? Czy nie ma w tym żadnej wartości? Czy naprawdę trzeba unikać używania języka większościowego?

Rozważmy te ważne pytania.

„Strategiczny nacisk"

Gdy rodzic języka większościowego nie ma umiejętności posługiwania się językiem mniejszościowym, domyślnym językiem komunikacji między parą jest zazwyczaj język większościowy. (Keiko nie mówi dobrze po angielsku, ale jej umiejętność pasywna umożliwiła mi używanie języka mniejszościowego w naszej komunikacji).

Jak już wspomniałem, to liberalne użycie języka większościowego nie zawsze oznacza, że dziecko nie rozwinie aktywnych umiejętności w języku mniejszościowym. I znowu, bardzo wiele zależy od konkretnych okoliczności rodzinnych. Ale myślę, że to logiczne, że gdy rodzic języka mniejszościowego regularnie używa języka większościowego przy dziecku we wczesnych latach rozwojowych, to zwiększa przez to ryzyko, że język mniejszościowy stanie się bardziej pasywny.

Co więc robić?

Po pierwsze, uważam, że istotne jest, aby podkreślić, że każda rodzina powinna nie tylko wybrać strategię, która skutecznie dostosuje się do typowych dla niej warunków, ale także musi realizować tę strategię w sposób, który uzna za realny i wygodny. Na przykład ja osobiście jestem raczej „ekstremalny" w swoim podejściu i najpierw w taki właśnie sposób próbowałbym zastosować konkretną metodę. Ale gdy sytuacja tego wymaga, zdecydowałbym się również na poziom „oszczędnościowy".

Nazwijmy to podejście „strategicznym naciskiem", które w gruncie rzeczy jest rozszerzoną wersją tego, jak radziłem sobie z używaniem języka większościowego w kontaktach z innymi w najwcześniejszych latach życia moich dzieci…

1. Przypominam sobie i mojemu partnerowi, że pierwsze lata są kluczowe, jeśli chodzi o „uwarunkowanie" dziecka do używania języka mniejszościowego z rodzicem języka mniejszościowego oraz że powinniśmy

zrobić wszystko, co w naszej mocy, aby osiągnąć ten rezultat. Kiedy już dziecko zacznie używać języka docelowego, w wieku około trzech lub czterech lat, w zależności od indywidualnej sytuacji w danym momencie, możliwe będzie stopniowe złagodzenie ograniczeń tego początkowego podejścia.

2. Byłbym świadomie aktywny w ograniczaniu używania języka większościowego przy dziecku, w jak największym zakresie. Na przykład w czasie posiłków razem z żoną rozmawialibyśmy z naszymi dziećmi w naszych ojczystych językach, ale staralibyśmy się unikać długiej wymiany między nami obojgiem w języku większościowym. Długie wymiany w języku większościowym odbywałyby się w innym czasie, gdy dziecko przebywałoby poza zasięgiem naszej rozmowy. (Zdaję sobie sprawę, że nie jest to naturalne, ale jeśli priorytetem jest rozwój języka dziecka, wówczas takie tymczasowe rozwiązania mogą zwiększyć szanse powodzenia).

3. Stosowałbym również dwa bardzo różne tony głosu w każdym z języków. Kiedy komunikuję się z dzieckiem w języku mniejszościowym, staram się wywrzeć głębsze wrażenie, używając intensywnej, wyraźnej mowy skierowanej do niemowląt. Z kolei kiedy rozmawiam w języku większościowym z żoną lub w obecności dziecka, przyjmowałbym łagodniejszy głos dla dorosłych.

Ten rodzaj „strategicznego nacisku" jest oczywiście elastyczny – nie jest to propozycja bezkompromisowa. Ja zacząłbym od skrajności – ponieważ uważam, że może to mieć najkorzystniejszy wpływ – a następnie zmniejszyłbym ją do najwyższego stopnia, który byłby realny dla naszego stylu życia.

Rola „modelu dwujęzycznego"

To wiąże się bezpośrednio z argumentem wyrażonym przez niektórych, że rodzic języka mniejszościowego otwarcie używa również języka większościowego, bez zastrzeżeń, ponieważ może to służyć jako pozytywny „dwujęzyczny model" dla dziecka.

W sumie, nie powiem, że się nie zgodzę – z pewnością może tak być w wielu rodzinach. Jednocześnie uważam, że ważne jest, aby wejść nieco głębiej i badać niuanse tego problemu, ponieważ z mojego doświadczenia wynika, że *decyzja* przyjęcia tego stanowiska może pomóc lub utrudnić dwujęzyczny rozwój dziecka.

Chodzi o to, że bez względu na powód, dla którego mówisz językiem większościowym, myślę, że rozsądnie jest zachować ostrożność w zakresie używania tego języka, szczególnie w ciągu pierwszych kilku lat rozwojowych dziecka. Po ustanowieniu mocnych podstaw w języku mniejszościowym i „uwarunkowaniu" go jako narzędzia komunikacji z dzieckiem, dalsze używanie języka większościowego przez rodzica posługującego się językiem mniejszościowym może być mniej problematyczne. Ale kiedy liberalne użycie języka większościowego ma miejsce od samego początku, może to w końcu podważyć potrzebę dziecka do aktywnego używania języka mniejszościowego. W końcu z punktu widzenia dziecka nie ma pragmatycznej potrzeby używania drugiego języka, jeśli jest jasne, że rodzic ma również biegłą znajomość pierwszego języka i często może go używać.

Ponieważ trudno jest dokładnie przewidzieć, jaki wpływ użycie języka większościowego będzie miało na rozwój języka dziecka oraz proces „warunkowania" do używania języka mniejszościowego, to myślę, że najlepiej zachować ostrożność w najmłodszych latach latorośli, a co za tym idzie w jak największym stopniu aktywnie ograniczać używanie języka większościowego przez rodzica posługującego się językiem mniejszościowym.

Istnieje zatem zasadnicza różnica między początkowymi a późniejszymi latami potomka, jeśli chodzi o ryzyko związane z używaniem języka większościowego. Po stworzeniu solidnego fundamentu i zdolności do działania w języku mniejszościowym, używanie języka większościowego staje się mniej ryzykowne. Jednak to samo swobodne posługiwanie się językiem większościowym przez rodzica dziecka, które nie zostało jeszcze „uwarunkowane" do porozumiewania się w drugim języku, może negatywnie wpłynąć na rozwój języka dziecka, a także na jego późniejszą gotowość i zdolność do używania języka mniejszościowego, gdy już zacznie mówić.

Sugeruję więc, aby koncepcja „dwujęzycznego modelu" dla twojego dziecka była raczej drugim wyborem, którego dokonasz, gdy dziecko z powodzeniem opanuje język docelowy. Niebezpieczeństwo w ustawieniu takiego celu od samego początku, polega na tym, że może on stwarzać bardzo praktyczne problemy w procesie opanowywania drugiego języka przez dziecko. Niektórzy świeżo upieczeni rodzice wybierają tę właśnie drogę, bo patrzą na ten problem abstrakcyjnie. Ostatecznie, nie opłaca się modelować zdolności dwujęzycznych, jednocześnie potencjalnie osłabiając rozwój dwujęzyczności dziecka w tym samym czasie. Jeszcze raz powtórzę, że nie będzie tak w przypadku wszystkich – zawsze są wyjątki od każdej reguły (nie dotyczy to konieczności obcowania z językiem!) – ale nie radziłbym mieć nadziei na wyjątek. Mogę tylko podkreślić, że słyszałem od więcej niż kilku rodziców, borykających się ze starszymi dziećmi, które nie chcą aktywnie mówić w języku mniejszościowym, że zaczęli żałować wczesnego wprowadzania koncepcji „dwujęzycznego modelu".

Bierne użycie języka większościowego

Jest jeszcze jeden przedmiot troski rodziców, którzy stosują taką samą politykę językową jak i ja. Kiedy jeden rodzic używa języka mniejszościowego, a drugi języka większościowego, nawet podczas komunikowania się ze sobą to:

Jeżeli jestem rodzicem języka mniejszościowego, a mimo to mój małżonek mówi do mnie w języku większościowym, to czy dziecko nie zda sobie sprawy, że mam również umiejętności w tym języku? Nawet jeśli aktywnie go nie używam? Czy to nie podważa potrzeby dziecka do posługiwania się językiem mniejszościowym ze mną?

To interesujące pytanie, a ostateczna odpowiedź może być poza naszym zasięgiem. Ale mój zmysł (i moje osobiste doświadczenia) podpowiada mi, że te warunki nie zmniejszą naturalnej potrzeby dziecka w zakresie języka mniejszościowego w takim samym stopniu, jak w sytuacji, gdy rodzic mówi aktywniej językiem większościowym.

Widzisz, zastanawiam się, czy dziecko w ciągu tych najwcześniejszych kilku lat jest w stanie nawet ocenić, czy rodzic rzeczywiście rozumie język większościowy, czy też nie. A jeśli tak jest (i podejrzewam, że faktycznie tak jest), to tak naprawdę nie staje się to swoistym rodzajem „przeciągania" na stronę pielęgnowania potrzeby używania języka mniejszościowego z tym rodzicem, jak to często bywa, gdy język większościowy jest używany bardziej zdecydowanie. Co więcej, do czasu, gdy dziecko będzie nieco starsze i będzie *mogło* w bardziej wiarygodny sposób ocenić kompetencje rodzica w języku większościowym, to *podstawowy cel „uwarunkowania" dziecka w języku mniejszościowym zostanie już osiągnięty.* Innymi słowy, w tym momencie zdolność porozumiewania się w języku większościowym przez rodzica będzie miała mniejsze znaczenie, ponieważ podstawy komunikacji w języku mniejszościowym między rodzicem a dzieckiem będą już mocno ugruntowane.

Trzeba być gruboskórnym i nie przejmować się krytyką

Na koniec należy podkreślić, że rodzice mówiący w języku mniejszościowym czasem muszą stać się gruboskórni, aby swobodnie używać języka docelowego w miejscach publicznych. Czasami dorośli czują się niezręcznie, mówiąc innym językiem do swoich dzieci, podczas gdy wszyscy wokół posługują się zupełnie innym kodem, szczególnie na początku tej drogi – a zwłaszcza jeśli większość z nich odbiera obcy język nieprzychylnie. Mimo to gdy rodzice są jedynym kontaktem z językiem mniejszościowym, niezwykle ważne jest, aby poradzili sobie z tym wyzwaniem tak skutecznie, jak to możliwe, bez szybkiego i nerwowego przechodzenia na język większościowy.

Tak jak w całej podróży, potrzebna jest konsekwencja, ponieważ spontaniczne posługiwanie się językiem mniejszościowym powinno stopniowo stawać się łatwiejsze wraz z doświadczeniem. Pomocne może być również pamiętanie o tym, że im częściej będziesz używać języka większościowego w otoczeniu swoich dzieci, tym mniej mogą one być skłonne do komunikowania się z tobą w języku mniejszościowym. Jeśli więc często będziesz posługiwał się językiem większościowym, dzieciaki w zasadzie otrzymają od ciebie niejako pozwolenie na używanie go.

Co więcej, jeśli na przykład z powodu zawstydzenia szybko i nerwowo przełączysz się z języka mniejszościowego na większościowy, gdy będziecie przebywać w otoczeniu osób mówiących tym drugim, to możesz nieumyślnie nauczyć swoje dzieci, że język docelowy, jak i jego kultura, jest czymś do ukrycia, czego należy się wstydzić. Podczas gdy powinno być dokładnie odwrotnie – powinieneś podtrzymywać i pielęgnować w potomkach *poczucie dumy* z tego powodu.

Przyznaję również, że w swoim otoczeniu mam przewagę języka mniejszościowego, angielski w Japonii to język „o wysokim statusie". Tym bardziej zawsze starałem się używać języka docelowego w sposób zdecydowany i w dalszym ciągu uparcie niweluję wszelkie niewygody, które odczuwam. Nie chcę nadmiernie upraszczać problemu, ale dla mnie sprowadza się to do kontrolowania własnych uczuć w danej chwili w celu lepszego rozwoju językowego moich dzieci. Tak naprawdę, ten wyższy cel ma dużo większe znaczenie.

A kiedy napotykasz na krytyczne komentarze na temat tego, że używasz języka mniejszościowego w rozmowie ze swoimi dziećmi, i masz ochotę coś odpowiedzieć, to radzę przyjąć odważne podejście pewnej mądrej matki, którą znam. Grzecznie uśmiecha się, czym wzbudza empatię u takich ludzi, i tłumaczy im, że bez biegłości w tym języku *jej dzieci i ich dziadkowie nie będą mogli się ze sobą porozumiewać.* Oczywiście musi to przekazać w języku większościowym, ale jest to argument rozbrajający, który większość ludzi jest w stanie zrozumieć – a w niektórych przypadkach oznacza to pozytywną zmianę w ich myśleniu, bo poszerza się im perspektywa. Jednocześnie autorka tych słów jest w stanie zachować dumę ze swoich korzeni oraz ze swojego zaangażowania w mówienie językiem mniejszościowym z dziećmi.

WNIOSEK: Kultywowanie potrzeby używania przez dziecko języka mniejszościowego może być trudne, szczególnie gdy rodzic w języku mniejszościowym musi również regularnie używać języka większościowego, ale świadome kontrolowanie posługiwania się tym drugim przy dziecku zwiększy szanse na sukces.

Zasada 6

Wybierz skuteczną strategię językową

„Twój los kształtuje się w momentach podejmowania decyzji".
Anthony Robbins

Twój wybór strategii językowej, czyli w jaki sposób dwa (lub więcej) języki będą używane w rodzinie i poza nią, jest kluczową decyzją, która może pomóc lub przeszkodzić w osiągnięciu sukcesu w twojej dwujęzycznej podróży. Nawet jeśli nie została jeszcze podjęta jasna, świadoma decyzja, a używanie języka nie będzie zgodne z ustalonymi regułami, to nadal możesz dokonać wyboru, który wpłynie na rozwój języka dziecka.

Moim zdaniem zdecydowanie lepiej przemyśleć tę kwestię, aby wybrać metodę najskuteczniejszą i najlepiej dopasowaną do potrzeb twojej rodziny. Decyzja o wyborze to indywidualna sprawa, ale kluczowe pytanie jest takie samo dla wszystkich: *Które podejście, biorąc pod uwagę nasze obecne okoliczności, pozwoli nam najlepiej spełnić dwa podstawowe warunki: obcowania z językiem mniejszościowym i potrzeby jego używania?* (Przyswojenie sobie języka większościowego najprawdopodobniej nie będzie przysparzało żadnych trudności długoterminowych, zwłaszcza jeśli dziecko uczęszcza do szkoły z tym językiem).

W przypadku niektórych rodzin, takich jak moja, wybór strategii językowej jest prosty: „najlepsze" podejście nie ma alternatywy, ponieważ opcje są z natury ograniczone. W przypadku innych rodzin możliwości jest kilka, z których każda ma swoje zalety i potencjalne wady.

Przydatne badania

Badanie przeprowadzone przez psycholingwistkę Annick De Houwer z udziałem dzieci w wieku od sześciu do dziesięciu lat może okazać się przydatne w zgłębieniu tej problematyki.

Specjaliści, przeprowadzający badanie *Parental language input patterns and children's bilingual use*, opublikowane w 2007 r., przyjrzeli się dokładniej prawie 2000 dwujęzycznych rodzin w Belgii, które z powodzeniem wychowują dwujęzycznie dzieci. Każda z tych rodzin, używała w domu języka niderlandzkiego, który jest językiem większościowym, oraz drugiego języka. (Używanie języka przez rodziców poza domem nie było brane pod uwagę). Opracowano pięć podstawowych scenariuszy używania języka w domu. Jak później pokazały wyniki ankiet, wypełnianych przez rodziców, każdy z nich generował ogólny wskaźnik sukcesu, czyli pewnego stopienia zdolności do aktywnego działania w obu językach.. Proponowane scenariusze i ich wskaźniki sukcesu były następujące:

1. Gdy oboje rodzice używali języka mniejszościowego i ograniczali używanie języka większościowego: 96,92%

2. Kiedy jeden rodzic używał języka mniejszościowego, drugi rodzic używał obu języków: 93,42%

3. Gdy oboje rodzice używali obu języków: 79,18%

4. Kiedy jeden rodzic używał języka mniejszościowego, drugi rodzic używał języka większościowego: 74,24%

5. Gdy jeden z rodziców używał obu języków, drugi z nich używał języka większościowego: 35,70%

Oczywiście te liczby niekoniecznie zadecydują o losie twojej rodziny. Bowiem sukces, którego miarę sam definiujesz, jest wynikiem tego, jak skutecznie jesteś w stanie nawigować przez swoją podróż każdego dnia, niezależnie od tego, którą strategię realizujesz. Ale wyniki tego badania potwierdzają, że zapewnienie dostatecznej ilości czasu obcowania w języku mniejszościowym ma nadrzędne znaczenie. Chociaż w ankiecie nie badano rzeczywistej skali obcowania dzieci z językiem mniejszościowym, ani stopnia płynności, jaki naprawdę osiągnęły, to wskaźniki deklarowanych sukcesów sugerują, że *większy wkład w język mniejszościowy generuje większe szanse powodzenia.*

W tym świetle rozważmy kolejno każdy podstawowy scenariusz użycia języka.

1. Gdy oboje rodzice używają języka mniejszościowego i ograniczają używanie języka większościowego: 96,92%

Najwyższe szanse powodzenia uzyskuje się, gdy oboje rodzice używają języka mniejszościowego z dzieckiem i ograniczają używanie języka większościowego. Ta strategia, znana jako „język mniejszościowy w domu" (ml@home), zapewnia największy kontakt z językiem i generuje faktyczną potrzebę używania języka oraz praktycznie zapewnia nabywanie wiedzy. Rzadkimi wyjątkami mogą być przypadki, gdy oboje rodzice pracują do późna i spędzają z dziećmi relatywnie niewiele czasu, kiedy te jeszcze nie śpią. Chociaż pozytywne strony tej strategii są wyraźne, to są sytuacje, gdy strategia może pokazać swoje wady.

Jedną z nich jest, kiedy rodzice mówią dwoma różnymi językami ojczystymi, a jeden z rodziców godzi się używać języka innego niż ojczysty, aby wspierać środowisko języka mniejszościowego. Dla rodziców z niższym poziomem umiejętności posługiwania się tym językiem może to być problematyczne i stać się źródłem stresu. Nawet dla rodziców o bardziej zaawansowanych umiejętnościach – choć z pewnością zależy to od osoby – komunikowanie się z dziećmi w języku innym niż ojczysty, może być nienaturalne i niezadowalające.

Dla takich rodziców lepszym i bardziej komfortowym wyborem – ale nadal sprzyjającym powodzeniu – może być podejście, kiedy jeden rodzic używa języka mniejszościowego, podczas gdy drugi utrzymuje oba języki w równowadze.

Chociaż silniejszy start dla języka mniejszościowego ułatwia osiągnięcie długoterminowego sukcesu, to brak początkowej znajomości języka większościowego w domu może powodować wolniejszy postęp we wczesnych latach i bardziej ograniczoną płynność, zwłaszcza w porównaniu do jednojęzycznych dzieci w tym samym wieku. Oczywiście, w końcu dziecko osiągnie biegłość w języku większościowym dzięki szkole i społeczności, ale w związku z tym wprowadzenie dziecka w nowe środowisko szkolne może być wyzwaniem emocjonalnym (zarówno dla dziecka, jak i rodziców). Jednym ze sposobów złagodzenia tej trudności i pomocy w przejściu jest stopniowe zapewnianie dziecku coraz większego kontaktu z językiem większościowym przed rozpoczęciem nauki w szkole. Jednocześnie należy zadbać o to, aby nadal kłaść nacisk na język mniejszościowy, by skutecznie utrzymać podstawowe warunki obcowania z językiem. (Najlepszym rozwiązaniem może być wprowadzenie języka większościowego przez inne osoby, nie rodziców). Ale nawet jeśli nie zostanie podjęta taka „medycyna zapobiegawcza", czas i czułe wsparcie mogą umożliwić dzieciom skuteczne dostosowanie się do nowego środowiska szkolnego i przyswojenie nowego języka. Następnie, w miarę kontynuowania nauki, może być również potrzebna jakaś forma wsparcia, na przykład korepetycje, aby zrekompensować względny brak używania języka większościowego w domu.

2. Kiedy jeden rodzic używa języka mniejszościowego, drugi rodzic używa obu języków: 93,42%

W swojej pracy z dwujęzycznymi rodzinami często doradzam rodzicom, którzy borykają się z trudnościami założenia „jedna osoba, jeden język" (omówionego poniżej), aby przeszli do strategii, gdy partner języka większościowego zaczyna przyczyniać się do nauki dziecka w języku mniejszościowym. Ta opcja oczywiście zależy od biegłości rodzica w drugim języku i pewnej chęci korzystania z niej. Ale w wielu przypadkach ta podstawowa modyfikacja strategii – i odpowiadający jej wzrost kontaktu z językiem – bardzo wspiera generowanie większego postępu i tworzenie aktywniejszych zdolności.

Rzeczywista intensywność użycia języka mniejszościowego przez rodzica z językiem większościowym będzie się różnić. Pomóc może ustalenie, że rodzic posługujący się językiem większościowym używa go w sytuacjach sam na sam z dzieckiem, a przestawia się na język mniejszościowy, gdy cała rodzina jest razem. Aby jeszcze bardziej zwiększyć kontakt z językiem mniejszościowym, rodzic z językiem większościowym może również ustalić zwyczaj czytania na głos, śpiewania piosenek i angażowania się w inne formy interaktywnej gry w języku mniejszościowym.

Moje doświadczenia z takimi rodzinami odzwierciedlają wyraźną różnicę, widoczną we wskaźnikach sukcesu między czystym podejściem „jedna osoba, jeden język" a „wzmocnioną" formą tej strategii, gdy rodzic języka większościowego używa również języka mniejszościowego. Mianowicie odnotowano wzrost prawie 20 punktów procentowych (z 74,24% do 93,42%) w ogólnym wskaźniku sukcesu. Te wyniki badań podkreślają, jak pomocne może być osiągnięcie dwujęzyczności, gdy dziecko otrzymuje informacje w języku mniejszościowym od obojga rodziców.

Jednocześnie szanse powodzenia są prawie o 15% wyższe (z 79,18% do 93,42%), gdy użycie języka większościowego jest ograniczone tylko do jednego rodzica, a nie gdy oboje rodzice używają tego języka.

3. Gdy dwoje rodziców używa obu języków: 79,18%

Jak wspomniałem, używanie języka mniejszościowego przez oboje rodziców może zapewnić dziecku większy kontakt z językiem, ułatwiając w ten sposób przyswajanie wiedzy. W sytuacjach, kiedy potencjał ten jest naprawdę wykorzystany, a dziecko zaangażowane w regularną interakcję w drugim języku z obojgiem rodziców, istnieje duża szansa na rozwijanie i utrzymanie zdolności aktywnych.

Jeśli jednak dwoje rodziców również swobodnie posługuje się językiem większościowym od narodzin potomka, to ten czynnik może ostatecznie zagrozić potrzebie dziecka w dalszym używaniu języka mniejszościowego. Innymi słowy, jeśli szkoła i otoczenie w jakiś sposób nie przyczynią się do wzmocnienia tej potrzeby, a dziecko przyzwyczai się do swobodnego używania języka większościowego w kontaktach z rodzicami, pragmatyczna część jego umysłu może polegać bardziej na tym języku w komunikacji, szczególnie po rozpoczęciu nauki w szkole.

Ale jak zasugerowałem, omawiając ideę posługiwania się „dwujęzycznym modelem", używanie obu języków w rodzinie może być skuteczniej osiągnięte w długim okresie. Warunkiem jest, że językowi mniejszościowemu poświęci się większą uwagę na początku. Czyli zbuduje się solidny fundament pod potrzebę posługiwania się nim oraz zapewni aktywne korzystanie z języka, i jeszcze to wszystko mocno ugruntuje się przed rozpoczęciem korzystania z obu języków.

4. Kiedy jeden rodzic używa języka mniejszościowego, drugi rodzic używa języka większościowego: 74,24%

Takie podejście, zwane potocznie „jedna osoba, jeden język" (ang. OPOL, One Person, One Language), przyniosło przewidywany sukces w prawie trzech czwartych rodzin, które stosowały się do zaleceń w badaniu De Houwer. Biorąc pod uwagę dostateczny kontakt z językiem mniejszościowym, dziecko jest w stanie nabyć zdolności do aktywnego korzystania z dwóch języków jednocześnie i odczuwać prawdziwą potrzebę dalszego używania obu. A kiedy rodzice są rodzimymi użytkownikami języka, każdy z nich może mówić w swoim języku ojczystym, co jest kluczowym czynnikiem. Wielu rodziców (takich jak ja) ma naturalne pragnienie interakcji z dziećmi w ojczystym języku. Chociaż mógłbym spokojnie używać japońskiego – i wiem, że jest wielu rodziców w podobnej sytuacji do mojej – to czułem, że moje dzieci tak naprawdę nie byłyby w stanie dobrze mnie poznać, gdybym nie komunikował się z nimi po angielsku.

Z drugiej strony, gdy tylko jeden rodzic zapewnia wsparcie w języku mniejszościowym (a zwłaszcza jeśli ten rodzic nie jest głównym opiekunem), utrzymanie odpowiedniego kontaktu w tym języku może być bardzo trudne. Jest to często szczególnie istotne, gdy dziecko zaczyna uczęszczać do szkoły i jeszcze intensywniej używa języka większościowego. Wynikający z tego brak równowagi w zapewnieniu stosownego kontaktu z językiem mniejszościowym może sprawić, że język mniejszościowy stanie się bardziej pasywny, a dziecko zacznie polegać głównie na języku większościowym.

Pozostaje kolejna kwestia, w jaki sposób rodzic języka mniejszościowego będzie komunikował się z partnerem oraz z całym światem? Jeśli rodzic języka mniejszościowego zacznie zbyt swobodnie używać języka większościowego, sytuacja może przekształcić się w opisany poniżej scenariusz, kiedy rodzic języka mniejszościowego aktywnie używa obu języków. W rezultacie szanse na powodzenie zmniejszą się jeszcze bardziej.

Jak pokazuje samo badanie, sukces z podejściem „jedna osoba, jeden język" jest z pewnością możliwy. Jednak prawdą jest również to, że aby uniknąć słabszych wyników, zgłoszonych przez jedną czwartą rodzin w tej kategorii, rodzic w języku mniejszościowym często będzie musiał włożyć ogromny wysiłek, aby skutecznie utrzymać podstawowe warunki kontaktu z językiem i zapewnić potrzebę posługiwania się nim w ciągu całego dzieciństwa dziecka. Miejmy nadzieję, że przynajmniej przy moralnym wsparciu partnera, posługującego się językiem większościowym. (Piszę to z własnego doświadczenia!). Jeśli więc istnieje jakakolwiek szansa, żeby rodzic języka większościowego mógł wspierać rozwój drugiego języka, to może bardzo pomóc w powodzeniu, jednocześnie dając rodzicowi w języku mniejszościowym nieco więcej swobody.

5. Gdy jeden z rodziców używa obu języków, drugi z nich używa języka większościowego: 35,70%

Najniższy wskaźnik sukcesu w badaniu De Houwer stwierdzono w rodzinach, w których rodzic języka mniejszościowego używał obu języków, podczas gdy rodzic języka większościowego używał tylko języka większościowego. Szanse na pewno będą większe dla rodzin w sytuacjach, gdy język mniejszościowy otrzymuje pewne wsparcie ze strony szkoły i społeczeństwa. Jednak wyniki tych badań powinny służyć jako ostrzeżenie dla osamotnionych w używaniu języka mniejszościowego rodziców. Mianowicie liberalne użycie języka większościowego nie tylko obniża wspieranie rozwoju języka mniejszościowego u dziecka (ponieważ każde słowo wypowiedziane w języku większościowym jest słowem, które nie jest wypowiedziane w języku mniejszościowym), ale także grozi to podważeniem potrzeby komunikowania się dziecka z rodzicem w języku docelowym.

Podstawowe znaczenie obcowania z językiem i potrzeby osiągnięcia dwujęzyczności u dziecka jest wyraźnie widoczne w kolosalnej różnicy – wynoszącej ponad 60 punktów procentowych (od 35,70% do 96,92%) – między wskaźnikami skuteczności tego wzorca używania języka a pierwszym scenariuszem z udziałem używania języka mniejszościowego w domu przez oboje rodziców.

Rodzice samotnie wychowujący dziecko i sukces

Rodzice samotnie wychowujący dziecko stoją przed szczególnymi wyzwaniami, ale mogą osiągnąć taki sam sukces jak inne rodziny, postępując zgodnie z tymi samymi zasadami: im większy nacisk jest położony na język mniejszościowy, a na język większościowy zmniejszany, tym większe prawdopodobieństwo, że dziecko rozwinie aktywne zdolności dwujęzyczne. Najlepiej byłoby, gdyby rodzic używał tylko (lub głównie) języka mniejszościowego z dzieckiem i w jego obecności, co sprawiłoby, że ta strategia byłaby w efekcie podejściem „języka mniejszościowego w domu".

Oczywiście niektórzy samotni rodzice mogą nie być biegłymi użytkownikami języka mniejszościowego. W takim przypadku, także jeśli drugi rodzic z umiejętnością posługiwania się tym językiem rzadko widuje dziecko, aby wesprzeć wysiłki samotnego rodzica, potrzebna będzie pomoc z zewnątrz od członków dalszej rodziny lub innych osób. Jednocześnie należy pamiętać, że pewna znajomość drugiego języka jest znacznie lepsza niż żadna, a wszelkie poczynione postępy można później wykorzystać w celu uzyskania większego sukcesu w przyszłości.

Zwrot „czasu i miejsca"

W przypadku niektórych rodzin ich strategia językowa może również obejmować zwrot ku ustaleniu określonej pory dnia lub dni tygodnia – albo nawet naprzemiennych tygodni w miesiącu – do korzystania z dwóch (lub więcej) języków. Inną możliwością jest wyznaczenie określonego pokoju w domu do używania języka mniejszościowego.

Chociaż z czasem takie ustalenia mogą być trudne do utrzymania, co czyni soboty, a nawet tylko sobotnie kolacje, szczególnym „czasem w języku mniejszościowym", to mogą być one jednym ze sposobów wprowadzenia, a następnie zwiększenia kontaktu z językiem i w konsekwencji używania go.

Decyzja mojej rodziny

Biorąc pod uwagę szczególne okoliczności mojej rodziny, miałem tylko jeden realistyczny wybór strategii językowej. Gdyby Keiko lepiej posługiwała się angielskim, zachęcałbym ją do używania przynajmniej trochę angielskiego z dziećmi, gdy były małe... ale ta opcja była niemożliwa. I chociaż rodzic języka większościowego jest zawsze w stanie poprawić swoje umiejętności mówienia w języku mniejszościowym – i wielu tak robi – Keiko była, co zrozumiałe, zajęta swoją rolą jako główny opiekun i wolała robić to po japońsku. I tak od samego początku przyjęliśmy podejście „jedna osoba, jeden język" i od tego czasu stosujemy rygorystyczną wersję tej strategii.

Sama decyzja mogła być prosta, ale utrzymanie tego założenia przez lata, a także zapewnienie, by Lulu i Roy otrzymali odpowiednio dużo języka mniejszościowego, było naprawdę sporym wyzwaniem. Chociaż mogę powiedzieć, że wytrwałe działania opisane w tej książce opłaciły się, przyznam również, że miały pewne minusy.

Zanim urodziły się dzieci, Keiko i ja zazwyczaj komunikowaliśmy się po japońsku, a ponieważ mój japoński się poprawił (wtedy bardzo dużo się uczyłem), polepszyła się także nasza komunikacja. Jednak po pojawieniu się dzieci nie chciałem dalej używać japońskiego w domu, ponieważ nie miałem zamiaru potencjalnie podważać ich potrzeby porozumiewania się ze mną po angielsku. I tak przez prawie 100 procent czasu mówię po angielsku, a żona mówi po japońsku – nawet gdy rozmawiamy ze sobą.

Powiem szczerze, że używanie języka angielskiego, chociaż skuteczne w dwujęzycznym wychowaniu dzieci, było mniej pomocne w naszej komunikacji jako pary. (Nie martw się, nasz związek nadal trwa, ale wspólny kod językowy bez wątpienia ułatwiłby codzienne życie). Tymczasem utrudnił nam także wzajemne szlifowanie tych drugich, mniej znanych języków, choć ostatnio podejmujemy nowe wysiłki w tej kwestii.

Biorąc jednak pod uwagę okoliczności i brak dobrych alternatyw, to nie jestem pewien, czy można było uniknąć tych skutków ubocznych. Być może każdy wybór strategii językowej ma wadę lub dwie, a wyzwanie polega na dokonaniu wyboru, który ma najwięcej zalet i pozwoli zminimalizować niedogodności najlepiej, jak potrafimy.

Zaangażuj się i bądź konsekwentny

Wybierz jakąkolwiek strategię, która wydaje się najlepsza dla twojej rodziny, dostosuj ją do swoich potrzeb, a następnie oddaj się jej całym sercem. Ważne jest nie tylko świadome wypracowanie właściwego podejścia do twojej sytuacji – takiego, które pasuje do twojego stylu życia i oferuje duże szanse powodzenia – ale też konsekwentna realizacja tego zamiaru w miarę możliwości. Nie oznacza to jednak bycia nieugiętym w tym, co robisz. Jeśli okoliczności się zmienią i uzasadniona jest zmiana taktyki, oceń nowe warunki i podejmij odpowiednie działania, aby przywrócić równowagę w nauce języka przez dziecko. Może to wymagać zmiany strategii językowej w rodzinie lub większego wysiłku w ramach taktyki, którą już realizujesz. Innymi słowy, dobrze jest, jeśli twoje podejście ewoluuje w czasie, ale nadal miej na oku podstawowy cel: twoje dziecko powinno codziennie mieć wystarczający kontakt z językiem mniejszościowym i odczuwać prawdziwą potrzebę jego używania.

Oczywiście, rozważając wszelkie znaczące zmiany w używaniu języka, dokładnie rozważ uczucia malucha. Jest to szczególnie ważne, gdy więź emocjonalna między rodzicem a dzieckiem mogła już zostać ustanowiona w innym języku, a jedno lub oboje rodzice zaczną nagle używać innego kodu do komunikacji. Omów takie zmiany z dzieckiem (jeśli jest wystarczająco duże) i wdrażaj je delikatnie, mając na uwadze jego reakcje.

WNIOSEK: Wybór strategii językowej jest kluczową decyzją, którą należy podjąć z rozwagą, aby skutecznie wspierać dwujęzyczny rozwój dziecka.

Zasada 7

Dopasuj działania do swojego celu

"Bez względu na to, jak starannie zaplanujesz swoje cele,
nigdy nie będą niczym więcej niż tylko fajnymi marzeniami,
chyba że będziesz je realizować z entuzjazmem".

W. Clement Stone

Czasami jestem krytykowany za moje starania na rzecz wychowania dwujęzycznych dzieci. Zostałem oskarżony o zbyt duże forsowanie siebie i moich dzieci. "Nawet gdybyś nie pracował tak ciężko – ktoś wydaje szybki osąd – to założę się, że twoje dzieci i tak byłyby dwujęzyczne". Rozumiem, co powoduje takie uwagi, ponieważ na pozór mogą wydawać się prawdziwe. Ale jeśli będziemy kopać głębiej, odkryjemy kluczową zasadę, której nie można przypadkowo przeoczyć: *Poziom twoich wysiłków musi odpowiadać rozmiarowi twoich wyzwań i skali twojego celu.*

Rozłóżmy to na części składowe, poczynając od celu.

Twój cel

Twój cel, dotyczący języka mniejszościowego dziecka, zależy wyłącznie od ciebie. Może zakładać zarówno umiejętności bierne, jak i pełną biegłość we wszystkich obszarach, porównywalną do umiejętności jednojęzycznego dziecka tego języka. Z przyjemnością poprę każdy realny cel, który pasuje do twojej rodziny, i nie twierdzę, że twój cel powinien być taki sam jak mój.

Mój własny cel okazuje się być wysoki. Ponieważ jestem pisarzem, a umiejętność czytania i pisania leży u podstaw mojego życia, mój cel w zakresie umiejętności moich dzieci w języku angielskim to znajomość tego języka zarówno w komunikacji ustnej, jak i pisemnej.

Twoje wyzwania

W międzyczasie musisz rzetelnie spojrzeć na swoje wyzwania. Okoliczności każdej rodziny są wyraźnie różne, a poziom trudności, z jakim się zmagasz, aby osiągnąć swój cel, jest nieodłącznie związany z tymi szczególnymi uwarunkowaniami. Na przykład jeśli masz dostęp do edukacji szkolnej w języku mniejszościowym – powiedzmy, że twoje dziecko ma szczęście uczęszczać do szkoły z dwoma językami. Cóż, sytuacja, gdy dziecko ma kontakt z drugim językiem, w naturalny sposób znacznie ułatwi osiągnięcie wyższego celu.

Jak już wspomniałem, sposobność pracy w domu przez większość życia moich dzieci, jest dla mnie główną zaletą – miałem więcej możliwości zapewnienia im kontaktu z językiem mniejszościowym. Jednocześnie podstawowe wyzwania mojej sytuacji były ogromne i bardzo trudne podczas tej podróży.

Twoje wysiłki

Siła twoich wysiłków musi skutecznie sprostać wyzwaniom, abyś osiągnął cel. Gdyby moje wyzwania lub mój cel były mniejsze, to rzeczywiście, nie musiałbym być tak aktywny. *Ale tak nie jest.* Prawda jest taka: ponieważ moje wyzwania są duże i mój cel jest wysoki, każdego dnia i rok po roku muszę aktywnie działać, inaczej ten cel nie zostanie osiągnięty w stopniu, w jakim zakładałem. To jest prosta i nieunikniona zależność.

Często zdarza się, że rodzice mają wysokie cele i stają przed dużymi wyzwaniami, ale niestety źle oceniają poziom wkładanego wysiłku, wymaganego do osiągnięcia pożądanego rezultatu. W takich przypadkach występuje rozbieżność między działaniem a celem: poziom podjętego trudu nie jest wystarczający do osiągnięcia poziomu zamierzonego celu.

Większe szanse na sukces

Oczywiście, rozumiem intensywny tryb życia rodziców języka mniejszościowego. Ale niezależnie od tego, jak bardzo jesteś zajęty, musisz być aktywny w takim stopniu, który umożliwi wam osiągnięcie waszego dwujęzycznego celu. Jeśli zmniejszysz starania, ponieważ jesteś zbyt zajęty, nie powinieneś być zaskoczony, jeżeli nie zrealizujesz planu. Oczywiście, sytuację można odwrócić dzięki podjęciu ponownego działania na późniejszym etapie, ale cała podróż może zakończyć się większym powodzeniem, jeśli wysiłku jest wystarczająco dużo od samego początku.

Zdaję sobie sprawę, że trudno jest ocenić, ile trzeba dołożyć starań, aby osiągnąć zamierzony cel. Gdy trzymasz noworodka w ramionach, to nie mogę ci powiedzieć dokładnie, jak aktywny będziesz musiał być, aby to dziecko mogło swobodnie mówić w twoim języku w wieku trzech lat, a następnie czytać w wieku sześciu lat. Poziom wysiłku musi być proporcjonalny do wyzwań i twoich określonych warunków. *Mogę* jednak powiedzieć, że jeśli nie dopilnujesz wczesnego wymaganego wkładu – aż nazbyt powszechny błąd wśród młodych rodziców – zmniejszysz szanse na osiągnięcie celu. Dlatego o wiele lepiej jest popełnić błąd po stronie dołożonych starań. Większy wysiłek zagwarantuje większe szanse na sukces. Nie tylko jest bardziej prawdopodobne, że osiągniesz cel, ale te starania posłużą do zwiększenia dwujęzycznego rozwoju twojego dziecka.

Zwiększaj skalę lub obniżaj ją

Jeśli jednak rezultaty twojej dwujęzycznej podróży nie odpowiadają oczekiwaniom, to zasadniczo masz dwie opcje:

1. Możesz zwiększyć skalę działania

Jeśli uważasz, że twoje starania są zbyt małe do realizacji celu – ale ten cel jest dla ciebie ważny – musisz wprowadzić zmiany konieczne do zwiększenia działania. W jakiś sposób musisz zmienić swój styl życia, aby móc przeznaczyć więcej energii na ten cel (lub zapewnić więcej wsparcia z zewnątrz), jeśli tylko język mniejszościowy ma stać się większą częścią codziennych doświadczeń twojego dziecka.

2. Możesz zmniejszyć cel

Jeśli nie jesteś w stanie podjąć większych działań do osiągnięcia celu, rozsądnie byłoby dostosować swoje pierwotne oczekiwania do rzeczywistych możliwości. Zamiast zmagać się z frustracją związaną z nierealistycznym celem, ty i twoje dziecko cieszylibyście się szczęśliwszą podróżą, gdyby wasz plan, przynajmniej na razie, był bardziej realistyczny.

Chociaż nie ma nic złego w ponownym analizowaniu celu, to często opisywanego dylematu można uniknąć – i szanse są większe, że pierwotny zamysł zostanie zrealizowany. Można to osiągnąć, gdy od samego początku codziennie podejmowane działania okażą się na tyle entuzjastyczne, aby nie przerywać podróży. Mimo że na początku wszelkie wysiłki będziesz podejmować kosztem twojego trybu życia, to zobaczysz, kiedy dziecko zacznie z tobą rozmawiać w języku mniejszościowym, że przez cały czas były one faktycznie długoterminową inwestycją.

Zabawny i elastyczny

Jednocześnie raz jeszcze podkreślę, że aktywność nie oznacza bycia despotycznym. Powinniśmy kontynuować nasze starania na poważnie, ale z lekkim i zabawnym akcentem. Jeśli nasze podejście będzie zbyt natrętne, zbyt męczące, ryzykujemy wywołanie oporu naszych dzieci. Są chwile, kiedy musimy być stanowczy, aby zachować pewne oczekiwania – jak na przykład wykonywanie dodatkowych zadań do systematycznej pracy domowej – ale ogólnie dwujęzyczna podróż powinna być zabawnym, radosnym doświadczeniem zarówno dla dziecka, jak i rodzica.

Zgodnie z tymi założeniami nie możemy też być sztywni. Kiedy podejmujemy działanie, powinniśmy je konsekwentnie realizować. Ale kiedy coś nie działa tak jak trzeba lub gdy życie przynosi nieuniknione zmiany, niezwykle ważne jest, aby być elastycznym i przystosować się. Gdy chcemy pozostać aktywni przez całe dzieciństwo naszych dzieci, wtedy *ciągłe wyzwanie polega na podejmowaniu działań, które są najbliższe stworzeniu optymalnych warunków dla każdego etapu tego zadania.* W tym celu niektóre z twoich działań mogą pozostać niezmienione przez lata (np. twoja strategia językowa; czytanie na głos – przynajmniej mam taką nadzieję, itp.), ale inne aktywności powinny oczywiście zostać zmodyfikowane w razie potrzeby tak, aby na każdym etapie podróży mieć możliwość bycia jak najbardziej produktywnym.

WNIOSEK: Aby osiągnąć sukces, do którego dążysz, twoje działania muszą być proporcjonalne do skali wyzwań i celu.

Zasada 8

Najpierw zmień okoliczności

"Kształtujemy nasze życie i kształtujemy siebie. Proces ten nie skończy się,
dopóki nie umrzemy. A wybory, których dokonujemy,
są ostatecznie naszą odpowiedzialnością".

Eleanor Roosevelt

Czasami rodzicom trudno pogodzić się z tym, że dziecko nie posługuje się językiem mniejszościowym tak aktywnie, jak tego by chcieli. Wtedy często koncentrujemy się zbytnio na "zmianie działania", a niewystarczająco na "zmianie okoliczności".

Innymi słowy, podejmując tego rodzaju wyzwania, które wynikają z braku kontaktu z językiem oraz potrzeby jego używania – istnieją zasadniczo dwie opcje:

1. Możemy aktywnie przekształcać okoliczności, w szczególności używanie języka w rodzinie, edukację dziecka w szkole, częstotliwość podróży do kraju języka mniejszościowego, a nawet własny harmonogram pracy lub miejsce zamieszkania ("zmiana okoliczności").

2. Możemy podejmować większe i skuteczniejsze wysiłki w zakresie istniejących okoliczności ("zmiana działania").

Oczywiście te dwie opcje nie wykluczają się wzajemnie: obie mogą i często powinny być realizowane w tym samym czasie. Uważam jednak, że pierwsza opcja jest ważniejsza, niezależnie od tego, w jakim stopniu jest to realne dla twojej rodziny, ponieważ przekształcenie warunków może mieć silniejszy i szerszy wpływ na rozwój dwujęzyczny dziecka.

W rzeczywistości, gdy jesteśmy w stanie zmieniać okoliczności, zwiększenie działań następuje naturalnie. Na przykład kiedy rodzice zwiększą zakres obcowania z językiem mniejszościowym, intensyfikując jego użycie w domu, wtedy potrzeba technik lub sztuczek motywujących do używania tego języka prawdopodobnie zniknie. Dzieje się tak, ponieważ większy zakres kontaktu z językiem w naturalny sposób zwiększy użycie języka mniejszościowego w miarę upływu czasu.

I znowu, kiedy okoliczności są kształtowane od samego początku, te większe problemy komunikacyjne, które pojawiają się już w wieku przedszkolnym i później, można często zminimalizować, a nawet całkowicie ich uniknąć.

A zatem gdziekolwiek jesteś w dwujęzycznej podróży, najpierw uważnie przyjrzyj się istniejącym warunkom: *czy można je ukształtować lub przekształcić w celu wzmocnienia kontaktu z językiem i potrzeby używania języka mniejszościowego?* Jeśli takie działania są w ogóle możliwe, zacznij teraz i dołóż wszelkich starań, aby stworzyć bardziej sprzyjające środowisko dla wspierania aktywnego używania języka.

Techniki i sztuczki

Jednocześnie te techniki i sztuczki, służące do zachęcania używania języka docelowego, są ważne i dobrze jest je stosować. Wiele z tych strategii powinno być nie tylko integralną częścią twojego stylu rodzicielskiego, aby pomagały w rozwoju języka mniejszościowego od urodzenia, ale stają się jeszcze ważniejsze, gdy warunki nie mogą tak naprawdę być zmienione.

Najpierw jednak podkreślę, że najbardziej produktywne podejście od samego początku i pierwsza odpowiedź na niechęć dzieci do używania języka docelowego to po prostu: *Niestrudzona konsekwencja. Wytrwale mówisz do nich w języku mniejszościowym, nawet jeśli one na ogół polegają na języku większościowym podczas rozmowy z tobą.* W ten sposób będziesz nadal dbał o przyswajanie języka przez nie i ułatwisz im późniejsze korzystanie z niego aktywniej z tobą i innymi.

Im bardziej przyzwyczaisz się do używania języka większościowego z dziećmi, tym mniej będziesz promować kontakt z drugim językiem i potrzebę jego używania.

Jednocześnie istnieją cztery techniki wspólne dla dziedziny patologii mowy i języka, które mogą skutecznie ułatwiać posługiwanie się językiem również dzieciom dwujęzycznym. Ana Paula Mumy, trójjęzyczny patolog języka i mowy, autorka wartościowej strony internetowej o nazwie The Speech Stop (http://thespeechstop.com), wymyśliła akronim NERCh[7], jako zachęcające przypomnienie „pielęgnowania" rozwoju języka naszych dzieci za pomocą strategii: narracji, rozszerzania, przekształcania i wyborów.

Cztery ważne strategie

Ana Paula w artykule, który napisała dla Bilingual Monkeys (dostępny w całości pod adresem http://bilingualmonkeys.com/battling-the-majority-language-giant/), wyjaśnia, że te cztery strategie stanowią „rusztowanie i strukturę" dla dzieci, uczących się więcej niż jednego języka. Podczas gdy te działania są często podejmowane przez wielu rodziców instynktownie, myślę, że jasna definicja Any Pauli pomoże nam wszystkim być bardziej uważnymi i skutecznymi. Jak zauważa sama autorka, należy pamiętać, że „niektóre z tych strategii mogą się nakładać na siebie lub mogą być stosowane jednocześnie".

Składam w tym miejscu podziękowania dla Any Pauli za podzielenie się wnikliwym wglądem, a także wyrażenie zgody na cytowanie jej świetnego artykułu. (Ana Paula odwołuje się do języka angielskiego i portugalskiego, jako przykładów języka większościowego i języka mniejszościowego w swojej rodzinie).

1. Narracja

Opowiadaj dzieciom lub rozmawiaj z nimi o rzeczach, które ty i twoje pociechy robicie, widzicie, słyszcie, wąchacie, smakujecie, czujecie (pamiętajcie o wszystkich pięciu zmysłach!). Celem jest tutaj modelowanie obszernego słownictwa (liczba i różnorodność użytych słów, takich jak: rzeczowniki, czasowniki, przymiotniki itp.) oraz poprawne użycie języka (odpowiednia kolejność słów i gramatyka: użycie zaimka, użycie czasownika, wyrażenia przyimkowe, itp.). Narracja na żywo niech zostanie przedstawiona jako słowny opis tego, co dzieje się wokół ciebie.

---

[7] ang. Narration, Expansions, Recasts, and Choices (przyp. red.).

Na zakończenie opisz wszystkie interakcje rodzic–dziecko w języku ojczystym (tj. rozmowę, zabawę, czytanie, śpiewanie, rysowanie, gotowanie, karmienie, ubieranie, kąpiel, zwyczaje przed snem, wychodzenie z domu, zakupy). Łatwo jest przejść przez te czynności bez wielkiego zasobu słów, więc mów, mów, mów!

Zapewne twoje dziecko naturalnie zacznie opowiadać o swoich doświadczeniach i wydarzeniach, a jeśli zauważysz, że próbuje ono posługiwać się językiem mniejszościowym, ale doświadcza trudności, to możesz mu pomóc poprzez podpowiedzenie mu pierwszego dźwięku lub pierwszej sylaby słowa, albo po prostu będzie to okazja do nauczenia go nowego słowa na poczekaniu.

2. Rozszerzanie

Rozwiń słowa i/lub strukturę zdań wypowiedzi twojego dziecka. Celem jest potwierdzenie wypowiedzi dziecka w języku docelowym przy jednoczesnym poszerzeniu słownictwa, zastosowaniu poprawnej struktury zdań i użycia pełnych zdań.

Na przykład jeśli moje dziecko powie: „Kot je", potwierdzę wypowiedź, rozszerzając ją: „Tak, kot je swoje jedzenie. Jedzenie jest pyszne!". Lub jeśli moje dziecko poprosi o coś, podając jedno słowo z rosnącą intonacją, aby zasugerować pytanie, takie jak „Mleko?", sformułuję pełne pytanie, spełniając tę prośbę: „Czy chcesz się napić trochę mleka?" lub „Chcesz mleko?". Możesz także potwierdzić: „Tak, chcesz mleko. Mamusia da ci mleko".

3. Przekształcanie

Celem jest przekształcenie lub przedstawienie wypowiedzi twojego dziecka (która padła częściowo lub całkowicie w języku większościowym) w zmienionej strukturze (w języku mniejszościowym) przy jednoczesnym zachowaniu jej znaczenia.

Na przykład jeśli moje dziecko napisze frazę lub zdanie częściowo lub całkowicie po angielsku, przekształcę tę wypowiedź w języku portugalskim, modelując prawidłowe użycie tam, gdzie zauważę jakiekolwiek niedociągnięcia leksykalne lub gramatyczne.

4. Wybory

W razie potrzeby daj dziecku wybór, aby uprościć żądanie odpowiedzi. Celem jest zmniejszenie presji na udzielenie prawidłowej odpowiedzi, szczególnie jeśli wiesz, że używane przez ciebie słownictwo nie jest w pełni zrozumiałe przez dziecko lub nie stanowi solidnej części jego codziennego repertuaru.

Na przykład „Czy chcesz banana, czy jabłko?" zamiast otwartego pytania: „Co chciałbyś zjeść?".

Jeszcze trzy pomysły

Ponieważ techniki opisane przez Anę Paulę mogą mieć tak pozytywny wpływ na rozwój i używanie języka mniejszościowego, rodzice powinni od początku świadomie w pełni z nich korzystać. W rzeczywistości aktywne stosowanie tych strategii we wczesnych latach może nawet pomóc w zapobieganiu problemom związanym z pasywną znajomością języka lub jej ograniczaniem. W międzyczasie, gdy dzieci niechętnie mówią językiem docelowym, możesz wypróbować jeszcze trzy pomysły, aby pobudzić ich motywację. Sukces tych taktyk będzie oczywiście zależeć od konkretnego rodzica i dziecka, ale sprawdziły się one w przypadku niektórych rodzin.

1. Prośby należy składać w języku mniejszościowym

W przypadku starszych dzieci, które są w stanie komunikować się w języku docelowym, możesz sprawić, by korzystały z niego aktywniej, ustanawiając zasadę, że muszą używać tego języka do wszystkich próśb. Jeśli użyją słowa w „niewłaściwym" języku, to nie odpowiesz. Tego rodzaju strategia, jeśli się powiedzie, może pomóc utorować drogę do aktywniejszego używania języka w ogóle.

2. Odpowiedź rodzica zależy od używanego języka

Jeśli dziecko złoży prośbę w języku większościowym, możesz odpowiedzieć, ale bardzo, bardzo powoli, jak byś poruszał się w zwolnionym tempie. Jeśli dziecko zechce, abyś reagował szybciej, będzie musiało użyć języka docelowego. Prowadź tę taktykę żartobliwie, jak grę – reagując bardzo wolno z jednej strony i bardzo szybko z drugiej – to może pomóc aktywować język mniejszościowy.

3. „Jednojęzyczny asystent" dołącza do rodziny

Niektórzy rodzice (zwłaszcza młodszych dzieci) zauważyli większe zaangażowanie dzieci w języku mniejszościowym, gdy przedstawiali im nową zabawkę (kukiełkę, pluszaka lub lalkę), zwierzęcego towarzysza (psa, kota, królika, itp.) lub nawet niemowlę i ustanowili zasadę, że ta zabawka, zwierzę domowe lub niemowlę jest „jednojęzyczne" i może jedynie rozumieć język docelowy. Jeśli ten pomysł zapadnie w pamięć twojego dziecka, może być ono całkiem produktywne w używaniu języka.

Używanie języka przez rodzeństwo

Wreszcie, jak wspomniałem wcześniej, gdy mówiłem o własnych dzieciach, używanie języka przez rodzeństwo może być trudne do kontrolowania. Oczywiście, najlepiej byłoby, aby bracia i siostry porozumiewali się ze sobą w języku mniejszościowym, co z pewnością wzmocniłoby nasze wysiłki na rzecz rozwoju ich umiejętności dwujęzycznych. Jednak gdy dzieci uczęszczają do szkoły języka większościowego, a także posługują się tym językiem w domu z jednym rodzicem lub obojgiem rodziców, naturalne jest, że ten język staje się ich „domyślnym językiem" do komunikacji. Wynika to oczywiście z ich intensywniejszego kontaktu z językiem większościowym, ale także z faktu, że większość ich codziennych doświadczeń w szkole jest w tym języku i dlatego instynktownie używają go w odniesieniu do wszystkiego, co wiąże się ze szkołą.

Chodzi o to, że sposób porozumiewania się między rodzeństwem jest w dużej mierze instynktowny i zależy od kontekstu. Może się zdarzyć, że rodzeństwo świadomie zdecyduje się na wyróżnienie jednego języka, ale podejrzewam, że jest to generalnie związane ze zmianą kontekstu, na przykład przeprowadzką do nowego kraju lub może kiedy starsze dzieci są wystarczająco dojrzałe, aby dostrzec wartość, jaką jest praktyka komunikowania się w ich drugim języku. Jednak młodsze dzieci są bardzo pragmatyczne w wyborze kodu komunikacji, co oznacza, że rodzeństwo będzie polegać na języku, który ma szerszy kontekst w codziennym życiu.

Dlatego (niechętnie) przyznaję, że można zrobić tylko określoną liczbę rzeczy, aby zachęcić rodzeństwo do używania języka mniejszościowego między sobą, jeśli oczywiście okoliczności, które nadają kontekst ich młodemu życiu, pozostaną niezmienione. W moim przypadku doszedłem do wniosku, że język japoński będzie tym, którym moje dzieci będą posługiwać się między sobą – ponieważ tak naprawdę nie jestem w stanie zmienić tego szerszego kontekstu ich życia. Dlatego wkładam więcej energii w rzeczy, nad którymi *mam* większą kontrolę, np. codzienne czynności polegające na czytaniu na głos, interakcje ustne i prace domowe.

Skoro tak zdecydowałem, to staram się również tak postępować, na przykład kiedy są w moim biurze i używają iPada – muszą oboje używać języka angielskiego. Oczywiście często przez nieuwagę zaczynają mówić po japońsku, ale kiedy przypominam im o zasadzie, wracają do angielskiego. Powiedziałbym więc, że w przypadku młodszych dzieci, posługujących się językiem instynktownie i pragmatycznie, co jest kształtowane przez środowisko, w którym żyją, wysiłki zmierzające do kontrolowania „wyboru" użycia języka przez rodzeństwo w świadomy sposób mogą sięgać tylko do pewnego stopnia. Aby naprawdę zmienić „domyślny język", muszą się zmienić w zasadniczy sposób okoliczności, na przykład umieszczenie dzieci w nowej szkole lub środowisku związanym z językiem mniejszościowym.

WNIOSEK: Aby zwiększyć kontakt z językiem i zachęcić do używania języka mniejszościowego, rozważ „zmianę okoliczności", ewentualnie „zmianę działań".

Zasada 9

Szukaj odpowiednich zasobów

„Zacznij od miejsca, w którym stoisz, i pracuj z tymi narzędziami,
które masz do dyspozycji, a lepsze zasoby znajdą się,
kiedy będziesz ich potrzebował".

Napoleon Hill

Pozwól, że zaproponuję podstawową zasadę powodzenia w wychowywaniu dwujęzycznych dzieci, która dotyczy wszystkich rodzin
niezależnie od języka mniejszościowego. (Odnosi się to zwłaszcza do
sytuacji, kiedy zależy ci na wyższym poziomie umiejętności czytania
w danym języku, chociaż twoje dzieci uczęszczają do szkoły w języku
większościowym).

Im więcej masz zasobów w języku mniejszościowym, im są one odpowied-
niejsze dla wieku dziecka, poziomu jego języka i zainteresowań oraz im
aktywniej korzystasz z tych zasobów w domu, tym większy będzie postęp.

Wiem, że to wydaje się oczywiste, ale sądzę, że wiele rodzin, pomimo
wielkich nadziei na dwujęzyczny rozwój ich dzieci, nie ma wystarczających
zasobów (książek, czasopism, gier, muzyki, DVD, aplikacji, itp.) w języku
mniejszościowym. Dlaczego?

Pozyskiwanie zasobów

W niektórych przypadkach przyczyna jest jasna: narzędzia w określonym języku mniejszościowym są trudne do uzyskania. W innych przypadkach wyzwanie jest bardziej w gestii rodziców: materiały w języku mniejszościowym są łatwiejsze do zdobycia, ale brak działania powoduje brak zasobów. Jednak w obu przypadkach recepta jest taka sama:

> *Więcej działania przyniesie ci więcej zasobów. Wymówki są dobre, ale usprawiedliwiając brak działania, nadal nie masz zasobów.*

I pozwól, że podkreślę: sympatyzuję z rodzicami, którzy borykają się z trudnościami z uzyskaniem materiałów w mniej popularnym języku mniejszościowym – i rozumiem ich, bo sam akurat mam do dyspozycji wiele zasobów, w przypadku języka angielskiego to wyraźna zaleta – ale proszę, niech takie okoliczności nie staną się pretekstem do niepodejmowania działań. Jeśli będziesz działać, z pewnością przyniesie to pewne rezultaty, jeśli nie, to po prostu nie będzie żadnych.

Uwalnianie funduszy

Jednocześnie pieniądze również nie powinny być wymówką, chyba że twoja rodzina jest w naprawdę trudnej sytuacji finansowej. Jeśli musisz ograniczyć inne wydatki, aby uwolnić fundusze na materiały w języku mniejszościowym, zrób to, dokonaj tych cięć.

> *Z szerszej perspektywy potrzebne zasoby są stosunkowo niedrogie i stanowią istotną inwestycję w rozwój języka dzieci.*

W moim przypadku, ponieważ uważam pomoce w naszym języku mniejszościowym za kluczowe dla sukcesu, robię wszystko, co w mojej mocy, aby utrzymać ten przypływ zasobów do domu.

Ciągłe wyzwanie

To prowadzi mnie do ważnej kwestii i być może do jednego z głównych powodów, dla których rodzice napotykają trudności w tym obszarze: *Pozyskiwanie zasobów nie jest jednorazowym ani nawet okazjonalnym zadaniem, to ciągłe wyzwanie.* Idealnie byłoby, jak już wspomniałem, gdyby regularnie dostarczać nowe materiały do twojego domu.

Przypływ zasobów jest konieczny z dwóch kluczowych powodów:

1. Ze względu na fakt, że twoje dzieci stale się rozwijają i ewoluują, zasoby muszą odpowiadać ich wiekowi, poziomowi języka i zainteresowaniom w możliwie największym stopniu w każdym momencie. Im lepsze dopasowanie, tym bardziej efektywny jest ten zasób.

2. Świeże materiały w domu wywołają ciekawość i stworzą nowe możliwości interakcji z językiem docelowym, zwiększając kontakt z językiem i rozwój.

Domowa biblioteka

„Zdrowa", czyli rosnąca wraz z dzieckiem, biblioteka domowa jest bardzo ważna dla rozwoju języka dziecka i nie należy jej bagatelizować.

W przypadku niektórych rodzin książki w języku mniejszościowym są liczne – głównym wyzwaniem jest regularne szukanie i dostarczanie odpowiednich publikacji.

Jednak w sytuacji rodzin z mniej popularnym językiem mniejszościowym problem jest znacznie większy. Zatem w jaki sposób możesz spełnić ten kluczowy warunek podróży – i maksymalnie wspierać dwujęzyczność dziecka – kiedy książki dla dzieci w języku mniejszościowym są trudne do zdobycia? Dla rodzin stojących przed tym wyzwaniem – a nawet dla rodzin, które go nie mają – te pomysły mogą pomóc poszerzyć domową bibliotekę i wzmocnić chęć czytania.

1. Dodatkowy wysiłek

Po pierwsze, zachęcam cię do bycia jeszcze bardziej aktywnym i zaradnym w poszukiwaniu odpowiednich książek. Gdzie są publikacje, których potrzebujesz? Jak je zdobyć? Kto może ci pomóc?

Nie można się nie zgodzić z faktem, że pozyskiwanie materiałów – w każdym języku – kosztuje czas i pieniądze, ale moim zdaniem zapłata za lepszą znajomość języka jest warta inwestycji. *Jeżeli będziesz oszczędzać na tym projekcie, to zmniejszysz szanse na rozwój języka mniejszościowego dzieci.*

Kiedy podejmiesz dodatkowy wysiłek, aby szukać książek, możesz być zaskoczony tym, co znajdziesz. Jeden mały przykład: moje dzieci lubią komiksy, co pomaga im czytać więcej w języku mniejszościowym, ale mam też obawy związane z rosnącymi kosztami wielu zamówień, które złożyłem. Zastanawiałem się więc, czy nie znajdę komiksów w języku angielskim w bibliotece mangi w mieście. (Japońskie słowo „manga" oznacza „komiks"). Chociaż ich wybór jest niewielki, a my już przeczytaliśmy większość z nich, moje starania jednak się opłaciły, ponieważ w ogóle udało się zdobyć komiksy w naszym języku mniejszościowym.

2. Książki z obrazkami

Jednym z rodzajów publikacji dla dzieci, które można „czytać" w dowolnym języku – i naprawdę mam na myśli każdy język – są książki z obrazkami.

Historie przekazywane za pomocą samych ilustracji od dawna są jedną z moich „tajnych broni" do nauki języka u moich dzieci i uczniów. Pozycje te mają bardziej wszechstronne zastosowanie, niż można sobie wyobrazić. Mogą być używane na różne sposoby, nawet u starszych dzieci, w celu rozwijania szerokiej gamy umiejętności językowych. Na przykład dla młodszych dzieci są to wypowiedzi ustne, a starsze dzieciaki można zachęcić do napisania opowiadania, które rozszerzy ich umiejętności pisania i wyraźnie ujawni ich mocne i słabe strony.

Zapas książek z obrazkami może być niezwykle pomocny dla rodziców poszukujących narzędzi, gdyż zapewnia bazę do opowiadania historyjek w języku mniejszościowym. Wystarczy przewracać strony i mówić – to takie proste. Ze względu na fakt, że nie ogranicza cię tekst, doświadczenie to może być jeszcze bogatsze pod względem językowym niż „zwykłe" książki dla dzieci. W rzeczywistości badania przeprowadzone przez Sandrę Gillam i Lisę Boyce na Uniwersytecie Stanowym w Utah i udostępnione w artykule *Maternal Input During Book Sharing: Wordless vs. Printed Books* wykazały, że książki bez słów mogą generować bardziej „złożoną rozmowę" od rodziców oraz bardziej znaczącą interakcję z dziećmi.

A jeśli chcesz, aby te książki służyły dzieciom za „wzór" języka pisanego, możesz napisać tę historyjkę samodzielnie – na dowolnym poziomie złożoności, który odpowiada twoim potrzebom – a następnie (być może tymczasowo) przymocuj ten własnej roboty tekst na stronach w jakiś ciekawy sposób.

3. Książki języka większościowego

Oczywiście wydawnictwa w języku większościowym można również „czytać" w języku mniejszościowym: opowiedz historię własnymi słowami. Podobnie jak w przypadku książek z obrazkami bez słów i tutaj możesz również umieszczać własny tekst na stronach, skutecznie zakrywając wydrukowane zdania, i przekształcać je w książki w języku mniejszościowym.

4. Twoje własne książki

Inną możliwością jest tworzenie własnych prostych książek, na przykład opowiadanie historyjek z dzieciństwa lub tworzenie ciekawych przygód z udziałem dzieci. To oczywiście wymaga więcej czasu i wysiłku, ale wyniki mogą być bardzo satysfakcjonujące, a nawet przerodzić się w pamiątki rodzinne. Być może twoje dzieci również zaangażują się w proces twórczy, pomagając ci wyobrazić sobie historię lub dostarczyć ilustracje. Kto wie? A może twoje dzieła zostaną nawet wydane!

Istnieją dwa pokoje

Mówi się, że dzieci z rodzin o największej liczbie zasobów będą osiągały największy postęp i myślę, że w tym uogólnieniu jest trochę prawdy. W końcu im więcej masz narzędzi i im bardziej są one odpowiednie, tym bardziej prawdopodobne, że często będą one skłaniać do kontaktu i zaangażowania się w języku mniejszościowym. Ostatecznie poziom umiejętności językowych dziecka będzie w zasadzie proporcjonalny do ilości (i jakości) tego kontaktu z językiem i zaangażowania.

Pomyśl o tym w ten sposób: są dwa pokoje obok siebie. Pierwszy pokój jest całkowicie pusty, pozbawiony książek i innych pomocy. Drugi pokój jest wypełniony po brzegi odpowiednimi zasobami, niczym zachęcająca kraina materiałów języka mniejszościowego.

Który pokój bardziej przypadłby do gustu twojemu dziecku? (Po tym jak już przebrzmiałą atrakcją stanie się odgłos „echa" w pierwszym pokoju).

W którym pokoju twoje dzieci byłyby bardziej skłonne do kontaktu z języ-kiem i zaangażowania się w różne aktywności – a tym samym osiągnięcie rozwoju – w języku mniejszościowym?

Oczywiście wiem, że to dziwaczny przykład, i nikt z nas nie mieszka w domach na wzór któregoś z tych pokoi – bardziej jesteśmy gdzieś po-środku. Ale moim celem jest, o ile to możliwe, abyś chciał stworzyć dom, który przypomina bardziej drugi pokój, a nie pierwszy. Osiągniesz to, przywiązując większą wagę do posiadania obfitych zasobów. To pomoże stymulować zainteresowanie dziecka i interakcję z rodzicem, a także stanowi rodzaj zobowiązania do aktywnego i ciągłego poszukiwania nowych materiałów.

Zawsze jest coś więcej

Rzecz jasna, zaspokojenie zapotrzebowania na książki dla dzieci i inne materiały w mniej popularnym języku mniejszościowym może być szcze-gólnym wyzwaniem, ale tak naprawdę nie ma alternatywy, poza obniże-niem oczekiwań co do rozwoju językowego dzieci. Nie da się ukryć, że rozwijanie zdolności dwujęzycznych dzieci wymaga narzędzi, a im więcej starań włożysz w ten istotny aspekt podróży, tym większy sukces twoje dziecko odniesie w ciągu lat.

Pamiętaj, że w twoim języku docelowym zawsze jest więcej zasobów, niż myślisz (choćby inni użytkownicy tego języka, zarówno w twojej okolicy, jak i online). Musisz tylko podjąć dodatkowy wysiłek, aby je znaleźć. Dotyczy to materiałów w dowolnym języku mniejszościowym: jeżeli postawisz sobie za cel je wyszukać, to je znajdziesz.

Dokładaj do ognia

W mojej pracy z rodzicami widzę następującą prawidłowość: kiedy nadają zasobom większe znaczenie, a co za tym idzie angażują więcej energii oraz środków w ich pozyskiwanie (zwłaszcza książek), to te świeże materiały niezmiennie generują nowe emocje oraz bardzo pozytywnie wpływają na kontakt z językiem, zaangażowanie i rozwój, zarówno u rodzica, jak i dziecka. Kolejną wartością dodaną – co również podkreślałem – jest wzrost jakości interakcji, którymi wspólnie cieszą się rodzice i dzieci.

W końcu możesz zobaczyć, że te zasoby w twoim języku docelowym są drewnem potrzebnym do rozpalenia ognia. Daj płomieniowi mniej drewna, a dostaniesz mniejszy ogień; daj mu więcej drewna, a dostaniesz większy ogień. Dlatego też, starając się stworzyć wartościową interakcję z dzieckiem, rodzic w języku mniejszościowym musi również konsekwentnie podejmować niekończące się zadania poszukiwania odpowiednich narzędzi, aby ogień rozwoju języka płonął jak najjaśniej, przez wszystkie lata dzieciństwa.

WNIOSEK: Bogactwo zasobów w domu do generowania kontaktu z językiem i zaangażowania w języku mniejszościowym jest niezbędne do osiągnięcia sukcesu.

Zasada 10

Rozpal zainteresowania swojego dziecka

„Jeśli możesz swoim dzieciom dać tylko jedno,
niech to będzie entuzjazm".
Bruce Barton

Rozważając kontakt w języku mniejszościowym – zarówno zasoby, jak i działania – zawsze pamiętaj o bieżących zainteresowaniach dziecka. Jeśli twój syn lubi klocki LEGO lub twoja córka uwielbia tańczyć, to poszukaj odpowiednich książek lub filmów na te tematy w języku docelowym. W ten sposób będziesz jednocześnie pielęgnować ich naturalne pasje i umiejętności językowe. Jeśli w twojej okolicy są kluby, gdzie odbywają się różne zajęcia w języku mniejszościowym, to także mogą pomóc rozwijać hobby dziecka.

Brzmi to sensownie, ale wymaga staranności i ostrożności, aby robić to regularnie, rok po roku, ponieważ zainteresowania dziecka, język i poziom dojrzałości naturalnie ewoluują z czasem. Nawet jeśli dziecko ma jakieś hobby, a my wybierzemy „niewłaściwą" książkę, bo zbyt skomplikowaną lub infantylną, niedostosowaną do jego wieku lub umiejętności językowych, to prawdopodobnie szybko straci nią zainteresowanie i będzie bezużyteczna.

Dlatego tak pomocne jest sprawdzanie recenzji w Internecie, nierzadko istnieje nawet szansa obejrzenia kilku stron książki. Kiedy wybieramy odpowiednią publikację, związaną z pasją dzieci, wtedy w naturalny sposób czują entuzjazm, który zmotywuje je do otwarcia książki – a tym samym przyspieszy rozwój języka.

Ilość jest ważna

Jednocześnie chciałbym podkreślić, że *ilość jest tak samo ważna jak jakość, ponieważ suma zasobów doprowadzi do większego zaangażowania w języku mniejszościowym, a większe zaangażowanie pozwoli lepiej wspierać zdolności dwujęzyczne dziecka.*

Na przykład jeśli twój syn jest zafascynowany dinozaurami, zdobądź dla niego kilka odpowiednich książek na ten temat, a nie tylko jedną. (Może także inne materiały, takie jak filmy i gry!) Tak, zajmie to więcej czasu i będzie więcej kosztować, ale wypełnienie domu materiałami w języku mniejszościowym – w przeciwieństwie do mniejszego do nich dostępu – prawie na pewno zwiększy zaangażowanie zarówno u ciebie, jak i u dziecka. W końcu zaistnieje prawdopodobieństwo, że ty i twój syn spędzicie więcej czasu, czytając o dinozaurach i rozmawiając o nich, jeśli macie pod ręką więcej niż jedną książkę.

„Drogi Święty Mikołaju"

Oto przykład z życia... Kiedy mój syn miał pięć lat, napisał list do Świętego Mikołaja, który zaczął tak:

> *Drogi Święty Mikołaju, w tym roku byłem dobrym chłopcem. Pomagałem wszystkim. Czy Twoje elfy mają się dobrze? Czy wszystko u Ciebie w porządku? Czy mógłbym porozmawiać z Tobą o zabawkach? Chciałbym...*

Następnie poprosił o długą listę produktów LEGO, w tym kilka figurek, takich jak Kapitan Ameryka i Iron Man. (Wszystkie te przedmioty znalazł w zmiętym katalogu producenta klocków, który nosił ze sobą przez cały miesiąc).

Obawiam się, że Święty Mikołaj nie dał mu zbyt wielu z tych rzeczy (ceny w tym katalogu omal nie spowodowały zawału serca u staruszka), ale list syna wyraźnie ujawnił dwie główne pasje dziecka w wieku pięciu lat: klocki LEGO i superbohaterowie.

Tak więc chociaż Roy nie dostał dokładnie tego, o co prosił, otrzymał wiele książek na te tematy.

Jedna z książek o superbohaterach była dość trudna dla pięciolatka, ale pomyślałem, że skoro syn przejawiał prawdziwy entuzjazm, naturalnie spędzi z nią czas i zmusi się do jej przeczytania.

I tak też się stało. Przebrnął nawet przez tak trudne fragmenty jak ten:

Wielu złoczyńców było zazdrosnych o sukces Avengers i chciało zniszczyć drużynę. Złe moce próbowały stworzyć dysharmonię w grupie i przez jakiś czas im się to udawało – Super Heroes rozdzielili się! Jednak długie i straszliwe oblężenie Asgardu, kierowane przez superzłoczyńcę Normana Osborna, w końcu ponownie zgromadziło zespół w całości.

Ale to nie wszystko. Gdy kontynuował przeglądanie książki, wydarzyło się coś, co uświadomiło mi, że mogę wykorzystać jeszcze więcej strategii w pobudzaniu zainteresowań moich dzieci – niż tylko pozyskiwanie narzędzi, takich jak: książki, DVD i CD, a zatem mogę być jeszcze bardziej skuteczny w pielęgnowaniu rozwoju ich języka mniejszościowego.

Brick Man

Wyobraźcie sobie taką scenkę: Roy i ja siedzieliśmy w salonie, skuleni przy grzejniku. (Japońskie domy są chłodne zimą!). On czytał swoją książkę o superbohaterach, a ja wyjaśniałem słownictwo, którego nie znał. Rozmowa dotyczyła przede wszystkim tego, *skąd pochodzą ci wszyscy superbohaterowie.*

Widzisz, ty i ja zdajemy sobie sprawę, że ktoś gdzieś kiedyś wymyślił te postacie – ich wygląd, moc i pochodzenie – ale dla małego dziecka jest to zupełnie nowe odkrycie. I kiedy ujawniłem ten fakt Royowi i zasugerowałem, że mógłby zrobić to samo – mógłby również stworzyć swoich własnych superbohaterów – wtedy jego oczy rozszerzyły się i aż zobaczyłem iskry wokół jego małej głowy.

Niedługo po tym zdarzeniu, gdy byłem w moim gabinecie, nagle wszedł do środka podekscytowany Roy i machając zdjęciem oświadczył: Urodził się Brick Man!

Brick Man, wyjaśnił syn z entuzjazmem, jest dobrym facetem i walczy z Punch Manem, który ma zamiar rozwalić mu głowę na karuzeli (karuzela w wesołym miasteczku). Powiedział mi, że Brick Man powstrzymuje złych facetów, strzelając do nich gorącymi grudkami… gorącymi grudkami…

Hej! Jak się nazywa to, czego używasz do łączenia cegieł?

Cóż, nie możesz winić Roya za to, że nie zna odpowiedniego słowa. W końcu założę się, że jedynymi pięcioletnimi chłopcami, którzy znają określenie „zaprawa murarska", są synowie murarzy.

Wyjaśniłem mu to więc i on dalej opowiadał, nakreślając całą dramatyczną historię Brick Mana i Punch Mana. (Nie martw się, Brick Man wygrał bitwę – ale obawiam się, że karuzela miała się gorzej i stała się lepkim krajobrazem po bitwie).

Potem, gdy Roy złapał oddech, chciał wiedzieć, jak przekształcić Brick Mana w animowany program telewizyjny, taki jak programy z superbohaterami, które oglądał sumiennie w niedzielne poranki.

Ponieważ nie sądziłem, że był gotowy na otwarcie studia animacji, to zamiast tego skierowałem go na inny tor. Wyjaśniałem mu bowiem, że superbohaterowie pojawiają się po raz pierwszy w komiksach. Zasiałem więc ziarno: Co powiesz na stworzenie komiksu o Brick Manie?

Więcej niż zaprawa murarska

Widzisz, co się tutaj stało?

To prawda, że określenie „zaprawa murarska" może nie być szczególnie przydatne w codziennej rozmowie („Cześć, John! Jak tam twoja zaprawa?"), ale w tej krótkiej opowieści o Royu *jest to przykład tego, jak możemy poszerzyć granice języka mniejszościowego naszych dzieci, podejmując świadomy, strategiczny wysiłek, aby zachęcić i zaangażować się w ich naturalne pasje.* W przypadku Roya to znacznie więcej niż tylko „zaprawa murarska". Mianowicie jego dwujęzyczny mózg nie tylko skonstruował i wyraził całą narrację w języku mniejszościowym, ale także zmotywował go do stworzenia komiksu, który może rozwinąć jego umiejętności rysowania i pisania.

Moja rada? (Tak na marginesie, upewnij się, że zaprawa jest przechowywana w hermetycznym pojemniku).

Zadawaj sobie regularnie pytanie: jakie są teraz pasje twoich dzieci? Ponieważ zainteresowania dziecka z czasem będą ewoluować. Następnie aktywnie staraj się podsycać te pasje materiałami w języku mniejszościowym, a także skorzystaj z innych pomysłów, które mogą pomóc w dalszym przekraczaniu granic w umiejętnościach językowych dziecka. Ostatecznie, im bardziej będziesz stymulował kontakt z językiem i im przyjemniejszy on będzie, tym bieglejsze będą twoje dzieci w tej długiej dwujęzycznej podróży.

WNIOSEK: Pielęgnuj rozwój języka swoich dzieci, podsycając ich pasje poprzez wykorzystywanie zasobów i pokrewnych aktywności.

Zasada 11

Poluj na książki, od których zaczyna się przygoda z czytelnictwem ("Home Run Books")

"Każda książka, która pomaga dziecku rozwinąć nawyk czytania, aby uczynić czytanie jedną z jego potrzeb, jest dla niego dobra".

Maya Angelou

Jednym z moich ostatnich wyzwań było motywowanie córki do częstszego czytania w języku mniejszościowym. Chociaż przyznaję, że jej czas wolny jest ograniczony, to jednak największą przeszkodą było to, że po prostu nie jest takim molem książkowym jak jej młodszy brat.

Ponieważ zdecydowanie wierzę, że dzieci, które jednak czytają więcej, rozwijają nie tylko lepsze umiejętności czytania, ale także większą ogólną zdolność językową, dlatego od zawsze byłem zdeterminowany, aby wywołać w córce głód czytania po angielsku.

Być może zbyt wiele oczekuję, sądząc, że Lulu stanie się tak zapalonym czytelnikiem jak Roy – i jeśli tak nie będzie, zaakceptuję to – ale póki co z pewnością będę starał się zachęcić i zwiększyć jej zainteresowanie w strategiczny sposób. Moje starania w ciągu lat dały już efekty: w wieku jedenastu lat poziom angielskiego Lulu we wszystkich obszarach umiejętności jest na równi z poziomem jednojęzycznych dzieci uczęszczających do szkół anglojęzycznych. (Nie podchodzę do tego jak do wyścigu, ale ponieważ moim celem dla języka mniejszościowego jest jego znajomość na poziomie języka ojczystego, to zaawansowanie jednojęzycznych rówieśników służy nam jako kryterium). Chociaż utrzymanie tej równowagi może być trudne poza szkołą podstawową, zakładając, że Lulu nie otrzymuje formalnej nauki języka angielskiego przez gimnazjum i liceum, to fakt, że jest ona teraz kompetentną czytelniczką, stanowi klucz do osiągnięcia jeszcze wyższego poziomu biegłości językowej. Innymi słowy, jeśli uda mi się utrzymać jej czytanie na takim poziomie tak długo, jak to możliwe, spodziewam się, że jej angielski będzie nadal dobrze się rozwijał, pomimo pracowitych nastoletnich lat, poświęconych głównie na zajęcia w języku japońskim.

A sednem tego wszystkiego jest moje niekończące się poszukiwanie książek, dzięki którym połknęłaby tego bakcyla.

Książka, od której zaczyna się przygoda z czytelnictwem

„Home run book" jest terminem wymyślonym przez Jima Trelease'a, autora klasycznego *The Read-Aloud Handbook*. Odnosi się on do książki, którą dziecko lubi tak bardzo, że wzbudza ona u niego większe zainteresowanie literaturą i czytaniem w ogóle. Następnie wpływowy lingwista Stephen Krashen przeanalizował tę ideę w kilku badaniach i doszedł do tych kluczowych wniosków w swojej książce *Free Voluntary Reading*:

> *Jedno pozytywne doświadczenie (jedna „trafiona" książka) może stworzyć czytelnika.*
>
> *Doświadczenia takich „trafionych" książek różnią się znacznie wśród dzieci.*

Przyjrzyjmy się uważnie każdemu z tych wniosków, szczególnie w zakresie pielęgnowania języka mniejszościowego dzieci dwujęzycznych.

Jedno pozytywne doświadczenie

Myślę, że jest wiele prawdy w stwierdzeniu: jeżeli tylko uda nam się podsunąć dzieciom odpowiednie publikacje, okażą więcej entuzjazmu do książek i czytania, niezależnie od tego, czy są urodzonymi molami książkowymi czy nie.

Oczywiście, wszyscy instynktownie szukamy książek, które według nas spodobają się naszym dzieciom. Ale idea „home run book" ma większy zasięg. Bowiem wykracza poza pragnienie zapewnienia chwilowej przyjemności, uznając fakt, że te wyjątkowe książki mogą promować większy i trwały entuzjazm dla umiejętności czytania, a tym samym większy postęp w języku mniejszościowym przez wszystkie lata dzieciństwa.

Moim zdaniem cel ten jest lepiej postrzegany jako dążenie do kreowania „wielu pozytywnych doświadczeń" u naszych dzieci – nie jednego pojedynczego doświadczenia – na każdym etapie czytania i pisania w języku mniejszościowym.

Etap 1: Czytanie na głos książek z obrazkami, od urodzenia

W im większej ilości książek dzieci zakochają się w pierwszych latach życia, tym pozytywniejszy stosunek do książek i czytania będą mieć na wcześniejszym etapie. Może to być męczące, gdy małe dziecko prosi, abyś czytał mu tę samą ulubioną książkę w kółko, ale pamiętaj o pomyśle książki, do której chętnie się wraca, a zobaczysz większą wartość ponownego czytania (i kolejnego).

Etap 2: Czytanie na głos rozdziałów, gdy dziecko dojrzewa

Książki z rozdziałami, w tym tytuły będące częścią popularnych serii, mogą być bogatym źródłem atrakcyjnego materiału, który opiera się na pozytywnych doświadczeniach dziecka z książkami z obrazkami. (Ponownie zachęcam do dalszego czytania na głos dzieciom na coraz wyższych poziomach, nawet jeśli są w stanie czytać samodzielnie).

Etap 3: Niezależne czytanie, gdy dziecko jest gotowe

Przydatne są również serie książek, bo jeśli dziecko zostanie urzeczone pierwszą „trafioną" książką – pierwszym tytułem z serii – to może potencjalnie zachęcić się do lektury kolejnych pozycji. Podobną motywację można wzbudzić, gdy dziecko zostanie oczarowane książką przez konkretnego autora, a następnie chce przeczytać więcej prac tej samej osoby.

Nie ulega wątpliwości, że jedna książka z ulubionej serii może pchnąć do przodu dziecko w każdym wieku, aby stało się aktywnym czytelnikiem. Sugeruję jednak, że szanse na takie wydarzenia mogą wzrosnąć, gdy nasze poszukiwania takich tytułów będą świadome i ciągłe, dzięki czemu dzieci będą mogły cieszyć się szeregiem pozytywnych doświadczeń w zakresie umiejętności czytania i pisania w języku mniejszościowym przez trzy etapy dzieciństwa.

Doświadczenia znacznie się różnią

Krashen podkreśla ważną kwestię, a mianowicie: ze względu na fakt, że trudno jest przewidzieć, która książka będzie tą wyjątkową dla konkretnego dziecka, dostęp do szerokiej gamy lektur jest niezbędny. Krashen opowiada się także za umożliwieniem dzieciom dokonywania własnych wyborów spośród bogatego asortymentu książek, jeśli tylko wywołują zainteresowanie i motywację. Podsumowując swoje odkrycia w artykule *Another Home Run*, stwierdza:

> *Te dzieci chętnie czytają i wydają się być entuzjastycznie nastawione do czytania. Sugerujemy, że czytałyby więcej, a tym samym czytałyby lepiej, gdyby miały więcej dostępnych materiałów do czytania. Mniejszości, które nie lubią czytać, będą po prostu czekać, aż odpowiedni tytuł trafi w ich gusta. Nie potrzebują zachęty ani bodźców. Potrzebują książek.*

Tutaj Krashen omawia kwestię dzieci anglojęzycznych, znajdujących się w niekorzystnej sytuacji w USA, ale tak naprawdę mógłby pisać o wielu innych dwujęzycznych dzieciach, które mało czytają w języku mniejszościowym. Ogólnie rzecz biorąc, myślę, że chodzi o ten sam problem: *brakuje pozytywnych doświadczeń, ponieważ brakuje książek.*

Jednocześnie zdaję sobie sprawę, że rodziny z dziećmi dwujęzycznymi często stają przed nie lada wyzwaniami, jeśli chodzi o podążanie za apelem Krashena do nabywania większej liczby książek, a tym samym swobodnego wyboru wśród mnóstwa tytułów. W wielu przypadkach (tak jak w moim) rodziny nie mają dostępu do biblioteki z szerokim asortymentem ciekawych tytułów w języku mniejszościowym.

Biorąc pod uwagę takie okoliczności, jedyną alternatywą (co muszę nadal podkreślać) jest jak najbardziej proaktywne budowanie własnej biblioteki w domu, co czyni to priorytetem w miesięcznym budżecie, i skłania do bieżących poszukiwań odpowiednich książek.

Mimo to odkryłem, że trudno jest zapewnić moim dzieciom wystarczający wybór, nawet ze sporą biblioteką domową. Ponieważ brakuje nam biblioteki szkolnej, biblioteki publicznej lub księgarni z tysiącami książek dla dzieci w naszym języku docelowym, to tak naprawdę dzieciaki nie miały wystarczająco dużo okazji, aby samodzielnie wybrać nowe tytuły. Ale kiedy już mają taką możliwość, wtedy naturalnie odczuwają szczególny entuzjazm dla takich sytuacji. W efekcie, chociaż będę nadal zamawiać książki, które moim zdaniem do nich przemówią, to dołożę także większych starań, aby dać szansę córce i synowi na swobodny wybór ze sklepów internetowych.

Zadbaj o pozytywne doświadczenia

Ostatnio miałem szczęście znaleźć serię, która trafiła idealnie w gusta Lulu. Zazwyczaj proszę ją o przeczytanie jednego rozdziału w książce beletrystycznej lub non-fiction w ramach codziennej pracy domowej w języku mniejszościowym. Ale dzięki tym książkom – serii *Goddess Girls*, która stanowi współczesne spojrzenie na klasyczne greckie mity – nie tylko czyta rozdział przydzielony przeze mnie, ale *często czyta dalsze strony sama*. To bardzo pozytywny znak, który rzadko u niej widuję. Oczywiście szybko złożyłem zamówienie na kilkanaście kolejnych tytułów z tej serii, mając nadzieję, że będę nadal podsycał ten ogień zainteresowania.

Czy przeczyta je wszystkie, z takim samym entuzjazmem, jak kilka pierwszych? A może po jakimś czasie się nimi znudzi? Oczywiście byłbym podekscytowany, widząc, jak jej pasja trwa, a jej pragnienie samodzielnego czytania rośnie. Ale nawet jeśli jej zainteresowanie tą serią wkrótce zniknie, będę kontynuować niestrudzone poszukiwania potencjalnych książek do domowej biblioteczki, zapewniających pozytywne, owocne doświadczenia (jednocześnie szukając sposobów, aby moje dzieci mogły swobodniej same dla siebie wybierać publikacje). Ponieważ ostatecznie, jak przekonuje Stephen Krashen w swojej książce *The Power of Reading*:

Kiedy dzieci czytają dla przyjemności, kiedy „uzależniają się od książek", przyswajają, mimowolnie i bez świadomego wysiłku, prawie wszystkie tak zwane umiejętności językowe, o które wiele osób się martwi. Staną się zadowalającymi czytelnikami, zdobędą bogate słownictwo, rozwiną umiejętność rozumienia i używania złożonych konstrukcji gramatycznych, rozwiną dobry styl pisania i nabędą dobrą (ale niekoniecznie doskonałą) umiejętność przeliterowywania[8].

Innymi słowy, zapewniając swoim dzieciom w domowej bibliotece najszerszy i najbogatszy asortyment książek, jaki możesz (w tym komiksów i powieści graficznych) oraz pozwalając im na jak największy swobodny wybór materiałów do czytania, zwiększysz szanse na pozytywne doświadczenia. I w ten sposób, poprzez podsycanie entuzjazmu czytania i pisania w języku mniejszościowym, ogólna umiejętność posługiwania się tym językiem przez dzieci będzie rosła dość naturalnie, w mocnym i stałym tempie, przez całe dzieciństwo.

WNIOSEK: Aby rozwijać język oraz zamiłowanie do czytania i pisania, podejmuj świadome i ciągłe starania, aby zapewniać swoim dzieciom dostęp do książek, które będą mogły pokochać.

---

[8] W kręgu kultury angielskiej organizowane są zawody głównie między dziećmi, polegające na literowaniu słów w języku angielskim. Pomysł na organizację takich zawodów wywodzi się ze Stanów Zjednoczonych. Obecnie krajowe konkursy *spelling bee* odbywają się w Stanach Zjednoczonych, Wielkiej Brytanii, Australii, Nowej Zelandii, Kanadzie, Meksyku, Indonezji, Indiach i Pakistanie. Podobne zawody występują również w wielu innych krajach, np. *La dictée* we Francji (Bernarda Pivot) czy polskie *dyktando*, różniące się tym, że konkurencja polega na pisaniu całego tekstu. Są rzadko organizowane lub wcale w krajach, w których mówi się językiem stosującym bardziej fonetyczną pisownię niż angielski czy francuski (przyp. red.).

Zasada 12

Dokonuj produktywnych wyborów

„Żadne trąby nie brzmią, kiedy podejmowane są ważne decyzje naszego życia.
Przeznaczenie dokonuje się w milczeniu".

Agnes De Mille

Jeśli chodzi o powodzenie w wychowaniu dwujęzycznych dzieci, należy pamiętać, że *wszystko, co robisz, przybliża cię do tego celu lub utrudnia postęp*. Innymi słowy, wszystkie dokonane przez ciebie wybory, wszystkie działania, które podejmujesz, albo pomogą w tym procesie, albo go utrudnią, ponieważ w gruncie rzeczy *nic, co robisz, nie jest neutralne*.

Czy czytałeś dziś książkę w języku mniejszościowym? Tak? To właśnie postawiłeś kolejny mały krok w kierunku celu. Nie? Cóż, zakładając, że język większościowy będzie się nieustannie rozwijał, zrobiłeś tylko jeden krok do tyłu. Co więcej, dwujęzyczność jest zadaniem długoterminowym i wymaga trwałych nawyków. Jeśli czytasz dziś, to bardziej prawdopodobne, że będziesz czytać jutro. A jeśli dzisiaj nie czytałeś, to być może to także stanie się rutyną.

Dotyczy to każdego dokonanego wyboru, każdego działania, które codziennie podejmujesz.

Jeśli nauka w szkole w języku mniejszościowym nie jest dostępna dla twojego dziecka, jego dwujęzyczna zdolność jako nastolatka będzie ostatecznie sumą wszystkich małych wyborów i działań, które podejmiesz lub których nie zrealizujesz przez całe jego dzieciństwo.

Krok po kroku

Wiem, że wszystko to brzmi dość zniechęcająco (a dziecko ma również w tym swój udział!), ale chcę tylko podkreślić, jak ważne jest, aby każdego dnia pozostawać przytomnym i pamiętać, że trzeba robić te małe kroki do celu. W końcu wychowanie dwujęzycznego dziecka jest „podróżą tysiąca mil", a ty i twoje dziecko zrobicie duży postęp tylko wtedy, gdy będziecie wytrwale kroczyć, krok po kroku. Jeśli nie podejmujesz regularnych działań lub dokonujesz wyborów, które przynoszą efekt przeciwny do zamierzonego, nie zdziw się, gdy okaże się, że w swej podróży nie jesteś tak daleko, jak się spodziewałeś.

Dam ci dobry przykład.

Twój synek przychodzi do ciebie i błaga o cyfrowe urządzenie do gier, które jest teraz popularne wśród dzieci w kraju, gdzie mieszkasz. To urządzenie jest dostępne tylko w języku większościowym. Co robisz?

Oczywiście, zdaję sobie sprawę, że każda rodzina jest w innej sytuacji, ale konsekwencje dotyczą wszystkich, *zdobycie tego urządzenia w języku większościowym opóźni twoje wysiłki*. Pomyśl o tym w ten sposób: jeśli twoim celem jest podsycanie kontaktu w języku mniejszościowym, to pozwolenie na korzystanie z cyfrowego urządzenia stanowi wybór bezproduktywny. Nie tylko nie rozwiniesz umiejętności synka w języku mniejszościowym, ale wzmocnisz jego język większościowy kosztem języka docelowego. Takie decyzje są najpewniejszym sposobem na powstrzymanie stałego postępu i osłabienie rozwoju języka mniejszościowego u dziecka.

W rzeczywistości twój cel powinien być dokładnie odwrotny: powinieneś promować język mniejszościowy, a jednocześnie hamować, w stopniu sensownym dla twojej rodziny, dominujący wpływ języka większościowego.

Znajdź alternatywę

Oczywiście nie jest możliwa kontrola każdego elementu, który wpływa na rozwój dwujęzyczny dziecka, *ale ilekroć masz możliwość, powinieneś wszystko sprawdzać. Powinieneś dokonywać świadomych, produktywnych wyborów, które są zgodne z twoim wyższym celem w zakresie zdolności dwujęzycznych dzieci.* Lekceważąc lub bagatelizując niektóre opcje, możesz nieumyślnie podważyć własne cele. (To wiąże się również z korzystaniem z dwóch języków).

Ilekroć jest to możliwe – szczególnie w tych okresach, gdy dziecko jest w stanie „uzależnić się" od określonego urządzenia lub gry – rozsądnie byłoby dokładnie przemyśleć sytuację i dokonać bardziej owocnego wyboru, który, jak można się spodziewać, zadowoliłby dziecko podczas zamierzonego kontaktu z językiem mniejszościowym. Zamiast kupować synowi to urządzenie cyfrowe w języku większościowym, być może uda ci się znaleźć podobne w języku mniejszościowym. (W dzisiejszych czasach wiele urządzeń i gier ma dużo opcji językowych, ale przed zakupem lepiej upewnić się co do obecności języka docelowego).

Kiedy przyszedł do mnie syn, prosząc o urządzenie w języku większościowym, zamiast tego poszukałem alternatywy w języku mniejszościowym. Najpierw zmarkotniał – w końcu to nie było to, czego chciał, nie to, w co bawili się jego mali przyjaciele – ale wkrótce przeżył to rozczarowanie i ostatecznie się cieszył. *I to okazało się czasem spędzonym z językiem mniejszościowym, a nie z językiem większościowym.*

Ta sama zasada dotyczy takich rzeczy jak programy telewizyjne czy filmy. Wiem, że będzie to zależeć od dostępności twojego języka mniejszościowego, ale im bardziej od samego początku, możesz kłaść nacisk na zasoby i kontakt z językiem mniejszościowym – jednocześnie aktywnie ograniczając wpływ języka większościowego – tym bardziej będziesz zapewniać wzrost języka mniejszościowego i z czasem zwiększać zdolności dwujęzyczne dziecka.

Szybka uwaga

Na koniec uwaga, szczególnie dla rodziców bardzo małych dzieci: z jednej strony zabawki elektroniczne i gadżety w języku mniejszościowym mogą być bardzo pomocne w zapewnieniu dodatkowego kontaktu, ale nie zmienia to faktu, że mogą podważyć ważniejszy wkład potrzebny od rodziców. Anna Sosa przeprowadziła badania w 2015 r., których wyniki zamieszczone w artykule *Association of the Type of Toy Used During Play With the Quantity and Quality of Parent-Infant Communication*, wykazały, że rodzice wchodzą rzadziej w interakcje z dziećmi, gdy używane są zabawki i gadżety elektroniczne. Jak wyjaśniła Sosa, takie zabawki

– w porównaniu z bardziej tradycyjnymi zabawkami i książkami – często pozostawiają rodziców „na uboczu", bo ci mniej rozmawiają wtedy z dziećmi zatopionymi w cyfrowych obrazach i dźwiękach. Pamiętaj więc o tej tendencji, rozważając wykorzystanie zasobów elektronicznych, i raczej skoncentruj się na „staromodnych" narzędziach, szczególnie na początku twojej podróży.

WNIOSEK: Dokonuj wyborów, które są produktywne, które skutecznie wspierają język mniejszościowy w waszej podróży ku dwujęzyczności.

Zasada 13

Wzmocnij wsparcie wokół siebie

„Otocz się ludźmi, którzy w ciebie wierzą".
Brian Koslow

Nawet przy solidnym wsparciu członków rodziny i przyjaciół, to i tak dwujęzyczna podróż może być sporym wyzwaniem dla rodzica z językiem mniejszościowym, zarówno pod względem fizycznym, jak i emocjonalnym. Wspieranie języka mniejszościowego wymaga nie tylko wydatkowania codziennie energii fizycznej, ale też często pojawiają się obawy o rozwój języka i ciche poczucie samotności, które z kolei testują siłę emocjonalną rodzica.

I wszystko staje się jeszcze trudniejsze – czasem znacznie, znacznie trudniejsze – kiedy odczuwasz brak wsparcia ze strony ludzi wokół siebie.

Niestety nierzadko rodzice zmagają się z takim scenariuszem: małżonek, krewny lub przyjaciel daje niewielkie wsparcie w staraniach przekazania języka mniejszościowego, co więcej okazuje nawet otwartą dezaprobatę i zaprzepaszcza twoje plany, ponieważ faworyzuje swój język ojczysty. Taką osobą może być też lekarz, nauczyciel lub inny specjalista, który błędnie uważa, że nauka dwóch języków ma szkodliwe konsekwencje dla twojego dziecka. Choć nie ma wystarczającej wiedzy na ten temat ani nic nie wie o pochodzeniu twojej rodziny.

Okoliczności będą oczywiście różnić się w każdym przypadku, ale podstawowy dylemat pozostanie taki sam:

W jaki sposób poradzić sobie z tym brakiem wsparcia, aby przezwyciężyć frustrację i nadal skutecznie wspierać język mniejszościowy?

To pytanie oczywiście nie ma uniwersalnej odpowiedzi. Przyczyny tego braku wsparcia będą zawsze charakterystyczne dla okoliczności, dlatego skuteczne reagowanie musi pasować do konkretnej sytuacji i zaangażowanych osób.

„Brak wartości"

Chociaż może istnieć szereg przyczyn braku wsparcia, podejrzewam, że w większości przypadków

w dużej mierze źródłem problemu jest nieznajomość zagadnienia dwu-języczności u partnera oraz brak świadomości, co do osobistych odczuć rodzica. Dlatego takie osoby nie są w stanie przezwyciężyć swoich ograniczeń (często irracjonalnych), aby dostrzec większą, długoterminową wartość przyswajania języka mniejszościowego przez dziecko, które ma szanse stać się dwujęzyczne.

W moim miejscu zamieszkania, czyli Japonii, gdzie ceniona jest znajomość języka angielskiego, starania, aby nauczyć tego języka dzieci, spotkały się z wyraźną aprobatą. Dostrzegam w tym szczęście i zdaję sobie również sprawę, że istnieją inne języki mniejszościowe, które nie mają takiej przewagi. W rzeczywistości może być wręcz odwrotnie:

postrzegany „brak wartości" języka mniejszościowego (wraz z bezpodstaw-nymi obawami) może leżeć u podstaw problemu braku wsparcia.

Po pierwsze, powiem to głośno i wyraźnie:

Jakikolwiek byłby twój język mniejszościowy, jeśli jest wartościowy dla ciebie, to znaczy, że ma wartość. Kropka. Każdy ma prawo bronić ważności przekazywanego języka ojczystego (lub drugiego języka) swoim dzieciom, jeśli osobiście czuje, że ma on wartość w rodzinie. Uważaj też na tych, którzy budzą w tobie podobne wątpliwości. Zresztą nie czytałbyś tej książki, gdyby wspieranie języka mniejszościowego nie było dla ciebie istotne.

Nawet gdyby moim językiem ojczystym był marsjański, mogę się założyć, że nadal byłbym bardzo wytrwały w nauczaniu języka marsjańskiego dzieci, *ponieważ ten język stanowi o tym, kim jestem, a one po prostu nie mogłyby poznać prawdziwego mnie, gdyby nie poznały tego języka.* (Nie wspominając o tym, że moje dzieci nie byłyby w stanie komunikować się z dalszą rodziną i przyjaciółmi na Marsie, gdyby nie posiadły znajomości tego języka).

Jednocześnie pomaganie innym w dostrzeganiu bardziej namacalnej wartości języka mniejszościowego może podnieść ich świadomość i zmienić ich stosunek do twoich wysiłków. A ta wartość jest przecież trudniejsza do szybkiego uchwycenia, poza tą duchową ważną dla więzi rodzic–dziecko i relacji z innymi członkami rodziny. W jaki sposób to osiągnąć? Oto trzy pomysły…

Prawdziwa wartość

1. Wartość zdolności dwujęzycznych w ogóle

Istnieje obecnie wiele dowodów naukowych na to, że dwujęzyczność ma bardzo pozytywny wpływ na mózg przez całe życie i nie powoduje zakłócenia ani upośledzenia jego działania. Umiejętność posługiwania się wieloma językami nie tylko wzmacnia umysł w dzieciństwie, ale również później w podeszłym wieku, pomagając w powstrzymaniu zaburzeń jego funkcji o kilka lat. *Mówiąc najprościej, dwujęzyczność – bez względu na to, jakim językiem jest język mniejszościowy – jest niezmiernie dobra dla mózgu dziecka i ważna dla długotrwałego zdrowia.*

2. Wartość zdolności dwujęzycznych dla życia dziecka

W zależności od konkretnego języka mniejszościowego w chwili obecnej może być ciężko określić, na ile ten język okaże się cenny w dalszej przyszłości, zawodowej lub społecznej. Byłbym jednak skłonny założyć się, że w dzisiejszych czasach umiejętność posługiwania się dowolnym językiem mniejszościowym (nawet marsjańskim) doda wartości i przyniesie korzyści dziecku, aż do dorosłości. *Świat stał się tak mały, tak połączony, że dwujęzyczność zawsze pomoże we wzbogaceniu życia człowieka.*

3. Wartość dwujęzyczności dziecka w stosunku do innych

Okazje, kiedy dziecko pomoże innym za pomocą języka mniejszościowego, spowodują, że mocno poczuje wartość tej umiejętności. (Aby uzyskać więcej informacji na ten temat przeczytaj Zasadę 27: Zaszczepiaj wartość w języku mniejszościowym). Jednocześnie takie sytuacje mogłyby również pokazać tę wartość ludziom znajdującym się wokół ciebie. *Wyzwanie brzmi: jakie warunki możesz znaleźć lub stworzyć, aby twoje dziecko pomogło w jakiś sposób innym, wykorzystując swoją dwujęzyczność?*

U kogoś, komu brakuje wsparcia, występują zapewne także inne czynniki. Duża część problemu może po prostu polegać na tym, że bliska osoba nie rozumie jeszcze prawdziwej wartości dwujęzyczności i języka mniejszościowego. Jeśli tak jest, to nie trzeba jej winić, ale cierpliwie edukować: poprzez komunikację i demonstrowanie wartości języka mniejszościowego opisanymi sposobami. Miejmy nadzieję, że dzięki temu będzie można wypracować bardziej pozytywne podejście u takiej osoby.

Oczywiście, celem jest uzyskanie wsparcia od bliskich, lub choćby „pasywnego wsparcia", które będzie znacznie lepsze niż rzucanie kłód pod nogi. Przynajmniej dzięki „pasywnemu wsparciu" będziesz mógł kontynuować swoje wysiłki bez frustracji z powodu negatywnych ingerencji.

Nawiąż znajomości

Jednocześnie możesz wzmocnić swoje postanowienie, poprzez nawiązywanie kontaktów z innymi, którzy dążą do porównywalnego celu swojej podróży i często doświadczają podobnych okoliczności. Jeśli w twojej okolicy są rodzice, którzy wydają się podzielać twoje poglądy na temat wychowywania dwujęzycznych dzieci, to skontaktuj się z nimi w celu podzielenia się przeżyciami i wspierania się. (Takie spotkania mogą być mało przydatne tylko wtedy, gdy ty i inni rodzice macie rozbieżne cele i wyzwania). Możesz spotkać się z kimś na neutralnym gruncie – przy kawie czy lunchu, lub możesz utworzyć bardziej formalną grupę dyskusyjną, która zbiera się regularnie.

Dzięki dzisiejszej technologii, kolejnym skutecznym rozwiązaniem jest możliwość nawiązania kontaktu z innymi rodzicami na całym świecie za pośrednictwem Internetu, a także korzystania ze stron www, blogów, forów, Facebooka, Skype'a i innych pojawiających się opcji.

Pamiętaj jednak, że pomimo iż inni rodzice mogą być pomocni w naszej podróży dzięki swoim pomysłom i inspiracji, to sugestie, które od nich usłyszysz, nie zawsze będą odpowiednie dla twoich dzieci i waszej konkretnej sytuacji. W końcu nie ma jednego najlepszego sposobu na odniesienie sukcesu przez wszystkie dwujęzyczne rodziny. Jeśli o mnie chodzi, to chętnie słucham o udanych eksperymentach innych – bo może uda mi się przyjąć lub dostosować te strategie do własnej rodziny – ale ostatecznie tylko ja tak naprawdę mogę zdecydować, co jest odpowiednie w mojej sytuacji i dla moich dzieci.

WNIOSEK: Podejmij kroki, aby wzmocnić wsparcie wokół siebie poprzez cierpliwe edukowanie wątpiących i aktywne nawiązywanie więzi z myślącymi podobnie.

Zasada 14

Rozmawiaj ze swoim dzieckiem przy każdej okazji

„Sposób, w jaki rozmawiamy z naszymi dziećmi,
staje się ich wewnętrznym głosem".

Peggy O'Mara

Pamiętaj o tej podstawowej zasadzie, jeśli chodzi o rozwijanie aktywnych zdolności w języku mniejszościowym:

Im więcej zasiejesz, tym więcej (ostatecznie) zbierzesz.

Wiem, że niektórzy rodzice mogą czuć się niezręcznie, angażując się w dużej mierze w jednokierunkową komunikację z dziećmi, zanim te zaczną tworzyć własny język mówiony. Jednak ilość mowy skierowanej do małych dzieci, od urodzenia do wieku trzech lat (i później), ma kluczowe znaczenie dla silnego rozwoju języka. Tak samo jest w przypadku dzieci jednojęzycznych, ale w przypadku dzieci dwujęzycznych szczególnie istnieje ryzyko, że jeżeli nie zapewni się im wystarczającego kontaktu w drugim języku podczas wczesnych lat rozwoju, to gdy już zaczną mówić, może to być głównie język dominującej większości.

W przełomowym badaniu przeprowadzonym przez Betty Hart i Todda Risleya na uniwersytecie w Kansas, opublikowanym w formie książkowej w 1995 r. pt. *Meaningful Differences in the Everyday Experience of Young American Children*, zostały zarejestrowane i transkrybowane interakcje między rodzicami i dziećmi w czterdziestu dwu rodzinach z różnych środowisk. Następnie analizowano każde słowo tych interakcji – proces ten trwał *sześć lat*.

Co odkryli naukowcy podczas tego żmudnego procesu? Znaleźli korelację między ilością mowy mówionej przez rodziców do ich dzieci w najwcześniejszych latach a zdolnościami językowymi i osiągnięciami dziecka w szkole w późniejszym wieku. „Ważną zmienną było to, ile rozmawiali rodzice" – powiedział Risley.

Cóż, jeśli chodzi o wychowywanie dwujęzycznych dzieci, myślę, że jest to podwójnie ważne.

Ilość (i jakość) mowy

Z pewnością na rozwój języka wpływają również inne czynniki, w szczególności indywidualna natura każdego dziecka. Jednak, i całym sercem się z tym zgadzam, sama *ilość* mowy skierowanej do dziecka przez rodziców i opiekunów od urodzenia do trzeciego roku życia ma ogromny wpływ na wzrost zdolności językowych tego dziecka. (Oczywiście ważna jest również jakość tej wypowiedzi. Zapewnienie dziecku interakcji z otaczającym światem poprzez ciągły strumień obserwacji, pytań i pozytywnego wzmocnienia, będzie miało najbardziej produktywny wpływ).

Jeśli chodzi o początkujące dzieci dwujęzyczne i ich język mniejszościowy, możemy podsumować ten pomysł, mówiąc:

Im więcej rozmawiasz ze swoim dzieckiem i im więcej czytasz mu na głos, tym aktywniejsze ono będzie w posługiwaniu się tym językiem.

Jednocześnie obawiam się, że odwrotność również jest prawdą:

Im mniej rozmawiasz ze swoim dzieckiem i im mniej czytasz mu na głos, tym mniej aktywne będzie ono w posługiwaniu się tym językiem.

Oczywiście owo „ty" można tutaj interpretować szerzej, aby poza rodzicami objąć innych opiekunów, a także nauczanie w języku mniejszościowym. Ale sedno sprawy pozostaje takie samo: *W jakiś sposób musisz zapewnić wystarczający kontakt z językiem mniejszościowym, aby dziecko mogło*

rozwinąć zdolność aktywnego posługiwania się nim; w przeciwnym razie
zdolność dziecka będzie prawdopodobnie bardziej pasywna.

Bądź świadomy i proaktywny

Nie ulega wątpliwości, że małym dzieciom należy również zapewnić
spokój, aby mogły przyswoić sobie wszystkie stymulujące bodźce, jakie
codziennie otrzymują. Sądzę jednak, a coraz więcej badań wydaje się
potwierdzać ten pogląd, że utrzymywanie świadomości i proaktywno-
ści w komunikowaniu się z dziećmi leży u podstaw pielęgnowania oraz
zwiększenia wczesnego rozwoju języka.

I pamiętaj, że chociaż lata od narodzin do trzeciego roku życia są
bardzo ważne dla wspierania języka mniejszościowego, nigdy nie jest za
późno, aby skorzystać z idei, że „im więcej zasiejesz, tym więcej zbierzesz".
Nawet jeśli twoje dziecko jest już starsze i obecnie nie używa języka
docelowego, to jeśli nadal będziesz zasiewał, szanse na to, że w końcu
zbierzesz dorodne plony, tylko wzrosną.

WNIOSEK: Im więcej mówisz do dziecka w języku mniejszościowym,
tym bardziej prawdopodobne, że ono również zacznie mówić w języku
mniejszościowym.

Zasada 15
Czytaj na głos codziennie

„Dzieci zostają czytelnikami na kolanach swoich rodziców".
Emilie Buchwald

Jako nauczyciel w Hiroshima International School pracowałem z setkami uczniów, zarówno dwujęzycznymi, jak i jednojęzycznymi dziećmi angielskimi, i nie minęło wiele czasu, zanim mogłem rozróżnić, którym z nich regularnie czytali rodzice. Bowiem ich umiejętności językowe były silniejsze, dzieci te miały szerszy zakres słownictwa, a także wykazywały się większą znajomością świata. Co więcej one same wydawały się lubić czytać więcej oraz sięgać po książki częściej niż ich rówieśnicy.

Wkrótce po tym, jak opuściłem szkołę, ale nadal udzielałem prywatnych lekcji w domu, skontaktowali się ze mną rodzice pewnej dziewięcioletniej dziewczynki. Matka była Japonką, a ojciec Amerykaninem. Dziewczynka mówiła po angielsku całkiem dobrze, bowiem uczęszczała do szkoły międzynarodowej (było to już po rozpoczęciu nauki w japońskiej szkole podstawowej), ale jej umiejętności czytania i pisania były wciąż słabe jak na jej wiek, dlatego rodzice potrzebowali mojej pomocy.

Pierwszą rzeczą, o którą spytałem ojca, było: „Czy czytasz jej na głos?".

Odpowiedział z żalem, który słyszałem już zbyt często: „Chciałbym, ale jestem zbyt zajęty".

Uwierzcie mi, współczuję rodzicom, którzy to mówią. W niektórych przypadkach może być prawdą, że rodzic pracuje przez wiele godzin i rzadko widuje dziecko. Ale w innych – podejrzewam, że w większości – rodzic *widuje* dziecko codziennie i *mógłby* poświęcić przynajmniej

15 minut na czytanie na głos... ale po prostu nie podejmuje takiego poważnego zobowiązania, jakim jest utrzymanie zwyczaju czytania na głos, *ponieważ duże oddziaływanie tej praktyki nie jest w pełni doceniane.*

Dwa główne filary

Jak przekazuję w tej książce, wychowanie dziecka o dobrych zdolnościach dwujęzycznych jest sumą całego szeregu ciągłych aktywności. Mówiąc najprościej, to nie jest jedna rzecz; to wszystko, co robisz. Jednocześnie uważam, że istnieją dwa główne filary służące do osiągnięcia celu dwujęzycznego:
1. Mów dużo do swojego dziecka w języku mniejszościowym.
2. Dużo czytaj dziecku w języku mniejszościowym.

Pomimo że stały strumień mowy jest ważny dla twojego sukcesu, samo to nie pozwoli twojemu dziecku osiągnąć wyższego poziomu biegłości językowej. W rzeczywistości mowa i tekst pisany są zasadniczo różnymi formami tego samego języka, a bardziej wyrafinowana gramatyka i słownictwo, znajdujące się w książkach, które ostatecznie decydują o rozwoju języka dziecka na większą skalę. *Czytanie na głos jest nie tylko ważne dla wspierania aktywnych umiejętności dwujęzycznych, ale jest niezbędne, gdy celem jest wspieranie rozwoju języka.*

Niestety, niektórzy rodzice wydają się nie doceniać ogromnej siły tej prostej praktyki. Być może trudno uwierzyć, że coś tak bezbolesnego, tak przyjemnego może mieć tak duży wpływ na rozwój języka. A jednak całe moje doświadczenie jako nauczyciela i rodzica – a także wszystkie badania, które widziałem na ten temat – wskazuje, że czytanie na głos jest najskuteczniejszym sposobem nauczania języka dostępnym dla rodziców.

Trudno mi przecenić znaczenie tego zwyczaju dla wszystkich dzieci, ale zasada głośnego czytania jest szczególnie istotna, w pielęgnowaniu języka mniejszościowego dwujęzycznego dziecka. Oznacza to codzienne czytanie, od pierwszego dnia – utul noworodka w ramionach i czytaj mu odpowiednie książki. Nie musisz – i nie powinieneś – czekać, aż dziecko będzie starsze. Noworodek nie zrozumie tego, co mówisz – przynajmniej na początku – ale jeśli będziesz dalej czytał te książki codziennie, z czasem mózg dziecka przyswoi sobie język, który słyszy, potem zacznie go rozumieć, a ostatecznie będzie się w nim komunikować.

Niewykorzystane możliwości

Gdy zaniedbuje się czytanie na głos, traci się ogromną szansę na podsycanie języka mniejszościowego. Ale nawet ci rodzice, którzy wiernie czytają pociechom codziennie, gdy te są małe, często rezygnują z tej praktyki, kiedy dzieci nauczą się czytać samodzielnie.

Twierdziłbym, że to także jest stracona szansa. Widzisz, poziom czytania dziecka i poziom słuchania są wyraźnie różne. Książkę, którą dziecko prawdopodobnie odłożyłoby na bok, ponieważ jest zbyt trudna, nadal może zrozumieć i cieszyć się nią, jeśli zostanie przeczytana na głos przez rodzica. Innymi słowy, dzieci potrafią zrozumieć na wyższym poziomie niż potrafią czytać, i to pozostaje prawdą, kiedy poziomy tych umiejętności rosną przez całe dzieciństwo.

Jeśli przestaniesz czytać swoim dzieciom, kiedy będą w wieku sześciu lub siedmiu lat (lub gdy zaczną one czytać samodzielnie), *lata twojego potencjalnego zaangażowania – które będzie stale zwiększało ich umiejętności w języku mniejszościowym – zostaną utracone.*

Dlatego nie popełnij tego błędu. *Dwujęzyczne dzieci, które uczęszczają do szkół z językiem większościowym, potrzebują maksymalnego obcowania z językiem mniejszościowym, jaki mogą uzyskać.*

Naprawdę wiem, że nie da się bez przerwy czytać każdego dnia – i jest to naturalnie trudniejsze podczas nastoletnich lat – ale wciąż powinien być to ideał, do którego dążymy. W moim przypadku sprawdza się praktyka czytania na głos każdego ranka przy śniadaniu, przez mniej więcej dwadzieścia minut. Stanowi to podstawę moich codziennych starań i planuję kontynuować to czytanie – zarówno fikcji, jak i literatury faktu na coraz to bardziej zaawansowanych poziomach – dopóki dzieci nie dorosną i nie zaczną czytać na własną rękę.

Zasada przyjemności

Moje dzieci czytają teraz samodzielnie, ale nawet nie przyszłoby mi do głowy, aby zakończyć zwyczaj czytania im na głos. Nie tylko jestem pewien, że znacząco przyczynia się to do wzrostu ich umiejętności językowych, znajomości świata i wyobraźni, ale fakt, że codzienne sesje stały się wspólnym źródłem radości, oznacza, że mogę wciąż wzmacniać ideę, że *książki i czytanie dostarczają przyjemności.*

Kiedy czytasz na głos – i twoje dzieci widzą, że regularnie czytasz sam – modelujesz entuzjazm dla samego czytania. Oczywiście *dzieci, które kojarzą czytanie z przyjemnością, chętniej czytają.*

Gdy wracam myślami do własnego dzieciństwa, trudno mi przypomnieć sobie, czy rodzice czytali mi na głos. Mam stare czarno-białe zdjęcie, na którym widać, jak mama mi czyta, kiedy razem leżymy w łóżku – byłem wtedy bardzo mały – ale podejrzewam, że nawet jeżeli u nas w domu czytało się na głos, to wkrótce po tym, jak zacząłem chodzić do szkoły podstawowej i sam zostałem czytelnikiem, to się skończyło. Chociaż rodzice byli oczytani i mieliśmy dobrze zaopatrzoną biblioteczkę (przynajmniej w książki dla dorosłych), to myślę, że ten brak czytania na głos miał pewien wpływ na mój brak entuzjazmu do lektury, kiedy dorastałem. Bowiem przyznaję, że bardzo mało czytałem przez te lata, nawet zaniedbując pozycje obowiązkowe.

Czy sesje czytania na głos w dzieciństwie miałyby znaczenie? Nie można tego wiedzieć, ale przypuszczam, że podobnie jak dzieci, z którymi pracowałem w Hiroshima International School, nie tylko miałoby to pozytywny wpływ na rozwój języka, ale poszerzyłoby moją świadomość świata i zapewniłoby mi większy entuzjazm do książek oraz czytania w młodości.

Uczyń to priorytetem

Moim zdaniem czytanie na głos dzieciom powinno być niestrudzonym priorytetem, realizowanym dzień po dniu – z rzadkimi tylko przerwami – w ciągu całego ich dzieciństwa. Jeśli ważne jest dla ciebie, by dzieci osiągnęły maksymalne aktywne umiejętności w języku mniejszościowym, to uczynisz czytanie na głos podstawową częścią każdego dnia i zrobisz wszystko, aby sumiennie wprowadzić tę praktykę w styl życia rodziny.

Zacznij od zobowiązania. Jeśli nadal nie jesteś przekonany, że codzienny zwyczaj czytania na głos może mieć taki wpływ na rozwój języka twoich dzieci – a nawet późniejszy sukces w życiu – zachęcam do zapoznania się z *The Read-Aloud Handbook* Jima Trelease'a i *The Power of Reading*

Stephena Krashena. Opisują bardzo przekonujący przypadek oparty na szeroko zakrojonych badaniach.

Wytrwale kontynuuj. Nie tylko musisz ustanowić i utrzymywać regularny czas na czytanie, ale także stajesz przed wyzwaniem, jakim jest stałe dostarczanie odpowiednich książek dla dzieci. Z mojego doświadczenia wynika, że jest to kolejna przeszkoda, co do której rodzice języka mniejszościowego muszą podjąć szczególny wysiłek, aby ją pokonać.

Kupowanie książek

Bez względu na to, jak napięty jest twój budżet, kupowanie książek powinno być przynajmniej jego niewielką i stałą częścią. W dłuższej perspektywie pieniądze wydawane na książki będą niewielką inwestycją, przynoszącą znaczne korzyści: umiejętność językowa i zainteresowanie czytaniem przez dziecko będą znacznie większe. Ponownie jest to kwestia pierwszeństwa – jeśli musisz ograniczyć jakiś inny aspekt swojego obecnego stylu życia, aby uwolnić fundusze na książki, warto dokonać korekty.

Oprócz nowych książek możesz także znaleźć używane książki w księgarniach, na pchlich targach, a nawet w międzynarodowych szkołach w twojej okolicy. Będzie to oczywiście zależeć od języka docelowego i lokalizacji, ale może być opcją zakupu książek po niższych cenach. Być może w pobliżu znajdują się inne dwujęzyczne rodziny, które chciałyby sprzedać niektóre swoje książki w języku mniejszościowym.

Drugim wyzwaniem jest oczywiście zdobycie pozycji odpowiednich dla wieku, poziomu języka i zainteresowań dziecka. W końcu jeśli znajdziesz czas, ale książki będą nieodpowiednie, to twój zwyczaj czytania na głos nie będzie trwały. Dlatego należy stale pamiętać o tych kryteriach podczas ciągłego poszukiwania publikacji, które naturalnie będą ewoluować wraz z dziećmi.

Zdobywanie książek za darmo

Apeluj do rodziny i przyjaciół o książki dla dzieci, których już nie potrzebują. Zaoferuj, że sam je odbierzesz lub zapłacisz za wysyłkę. Bądź wdzięczny, ale wybredny. Ponieważ nie chcesz obciążać się tytułami, których nigdy nie otworzysz, spróbuj zbierać tylko te pozycje, które twoim zdaniem będą odpowiednie dla twoich dzieci teraz lub w przyszłości.

Pożyczanie książek

Możesz także obniżyć koszty, pożyczając. Jeśli masz znajomych kolekcjonujących książki dla swoich dzieci, być może wszyscy skorzystacie na regularnych wymianach. Lub jeśli w twojej okolicy znajduje się biblioteka, może ona mieć półkę z książkami w twoim języku docelowym – a bibliotekarze okażą się otwarci na zamawianie nowych tytułów.

Rozdziały i poezja

Moim zdaniem duża biblioteka domowa (szczegółowo omówiona w następnym rozdziale) i aktywne korzystanie z tych książek w codziennych sesjach czytania na głos są kluczowym wskaźnikiem długoterminowego sukcesu w wychowywaniu dwujęzycznych dzieci. Chociaż książki z obrazkami będą stanowić główną bazę przez wiele lat, to kiedy twoje dzieci osiągną odpowiedni wiek, zalecam położenie nacisku na książki z rozdziałami, które występują w serii pięciu, dziesięciu, a nawet dwudziestu lub więcej tytułów. Serie ze znanymi postaciami i konwencjami fabularnymi mają nieodpartą moc, by urzekać młode umysły, a także podsycać pasję młodych do czytania i pisania. Książki takie jak seria *The Magic Tree House* były podstawą moich starań na rzecz rozwoju języka i umiejętności czytania moich dzieci i studentów. Rzecz jasna, taka wielotomowa „konwencja" może nie być dla wszystkich, każdy rodzic wybierze do czytania to, co sam uważa za interesujące, ale odpowiednia seria wielotomowa może być bardzo skutecznym sposobem na uzależnienie dzieci od książek.

Jednocześnie nie zapominaj o poezji. Krótkie wiersze wyjątkowo nadają się do czytania na głos podczas małych przerw w ciągu dnia – na przykład w czasie potrzebnym dzieciom na przygotowanie się do pójścia spać i mogą być świetnym sposobem na rozwój języka. Wystawienie dzieci na dźwięk i rytm języka docelowego poprzez odpowiednią poezję sprzyja ukształtowaniu głębszej wrażliwości na ten język i pomaga położyć podwaliny pod umiejętność czytania – co jest ostatecznie kluczem do osiągnięcia coraz wyższych poziomów biegłości językowej. Dlatego postaraj się trzymać kilka tomików poezji w zasięgu ręki – zmieniając je wraz z wiekiem dzieci – i czytaj je często przez lata.

Utrzymanie zainteresowania dziecka

Powtórzę z całą mocą, moim ogólnym zaleceniem byłoby dążenie do regularnych 15 minut dziennie, od narodzin dziecka i przez całe dzieciństwo. A jeśli między twoimi dziećmi jest znaczna różnica wieku, lepiej byłoby czytać im osobno, przynajmniej wtedy, gdy są jeszcze małe, a ich potrzeby są zasadniczo różne.

Wiem, że 15 minut nie zawsze jest możliwe (a dwa razy więcej dla niektórych rodziców jest jeszcze trudniejsze), ale uważam, że warto stale je uwzględniać w planie dnia. Nawet 5 lub 10 minut, realizowanych codziennie, ma znaczenie – zarówno dla rozwoju języka dziecka, jak i siły twojego nawykowego czytania – i może być przedłużane w miarę dojrzewania dziecka.

Jednocześnie zdaję sobie sprawę, że niektóre dzieci mają większą zdolność do usiedzenia w jednym miejscu niż inne, szczególnie na etapie malucha lub przedszkolaka. W takim przypadku sugeruję eksperymentowanie z różnymi typami książek:

- Książki, przy których dziecko może odegrać historię (np. po angielsku, *We're Going on a Bear Hunt*) lub tańczyć razem z nią (*Shake My Sillies Out*)[9].

- Książki, w których dziecko może podnosić okienka lub zaangażować się w inny dotykowy sposób, w tym „książki-rozkładanki" (które całkowicie zauroczyły mojego syna, gdy był młodszy)[10].

- Książki obrazkowe bez słów (idealne dla każdego języka docelowego), przy których rodzic może dostosować narrację bezpośrednio do wiercącego się dziecka, może nawet spersonalizować historię za pomocą imienia dziecka, imion innych członków rodziny itp.

Możesz również spróbować „bardziej teatralnego" stylu czytania zwykłych książek[11]. Jeśli masz tendencję do czytania spokojnym i cichym

---

[9] Po polsku mogą się sprawdzić: *Idziemy na niedźwiedzia, Lokomotywa, Ptasie radio, Pucio* (przyp. red.).

[10] Po polsku polecamy serię Akademia Mądrego Dziecka (Egmont) (przyp. red.).

[11] Tzw. metoda czytania wrażeniowego opracowana i opisana przez Małgorzatę Swędrowską w książce *Czytanie wrażeniowe – innowacyjna metoda czytania*. Ten sposób czytania ma na celu pozostawienie w dziecku wielu wrażeń, nie tylko tych płynących ze słuchania

głosem, postaraj się, aby wszystko było bardziej ekspresyjne, bardziej emocjonalne. Czytając kwestie: jako narrator, uwypuklij nadzwyczajny charakter fabuły; jako postaci, używaj kontrastujących i komicznych głosów. (Ale nadal mów wyraźnie). Innymi słowy, opowiedz historię, ożyw ją, zamiast czytać tylko mechanicznym i monotonnym tonem.

Właściwie to jest rada, której chciałbym udzielać przez cały okres waszego wspólnego czytania: tak, niektóre książki są spokojniejsze, cichsze, a ton czytania powinien pasować do tego nastroju; ale zazwyczaj historie dla dzieci są dynamiczne, więc sposób czytania również powinien być wyrazisty. Uważam, że czytanie na głos bardziej angażuje (zarówno dziecko, jak i rodzica), a żywe zainteresowanie dziecka bardziej ekspresyjnym opowiadaniem sprawia, że taka strategia obcowania z językiem staje się skuteczniejsza.

Jeśli więc twoje dziecko wydaje się być kapryśne, gdy czytasz na głos, tymczasowo przejdź do innych rodzajów książek – i postaraj się, aby twój styl czytania był bardziej teatralny – aby pomóc utrzymać zainteresowanie podczas tej trudniejszej fazy. W miarę dorastania dzieci ich roztargnienie zmniejszy się, a uwaga wzrośnie. Ważne, aby dzień po dniu, pomimo wszelkich trudności, które mogą się pojawić, utrzymywać zwyczaj czytania i żartowania.

WNIOSEK: Czytanie dziecku na głos przez co najmniej 15 minut codziennie powinno być podstawą wysiłków na rzecz pielęgnowania języka mniejszościowego.

---

tekstu i patrzenia na ilustracje zawarte w książkach, ale i wrażeń płynących z ruchu, gestów, emocji wyrażanych mimiką, a nawet z muzyki i tańca (przyp. red.).

Zasada 16

Stwórz dużą bibliotekę domową

„W życiu dziecka nie ma substytutu książek".
May Ellen Chase

Chociaż nie uczę już w Hiroshima International School, to wracam tam wraz z rodziną na każdy coroczny wiosenny festiwal. Dla mnie główną motywacją – oprócz spotkań ze starymi przyjaciółmi – jest możliwość kupna używanych, o wiele tańszych książek w języku angielskim, a dokładnie wszelkiego rodzaju książek dla dzieci, pochodzących z biblioteki szkolnej i domów uczniów.

Aż się ślinię na ich widok. Co roku wracam więc do domu z dziesiątkami książek do naszej domowej biblioteki. Książek, które mogę czytać na głos dzieciom podczas śniadania, książek, które czytamy razem w ramach projektu wspólnego czytania (na zmianę, strona po stronie) oraz książek, które córka i syn mogą czytać samodzielnie.

Kilka lat temu wróciliśmy z festiwalu i rzuciłem na stół kuchenny dwie ciężkie torby. Wysunąłem krzesło i usiadłem, po czym z radością oglądałem moje skarby i sklejałem luźne okładki oraz strony. Wtedy Lulu zbliżyła się i krzyknęła: *„Tatusiu, mamy za dużo książek!"*.

Tak na marginesie, gdybyś wszedł do mojego małego domu, to prawdopodobnie zacząłbyś się śmiać. Jest pełen książek do tego stopnia, że właściwie nie ma już dla nich więcej miejsca. Nasze półki na książki przepełniły się dawno temu, a obecnie z podłogi wyrastają stosy książek jak piramidy.

Ale zwróciłem się do Lulu i odpowiedziałem: *„Za dużo książek? Nie ma czegoś takiego, jak posiadanie za dużo książek!"*.

Moja filozofia edukacji

Nie ma czegoś takiego, jak posiadanie za dużo książek. Odkąd wiele lat temu zostałem nauczycielem dwujęzycznych dzieci, to w zasadzie te dziewięć słów podsumowuje mój pogląd na edukację językową. Książki i czytanie – dużo książek i dużo czytania – stały się moim głównym sprzymierzeńcem w rozwoju języka.

W czasie pracy w Hiroshima International School wprost zalałem moją klasę książkami i często czytałem uczniom. I kiedy obserwowałem, jak rozwijają się ich umiejętności posługiwania się językiem angielskim, wtedy właśnie zdałem sobie sprawę, że to samo podejście stanie się kamieniem węgielnym moich starań w wychowaniu przyszłych, własnych dwujęzycznych dzieci. Pomyślałem w tamtym momencie: *Wypełnię dom książkami w języku mniejszościowym, a codzienne czytanie stanie się stylem życia mojej rodziny.*

500 książek

Na własne oczy przekonałem się, jak satysfakcjonujące wyniki można uzyskać dzięki tej metodzie. Co więcej w wielu krajach na całym świecie przeprowadzono również mnóstwo badań, które wykazały korelację między liczbą książek w domu a rozwojem i umiejętnościami językowymi dziecka, a później także osiągnięciami naukowymi, a nawet sukcesami zawodowymi.

Autorzy opublikowanego w 2010 roku masowego badania *Family scholarly culture and educational success: Books and schooling in 27 nations*, w ciągu dwudziestu lat, analizowali życie około 70 000 osób w różnych krajach. Postawili sobie kluczowe pytanie: *ile książek było w domu twojej rodziny, gdy miałeś 14 lat?* (Wszystkie książki, nie tylko te dla dzieci).

Jednocześnie zebrali podstawowe dane na temat uczestników, takie jak poziom wykształcenia i zawód ich rodziców, a także samych uczestników. A także uwzględnili takie czynniki jak: płeć, pochodzenie, narodowość, system polityczny i produkt narodowy brutto. Co ujawniają te badania? Otóż pokazują, że oddziaływanie książek jest takie samo na całym świecie i wywiera wpływ przez wiele pokoleń: *Dzieci w rodzinach z biblioteką domową, liczącą 500 książek lub więcej, doświadczają znacznie większego sukcesu edukacyjnego.* Dzieci te kontynuują naukę przez średnio 3,7 roku dłużej niż dzieci w domach z niewielką liczbą książek lub w ogóle bez książek.

Jak piszą sami autorzy:

Przekonujemy się, że zaangażowanie rodziców w kulturę naukową [określaną jako „sposób życia w domach, gdzie książki są liczne, cenione, czytane i lubiane"], która przejawia się w dużej bibliotece domowej, znacznie poprawia poziom wykształcenia ich dzieci. [...] Kultura naukowa ma ogromny wpływ na edukację dzieci na całym świecie, w bogatych państwach i biednych, w czasach komunizmu i kapitalizmu, przy dobrych rządach i złych, w obecnym pokoleniu i tak daleko wstecz w historii, na ile pamięć pozwoli. [...] Środowisko domowe zorientowane na książki, jak twierdzimy, wyposaża dzieci w narzędzia, które są bezpośrednio przydatne w nauce w szkole: słownictwo, informacje, umiejętności rozumienia, wyobraźnia, szerokie horyzonty historii i geografii, znajomość dobrego pisania, rozumienie znaczenia dowodów w sporze i wiele innych.

Implikacje dla rodziców

Chociaż badanie to dotyczyło szerzej książek w języku większościowym każdego narodu oraz powodzenia w nauce, to istnieją ważne implikacje dla rodziców starających się wspierać język mniejszościowy dwujęzycznych dzieci. Ostatecznie sukces szkolny jest bezpośrednim wynikiem powodzenia w rozwoju języka.

1. Stwórz bibliotekę domową z książek w języku mniejszościowym – im większa, tym lepiej

Nawet jeśli nie jest to 500 tytułów (liczą się zarówno pozycje dla dzieci, jak i dla dorosłych!), to im więcej posiadasz książek i z nich korzystasz, czytając na głos dzieciom codziennie i wspólnie z nimi, tym bardziej umiejętności językowe dzieci będą wzrastać.

Jak sugerują badania, „narzędzia" językowe, które twoje dzieci zdobędą w języku mniejszościowym, będą również źródłem wsparcia dla nich podczas nauki w języku większościowym. Na przykład wiedza o świecie, którą moje dzieci poznały z naszych angielskich książek w domu, niezwykle pomaga im podczas nauki podobnych rzeczy w języku japońskim.

2. Niech to będą regały i tomy, a nie tylko cyfrowe czytniki i e-booki

Jednym z ważnych powodów, dla których jeszcze nie przestawiłem się z „prawdziwych" książek na e-booki, jest to, że moim zdaniem papierowe książki zapewniają bogatsze doznania zmysłowe. To prawda, powoli zakopujemy się tutaj w książkach, ale *fakt, że moje dzieci są nimi codziennie otoczone (i potykają się o nie), sprawia, że książki i czytanie są sposobem na życie.*

Dzięki półkom woluminy są stale na widoku i dostępne do odkrycia; tak nie dzieje się w przypadku e-booków kryjących się w urządzeniu cyfrowym. Nie zrozumcie mnie źle, nie krytykuję e-booków – mają wiele zalet, a jedna z nich mogłaby mi pomóc wybrnąć z dylematu sprzątania. Ale dla mnie one także powodują przekształcenie książek z „rzeczy widocznych" w „rzeczy ukryte".

Ze względu na rozwój języka córki i syna chcę, aby nasze domowe środowisko stanowiło udogodnienie w realizacji tego celu, ponadto myślę, że eksponowanie książek, które są namacalne („rzeczy widoczne" zawsze przyciągają wzrok), to dość efektywny plan edukacji podczas lat rozwojowych dzieci.

3. Należy pamiętać, że według naukowców, zamiłowanie do książek jest w dużej mierze dziedziczone

Oczywiście naszym głównym celem jest wspieranie języka mniejszościowego naszych dwujęzycznych dzieci. Ale czy kiedykolwiek zastanawiałeś się nad tym, że wsparcie, które dzisiaj zapewniasz dzieciom, wpłynie również na rozwój językowy ich dzieci, twoich przyszłych wnuków? (Przepraszam, że tak szybko wrzucam cię w rolę dziadka lub babci!)

Badanie nad „kulturą naukową" bardzo jasno wyjaśnia kwestię: *Skąd się biorą biblioteki – kto posiada dużą bibliotekę?* A autorzy wnioskują, że kultura naukowa i zamiłowanie do książek przechodzą z pokolenia na pokolenie, i to w dużej mierze z własnej woli, niezależnie od wykształcenia i klasy.

Innymi słowy, jeśli stworzysz dużą bibliotekę w domu, twoje dzieci prawdopodobnie zrobią to również, gdy będą dorosłe! A jeśli twoje dzieci to zrobią, twoje wnuki zrobią to samo dla swoich dzieci! I tak się dzieje, pokolenie za pokoleniem, zamiłowanie do języka i czytania – i silniejszy rozwój języka – przekazywane na długo po tym, gdy już cię nie będzie.

WNIOSEK: Stwórz dużą bibliotekę domową, promując język mniejszościowy, aby zapewnić kontakt z językiem, rozwój umiejętności czytania i entuzjazm dla książek.

Zasada 17

Zapewnij w domu bogactwo materiałów drukowanych i obrazkowych

„Czytanie jest dla umysłu tym, czym gimnastyka dla ciała".
Richard Steele

Chociaż przyjemnie jest mieszkać w Japonii, jedną dużą wadę stanowi odległość między nami a moją rodziną w USA. Podróż mogłaby być nieco łatwiejsza, gdybyśmy mieszkali w Tokio, a oni w Los Angeles (a nawet Honolulu!). Jeden bezpośredni lot znacznie skróciłby czas i koszty podróży. Ale w tej chwili podróż między Hiroszimą a Środkowym Zachodem Ameryki, gdzie mam rodzinę i to rozproszoną po kilku różnych miastach, to co najmniej trzy loty przesiadkowe, więc zamienia się w czasochłonną i kosztowną przygodę. (Musimy również wynająć samochód, aby przemieszczać się z miejsca na miejsce, gdy już tam jesteśmy!). Bardzo chciałbym odwiedzać bliskich częściej (to smutne, że moje dzieci nie mogą spędzać więcej czasu z moimi rodzicami), ale to po prostu nierealne, by odbywać tak długą podróż częściej niż raz na kilka lat.

Wszystko po angielsku

Ostatnim razem moja matka zabrała nas z lotniska w Memphis w Tennessee (po długiej podróży z Hiroszimy do Tokio, potem do Chicago, następnie do Memphis). Był wczesny wieczór i kiedy wiozła nas do domu, usiadłem obok niej na przednim siedzeniu. Kiedy spoglądałem sennie przez okno na migające billboardy, znajdujące się wzdłuż autostrady, wtedy uderzyło mnie to, że *wszystkie były po angielsku.*

Angielskie billboardy w Ameryce – tak, wiem, to nie jest zbyt błyskotliwe spostrzeżenie. Musisz jednak pamiętać, że moje oczy przyzwyczajone są do billboardów wyłącznie po japońsku. I nie tylko billboardów, ale też oczywiście znaków, plakatów, ulotek, gazet, czasopism, etykiet na produktach gospodarstwa domowego i opakowaniach żywności, informacji wysyłanych do domu ze szkoły, a nawet metek na naszej bieliźnie… wszelki druk jest w języku japońskim. A tu nagle całe nasze otoczenie stało się zupełnie inne: wszystko było po angielsku. (Cóż, z wyjątkiem metek na naszej bieliźnie).

Modele użycia języka

Rzecz jasna, w Japonii jest trochę angielskiego, ale w porównaniu do japońskiego jest to zaskakująco znikoma ilość. I mówiąc oględnie, nie zawiera zbyt konwencjonalnego użycia tego języka. Jedna z moich ulubionych czapek ma wydrukowane dużymi pomarańczowymi literami nietypowe hasło, które w pewien sposób opisuje mnie idealnie: Purity Heart of Barbarian[12].

W żaden sposób nie chcę umniejszać „niestandardowym" formom języka angielskiego. (Mój japoński jest bez wątpienia równie „niestandardowy"!) Niemniej jednak *nasze otoczenie w Japonii nie stanowi zbytniej pomocy w kwestii rozwoju języka mniejszościowego moich dzieci, ponieważ poprawne modele używania języka angielskiego są bardzo ograniczone.*

Wpływ na język docelowy

Jednak w USA nasze oczy zostały nagle skąpane w języku angielskim! Oczywiście, w zależności od twojej perspektywy nadmiar wiadomości może mieć negatywny wpływ, ale dla rozwoju języka obfitość druków w języku docelowym jest niezwykle korzystna.

---

[12] Błędna forma (przyp. red.).

Wtedy, zaledwie kilka minut po naszym przybyciu do USA i jazdy tą autostradą w Memphis, moje dzieci, które były już dość kompetentnymi czytelnikami, zaczęły sylabizować słowa wyświetlane na mijanych billboardach. I to był rodzaj „odpowiedzi na automatyczne czytanie", która pojawia się całkiem naturalnie, gdy nasz wzrok pada na zrozumiały tekst, i trwa przez cały czas naszej podróży, gdziekolwiek się udajemy.

Pod koniec naszego pobytu w Stanach Zjednoczonych byłem bardziej niż kiedykolwiek przekonany, że bogactwo materiałów w środowisku ma ogromny wpływ na rozwój języka dziecka, po prostu dzięki stałej obecności tego języka. Kiedy dziecko, które zaczęło czytać, jest nieustannie wystawiane na użycie języka docelowego, a jego oczy nieświadomie przyjmują takie teksty cały czas, to ta regularna „praktyka" stanowi potężny czynnik poprawy umiejętności językowych.

Sześć kroków do zapewnienia bogactwa materiałów w domu

Co to znaczy dla rodziców, starających się wspierać język mniejszościowy w otoczeniu, które jest w dużej mierze pozbawione materiałów w tym języku?

Musimy nieustannie starać się odwzorowywać – na skromniejszą skalę, w bardziej ukierunkowany sposób – otoczenie bogate w materiały drukowane, które naturalnie znaleźlibyśmy w kraju ojczystym.

W jaki sposób? Dzięki tym sześciu krokom:

1. Stwórz dużą bibliotekę z „prawdziwymi" książkami

Jak już wspominałem, im więcej książek masz i im więcej z nich korzystasz, tym bardziej wpłyniesz na rozwój języka mniejszościowego twojego dziecka. Chociaż e-booki też mają swoje miejsce, to „prawdziwe" książki na półkach mogą stworzyć znacznie bogatsze środowisko druku.

2. Prenumeruj czasopisma dla dzieci w języku mniejszościowym

Może to być opcja, w zależności od języka docelowego, ale z pewnością warto ją wykorzystać, jeśli istnieje taka możliwość. Dzieci uwielbiają dostawać pocztę i regularnie otrzymywać swoje atrakcyjne czasopisma, które zapewnią kontakt z językiem, a po pierwszym czytaniu zasilą bibliotekę domową.

3. Korzystaj z różnych form mimowolnego czytania

Wyjaśniona szczegółowo w następnym rozdziale strategia ma na celu umieszczenie zrozumiałego tekstu przed oczami dziecka, aby uruchomić automatyczną odpowiedź na czytanie, a tym samym zwiększyć codzienny kontakt z językiem. Poprzez eksponowanie w domu zagadek, historii i innych tekstów oraz regularne ich zmienianie, stale wzbogacasz środowisko drukowane.

4. Wyeksponuj strony internetowe i aplikacje w języku mniejszościowym

Technologia może być użytecznym sposobem zapewnienia środowiska druku, ale należy zachować ostrożność, aby witryny i aplikacje w języku mniejszościowym były używane częściej niż te w języku większościowym. Jak podkreśliłem, jeśli chodzi o media, bardzo ważne jest dokonywanie produktywnych wyborów, które zwiększą kontakt z językiem mniejszościowym, jednocześnie ograniczając dominujący wpływ języka większościowego.

5. Pisz do swoich dzieci i zachęcaj je do pisemnych odpowiedzi

Niech pisanie będzie częścią stylu życia twojej rodziny: wkładaj krótkie notatki do osobistych rzeczy dzieci, a także do pojemników na drugie śniadanie, które noszą do szkoły; umieść tablicę w łazience lub w innym miejscu; stwórz „rodzinną skrzynkę pocztową" do wymiany wiadomości; opracuj „rodzinny dziennik", w którym będziecie pisać o doświadczeniach lub planach. Taka taktyka sprawi, że język mniejszościowy stanie się aktywną formą komunikacji dla twojej rodziny.

6. Zaangażuj się w wymianę listów z członkami rodziny i innymi osobami

Język mniejszościowy będzie również postrzegany jako cenny środek komunikacji, gdy podejmiecie regularną korespondencję z członkami rodziny i innymi znajomymi. Wymiana za pośrednictwem poczty e-mail może również uzupełniać ogólne środowisko druku, ale nie powinna zastępować odręcznych listów z ich wszystkimi zaletami. Zawsze to dla dzieci dodatkowa lekcja pisania, a kartki od dziadków i innych bliskich będą stanowić pamiątkę.

Świadome i kreatywne działania

Podejmowanie świadomych i kreatywnych starań w celu zapewnienia w domu bogactwa materiałów drukowanych jest kluczowym czynnikiem w zwiększaniu dwujęzyczności dzieci. Im bardziej możemy odwzorować naturalne środowisko druku z kraju ojczystego, tym większy wpływ możemy mieć na rozwój języka mniejszościowego, zarówno na umiejętność czytania przez dzieci, jak i ogólną znajomość języka. Nasz wpływ zapewne ograniczy się do samego domu (chyba że jesteś w stanie wykupić billboardy w mieście!), ale powinniśmy w pełni skorzystać z sytuacji, że dzieci są w tym otoczeniu przez większą część dnia i środowisko to można kształtować w strategiczny sposób, aby zmierzać do celu.

WNIOSEK: Zapewnij w domu bogactwo materiałów drukowanych, aby pomóc dzieciom w rozwoju języka i umiejętności czytania.

Zasada 18

Zaangażuj dzieci
w mimowolne czytanie

„Czytaj, czytaj, czytaj".
William Faulkner

Kiedy mój syn miał pięć lat, pewnego dnia podszedł do mnie ze zbolałym spojrzeniem i jęknął: „Tatusiu, nie mogę przestać czytać!". Następnie zaczął wyjaśniać, że nie mógł powstrzymać się od przeczytania całego angielskiego tekstu, który przypadkiem rzucił mu się w oczy, gdy poruszał się po domu. (Nie rozwinął jeszcze takiej wrażliwości na japoński tekst, ze względu na to, że zostanie kompetentnym czytelnikiem publikacji japońskich zajmuje więcej czasu).

Roy, w tym momencie rozwoju języka, osiągnął ten szczególny (choć irytujący, jak to już odkrył) etap biegłości w czytaniu, który zna każdy piśmienny dorosły: *przymus przeczytania czegoś, gdy słowa są w naszym polu widzenia.*

Gdy dzieci zdobędą umiejętność czytania języka docelowego na poziomie podstawowym, naszym wyzwaniem jest skłonienie ich do korzystania z tej nowo odkrytej umiejętności. Jeśli dziecko jest molem książkowym – cudownie, ale wiele dzieci (jak moja córka) raczej skakałyby z książką na głowie, niż siedziały spokojnie i przewracały strony. Oczywiście, moglibyśmy i powinniśmy znaleźć czas na regularne czytanie z naszymi dziećmi – na zmianę, kartka po kartce. Ale czy nie byłoby wspaniale, gdybyśmy mogli w jakiś sposób zmusić je do samodzielnego czytania, zwiększając ich kontakt z tekstem kilka razy dziennie, podczas gdy my zajmowalibyśmy się innymi sprawami? Znalazłem odpowiedź, którą nazywam „mimowolnym czytaniem".

Efekty gromadzą się z upływem czasu

Mimowolne czytanie jest w zasadzie tym samym podejściem do rozwoju języka, co „przymusowy słuchacz". Mimowolne czytanie to strategia, która sprytnie wykorzystuje tę „automatyczną odpowiedź na czytanie", gdy dziecko zacznie samodzielnie czytać. Ponieważ ludzie nie są w stanie powstrzymać odruchu przeczytania zrozumiałego zdania, który pojawia się w zasięgu wzroku (dlatego reklamy są często umieszczane w publicznych toaletach!), to jeśli odpowiedni tekst w języku mniejszościowym jest strategicznie umieszczany w takim miejscu w domu, *wtedy dziecko przeczyta je samodzielnie.*

A ponieważ kontakt z drukiem jest podstawą wychowania dwujęzycznego dziecka z dobrą znajomością języka mniejszościowego, mimowolne czytanie może odgrywać ważną rolę w zwiększaniu tego kontaktu na co dzień. Z reguły *im więcej dziecko ma do czynienia z książkami i innymi tekstami, tym silniejsza będzie u niego umiejętność językowa we wszystkich obszarach.*

Nawet zanim dziecko zacznie czytać, proces ten można rozpocząć bardziej ogólnie, poprzez umieszczanie na ścianach wesołych plakatów z tekstem drukowanym w języku mniejszościowym (kupowanych w sklepie lub robionych ręcznie), w tym plakatów w języku mniejszościowym z pismem odręcznym. Następnie, gdy pojawi się gotowość do czytania, zacznij umieszczać rozmaite teksty na drzwiach lub ścianie łazienki (lub w innej preferowanej lokalizacji) i rób to w różnych formach przez całe ich dzieciństwo.

Chociaż minuta lub dwie, co jakiś czas, na codzienne czytanie może wydawać się mało, to sukcesywnie ten kontakt kumuluje się, a tym samym wpływa znacząco na rozwój języka i umiejętność czytania. Piękno tej metody polega również na tym, że dorosły nie musi być obecny podczas kontaktu dziecka z tekstem. Wystarczy podsunąć odpowiedni materiał, aby uruchomić „automatyczną odpowiedź na czytanie" od „przymusowego słuchacza".

Wybierz materiał z rozwagą

Jeśli chodzi o materiały do mimowolnego czytania, to twoje wybory muszą jak najbardziej odpowiadać wiekowi, poziomowi czytania i zainteresowaniom dziecka. Jeśli teksty nie są odpowiednie – zbyt trudne, zbyt długie lub sam wydruk jest za mały – to naturalna potrzeba dziecka, aby je przeczytać, szybko wygaśnie, a materiał pozostanie nieprzeczytany. Taki rezultat nie tylko nie przynosi korzyści, ale może podważyć pewność siebie dziecka i zaprzepaścić chęć czytania z powodu frustracji i porażki. Innymi słowy, gdy materiał nie zostanie starannie dobrany, efekt może być odwrotny od zamierzonego. Mimowolne czytanie może mieć ogromny pozytywny wpływ na rozwój języka i umiejętność czytania, ale tylko wtedy, gdy teksty są odpowiednio angażujące.

Ponowię też prośbę o ostrożność dotyczącą korzystania z materiałów zawierających ilustracje. Niektórym wyda się to sprzeczne z intuicją, ponieważ, oczywiście, ilustracje są ważną częścią wczesnego czytania. Jednak w tym przypadku, kiedy celem jest zachęcanie do samodzielnego czytania, nasz cel zostanie podważony, jeśli dziecko po prostu przestudiuje ilustrację i zignoruje tekst. Rysunek nie odwróci jego uwagi, a dziecko będzie „zmuszone" do czytania.

Suchościeralna tablica w łazience

W przypadku moich dzieci mimowolne czytanie zaczęło się od małej tablicy w łazience – stanowiła ją duża sklejka z powierzchnią podobną do tablicy, którą przykleiłem bezpośrednio do ściany. Codziennie pisałem na niej prostą wiadomość lub zagadkę.

Łamigłówki zawsze były skuteczne, ponieważ zachęcały do angażowania się nie tylko w tym momencie, ale także później, gdyż moje dzieci były ciekawe potwierdzenia odpowiedzi, a to powodowało dalszą interakcję ze mną w języku mniejszościowym. Nie stosowałem typowych zagadek, takich jak w kalamburach, ponieważ małe dzieci nie są w stanie ich odgadnąć, a nawet zrozumieć. Moją intencją było, aby dzieciaki odniosły sukces nie tylko jako czytelnicy, ale także jako myśliciele, po prostu wymyślałem własne łamigłówki. Niekończący się zbiór wciągających szarad można stworzyć poprzez zadawanie krótkich pytań na temat zwierząt, na przykład: „Jakie zwierzę jest dużym kotem i może biegać bardzo szybko?" (Mam nadzieję, że odpowiedziałeś „gepard"). W jednym z naszych ulubionych rodzajów zagadek łączyliśmy dwoje zwierząt w abstrakcyjny i pomysłowy sposób, na przykład: „Jakie zwierzę ma długą trąbę i wydaje brzęczący dźwięk?" (Zgadłeś: „słonio-pszczoła"!).

Wiadomości również mogą służyć podwójnemu celowi, jakim jest zachęcanie do czytania i komunikacji. Czasami mogę napisać prośbę typu: „Idź do salonu i znajdź coś czerwonego. Przynieś mi to i zatańcz". Gdy dziecko wykonuje takie polecenie, wyraźnie udowadnia, że tekst został przeczytany i zrozumiany, a jednocześnie stwarza się kolejna okazja do ustnej interakcji. (Możesz nawet ukryć smakołyk lub inną nagrodę gdzieś w domu, z pisemną prośbą, która pokieruje dziecko do tajnej lokalizacji).

Więcej form mimowolnego czytania

Gdy moje dzieci rosły, a ich umiejętności czytania stawały się coraz większe, zdjąłem tablicę i zacząłem zamieszczać kartki z krótkimi fragmentami fikcji i literatury faktu, a także z wierszami. Mówiąc ogólnie, kopiuję odpowiednie teksty z książek lub drukuję je z Internetu. Polecam dla dzieci uczących się języka angielskiego stronę internetową Ducksters (http://www.ducksters.com), która jest skarbnicą artykułów na nieco wyższym poziomie czytania. Szczególnie podobają mi się tam biografie znanych osób, bo nie tylko zapewniają użyteczną praktykę czytania, ale mogą zainspirować małych czytelników do wyobrażenia sobie ich większego celu.

Jednocześnie dużym sukcesem okazały się teksty mojego autorstwa. Najbardziej pamiętne z nich to opowiadania seryjne, w których to tworzę banalną, wieloczęściową historię – na zasadzie jeden „rozdział" na stronie, z chwilą napięcia w zakończeniu – a głównymi bohaterami są często moje dzieci. Gdy zamieszczam kolejną część, to zazwyczaj prześcigają się w drodze do łazienki, tak bardzo chcą wiedzieć, co będzie dalej!

Mimowolne czytanie można prowadzić na wiele różnych skutecznych sposobów – koncepcja może być prosta, ale jej warianty ogranicza jedynie nasza wyobraźnia. Oprócz elastycznego korzystania z tablicy i zapisanych kartek, można praktykować mimowolne czytanie poprzez ustawianie znaków i wieszanie plakatów, etykietowanie przedmiotów gospodarstwa domowego oraz dodawanie notatek do pudełek na drugie śniadanie lub innych osobistych rzeczy dziecka.

(Kiedy moje dzieci uczęszczały do przedszkola i zabierały ze sobą lunch, codziennie wkładałem im krótką wiadomość. Aby uniknąć pospiesznego wymyślania treści każdego ranka – co nie byłoby rozsądne – przygotowywałem z miesięcznym wyprzedzeniem różne kompilacje).

Z powodzeniem zachęciłem moje dzieci do czytania, regularnie wystawiając atrakcyjne książki lub czasopisma. Na przykład gdy mój syn bawi się cicho zabawkami, niby od niechcenia umieszczam obok niego mały stos książek z obrazkami... tak bez słowa. Kiedy jego wzrok pada na kolorowe okładki, wtedy Roy często przysuwa się, aby je otworzyć i zacząć czytanie. Ta sama reakcja może zostać wywołana przez umieszczenie książek lub czasopism na kanapie w salonie lub w innych strategicznych miejscach w domu, gdzie dziecko może je wziąć do ręki. (Samochód może być również dobrym miejscem, chociaż w naszym przypadku dzieci nieco chorują, kiedy czytają podczas jazdy).

Regularnie zamieszczaj świeży materiał

Oczywiście niektóre z tych pomysłów nie będą nowe – powieszenie plakatu na ścianie nie jest niczym odkrywczym. Ale koncepcja mimowolnego czytania akceptuje takie pomysły, uzupełnia je innymi i zachęca do ich używania, poczynając od wczesnych lat dzieci, i tak dzień po dniu, przez całe ich dzieciństwo. Z upływem czasu korzyści z mimowolnego czytania stopniowo zwiększają się, ale nie można tego osiągnąć bez regularnego wprowadzania nowych materiałów. Faktem jest, że gdy dzieci przeczytają konkretny tekst dwa lub trzy razy, nie będą już skłonne go czytać. Jeśli ten sam tekst pozostanie na ścianie dłużej niż dwa lub trzy dni, to dziecko przestanie go dostrzegać.

Tak więc trudną częścią mimowolnego czytania nie jest publikowanie pierwszego tekstu, ale wytrwałe publikowanie następnych treści, aby zachować świeżość materiału i nadal wykorzystywać naturalną skłonność dzieci do czytania.

Tego rodzaju sumienne podejście do mimowolnego czytania miało znaczący wpływ na rozwój języka i umiejętności czytania u moich dzieci oraz ogólną zdolność dwujęzyczną. Jak wielki to był wpływ, to nie potrafię tak naprawdę określić, ale uważam, że bez tych starań znajomość języka mniejszościowego u moich dzieci nie rozwinęłaby się w takim samym stopniu. Innymi słowy, uważam, że mimowolne czytanie pozwala nam osiągnąć jeszcze większy sukces w naszej dwujęzycznej podróży.

WNIOSEK: Wytrwałe stosowanie mimowolnego czytania w różnych formach może być potężnym środkiem na zwiększenie zdolności dziecka w języku mniejszościowym.

Zasada 19
Opowiadaj historie

„Wszechświat składa się z historii, a nie atomów".
Muriel Rukeyser

Siedzieliśmy przy obiedzie, a moje dzieci błagały mnie, abym opowiedział im kolejną prawdziwą historię z mojego dzieciństwa: „Opowiedz nam kolejną historię! Opowiedz nam kolejną historię!". Noc w noc wykopywałem z pamięci historie z przeszłości, takie jak te:

- Czas, kiedy moja siostra została adoptowana, a pochodziła z Korei Południowej. Miałem pięć lat, a ona trzy, gdy odebraliśmy ją w nocy z lotniska O'Hare w Chicago. Pojechaliśmy do hotelu, gdzie ona płakała i płakała. Ojciec próbował ją pocieszyć i dać jej ciastko, ale nadal szlochała. Nie mogliśmy spać, dlatego mój brat i ja w końcu zażądaliśmy: „Odeślijmy ją z powrotem!" (Chciałbym zaznaczyć: bardzo się cieszę, że tego nie zrobiliśmy!).

- Moment, kiedy miałem osiem lat i wpadłem na pomysł, by kupić dwa małe pisklęta w naszym lokalnym sklepie zoologicznym. Przyniosłem je do domu w pudełku po butach i włożyłem do pustej wanny, gdzie zwinnie się przemieszczały, a potem zatrzymały się i zrobiły kupy. Ich pisk w końcu zaalarmował matkę (a także naszego kota), która nalegała, żebym je odniósł z powrotem do sklepu.

- Wiekopomna chwila, kiedy grałem na oboju przed ponad trzystuosobową publicznością. Miałem dziesięć lat i byłem bardzo zdenerwowany. Moja mama akompaniowała mi na pianinie, a kiedy zacząłem grać, nie

mogłem wydobyć z instrumentu żadnego dźwięku! Stałem tam, dmu-
chając z całych sił i jedynym dźwiękiem, który można było usłyszeć,
był śmiech publiczności, obserwującej małego chłopca o czerwonej
twarzy, dmuchającego w obój i niezdolnego do wydania jakiejkolwiek
nuty. Wreszcie moja matka odciągnęła mnie na bok i powiedziała,
żebym się zrelaksował. Spróbowałem ponownie i tym razem udało
mi się przynajmniej przebrnąć przez piosenkę.

„Opowiedz nam następną historię!".

Ale teraz miałem pustkę w głowie. „Nie mogę sobie przypomnieć już
żadnej innej" – powiedziałem im.

„Opowiedz nam inną historię!" – nalegały.

Ten moment – kiedy moje dzieci pragnęły kontaktu z językiem, którego nie mogłem zaspokoić – jest wyraźnym przykładem atrakcyjności
opowieści i opowiadania dziecku w ogóle. Pokazuje to również, jak ważne
jest, by rodzice w pełni uczynili użytek z tego faktu i nauczyli się czerpać
korzyści z wielu możliwości opowiadania historii.

Skoncentruj się na aktywnym kontakcie z językiem

Zamiłowanie do historii jest wrodzone u ludzi, a ta naturalna tendencja
może dobrze służyć naszym staraniom, jeśli będziemy świadomi i aktywni
w upiększaniu świata dziecka narracjami w języku mniejszościowym.
Zwiększając ilość opowieści i form, w jakich są przedstawiane, rodzic
może wzbogacić kontakt pociechy z językiem docelowym – co wzmocni
jej zdolności językowe.

Różne historie są oczywiście łatwo dostępne w programach telewizyjnych i filmach, a ta forma kontaktu z językiem – w rozsądnych ilościach
– z pewnością może stać się mniejszą częścią wszystkich działań. Myślę,
że w naszym przypadku programy telewizyjne i płyty DVD w języku
mniejszościowym okazały się bardzo pomocne, ale wprowadziliśmy dość
surowe ograniczenia, jeśli chodzi o czas oglądania.

Powinieneś skupić się na zapewnieniu aktywniejszego kontaktu z językiem w formie opowiadania historii. Można to robić na wiele sposobów.

Im częściej będziesz w stanie uwzględniać tę formę kontaktu, tym bardziej poprawi się znajomość języka mniejszościowego twojego dziecka.

Dzieci słuchają opowieści

Zapał moich dzieci w słuchaniu historii z mojej młodości jest doskonałym przykładem urzekającej siły tkwiącej w opowiadaniu. Dzieci słuchają tych anegdot ze skupieniem, aby podążać za nimi – tak naprawdę robią to czasami o wiele uważniej niż w codziennych interakcjach, gdy nasze słowa wchodzą do jednego małego ucha, a drugim wychodzą. Ta większa koncentracja przekłada się na głębsze skupienie się na języku mniejszościowym i jego lepsze przyswajanie.

Opowiadaj własne historie

Spróbuj opowiedzieć swoim dzieciom historie z twojego dnia lub z przeszłości. Dzieciaki uwielbiają słuchać o niezapomnianych chwilach z życia rodziców – szczególnie z czasów, gdy dorośli sami byli mali. Poświęć więc trochę czasu i cofnij się do swojego dzieciństwa: jakie doświadczenia przywołujesz z pamięci? Zrób krótki opis jak największej liczby wspomnień, a następnie opowiadaj swoje ulubione dykteryjki podczas posiłków lub przed snem. Takie historie nie tylko wciągają w kontakt z językiem, ale pogłębiają więź między rodzicem a dzieckiem.

Spróbuj też stworzyć fantazyjne „wspomnienia". Wymyślanie zabawnych historyjek na bieżąco – tak jak byś opowiadał o prawdziwym zdarzeniu – może stać się świetną zabawą, zwłaszcza gdy uczynisz swoje dzieci głównymi bohaterami. Mojemu synowi na przykład podobała się szalona opowieść o tym, kiedy jako niemowlę szybko wyczołgał się z domu w pieluchach i – tak jak słynny piernikowy ludzik – był w stanie uciec przed wszystkimi, którzy próbowali go złapać. Aby rozpocząć tworzenie opowieści, zacznij od: „Pamiętam, kiedy…" i albo wykorzystaj ramy tradycyjnej bajki, zastępując elementy opowieści własnymi pomysłami, albo po prostu swobodnie improwizuj.

Jednocześnie nie zapominaj o tym, że wymyślanie historii z dziećmi jako głównymi bohaterami może służyć innym celom niż humor i zabawa.

Możliwe jest nie tylko zaangażowanie dzieci w język mniejszościowy, ale także przekazanie im modeli zachowań lub ukazanie wartości, które chciałbyś im wpoić. Na przykład jeśli twoja córka boi się ciemności, możesz opowiedzieć jej historię, w której wykazuje odwagę, ratując zaginionego kotka z jaskini.

Czytaj na głos swoim dzieciom

Jednym z najważniejszych sposobów wspierania języka mniejszościowego jest głośne czytanie dzieciom. Jeśli nie będziesz regularnie czytać na głos – a twoje dzieci nie uczęszczają do szkoły z językiem mniejszościowym – znacznie trudniej będzie im rozwinąć umiejętności aktywnego posługiwania się tym językiem. Stwórz więc domową bibliotekę z zabawnymi historiami i czytaj je często, z jak największą dramaturgią.

Odtwarzaj nagrania audio

Oprócz piosenek w języku mniejszościowym poszukaj książek w wersji audio i odtwarzaj je w domu oraz samochodzie. Podczas odtwarzania nagrań dzieci będą słuchać uważniej – co bardziej wpływa na rozwój języka. Jednocześnie profesjonalni lektorzy mogą służyć jako inspirujące wzory dla tworzonych przez ciebie narracji.

Wypróbuj e-booki i aplikacje

W zależności od języka docelowego możesz znaleźć ciekawe książki elektroniczne, dzięki którym twoje dzieci bezpośrednio poznają historie, co zapewni im także dodatkową edukację. Istnieje też wiele innych aplikacji, które pozwalają użytkownikom bardziej aktywnie brać w nich udział i, podobnie jak poniższe pomysły, zachęcają do tworzenia własnych historyjek. Obok programów z książkami dla dzieci, które wymagają podstawowej wiedzy językowej, istnieją też inne, w których dzieci mogą *opowiadać* i nagrywać własny głos.

Dzieci opowiadają historie

Dzieci nie tylko lubią słuchać opowieści, ale lubią także same opowiadać na różne sposoby. A tym samym, przedstawiając historie, mają okazję poszerzyć swoją znajomość języka, a także umiejętność kształtowania jasnej narracji.

Poproś, aby inni opowiadali o swoich doświadczeniach

Na przykład podczas kolacji możesz zachęcić każdego członka rodziny, żeby podzielił się zdarzeniami z tego dnia. Kiedy dzieci są w szkole podstawowej, jednym ze sposobów na skoncentrowanie ich uwagi i wywołanie żywej opowieści jest proste życzenie: opowiedz mi coś śmiesznego, co wydarzyło się dzisiaj. Ponieważ dzieci w wieku szkolnym cały czas robią zabawne rzeczy, może to być bogate źródło opowieści. Moje dzieci opowiadają mi o wielu zabawnych incydentach, które miały miejsce w szkole.

Improwizuj

Dzieci lubią także opowiadać wymyślone przez siebie historie o sobie i członkach rodziny. Niekiedy ich opowieści są tylko luźno powiązanym ciągiem wydarzeń (mój syn przedstawiał kiedyś „wspomnienie", które trwało bez końca!), niemniej jednak fakt, że dzieciaki improwizują z takim rozmachem – i w języku docelowym – to więcej niż rekompensata za wszelkie niedociągnięcia w fabule.

Bądź narratorem książek obrazkowych

Książki obrazkowe są wspaniałym źródłem do opowiadania historii w dowolnym języku. Poproś dziecko, aby przewracało strony i opowiadało historyjkę przedstawioną na ilustracjach. Możecie pracować razem, opowiadając na zmianę, strona po stronie. (Zachęcam również do korzystania z książek z obrazkami w czasie przeznaczonym na głośne czytanie i opowiadanie historii!).

Grajcie w opowiadanie historii

Aby dostarczyć jeszcze większej dawki radości, wypróbuj proste gry, takie jak wspólne opowiadanie historii. Na przykład: ty (lub twoje dziecko) podrzucasz zdanie otwierające lub dwa, a następnie druga osoba dodaje krótki ciąg dalszy. W ten sposób swobodnie rozwijana jest długa, pełna ekspresji opowieść. (Wymyślanie historyjek o gwiazdorach w rodzinie może być szczególnie interesujące dla twoich dzieci).

Użyj specjalnych zasobów

Możesz także skorzystać z narzędzi do opowiadania historii, takich jak karty z obrazkami *Tell Tale i Tell Tale Fairy Tales*. Każdy zestaw sześćdziesięciu kart (dostępnych w sklepach internetowych) jest dostarczany w poręcznej okrągłej puszce, a z obu stron każdej karty znajdują się kolorowe ilustracje, co daje w sumie sto dwadzieścia obrazków. (Karty zawierają tylko obrazki, bez tekstu, więc są odpowiednie dla dowolnego języka docelowego). Idea polega na stworzeniu historii opartej na kilku ilustracjach, niezależnie od tego, czy pracujesz sam, czy jako zespół. Karty te spotkały się z dużym uznaniem wśród moich dzieci i uczniów, dlatego polecam je jako cenne dla doskonalenia umiejętności językowych i kreatywnego myślenia.

Zapisuj opowiadania

Każde z tych zadań ustnych można również wykonać na piśmie. Na przykład „Shared Storytelling" („Wspólne opowiadanie historii") to zabawny i skuteczny sposób na ćwiczenie umiejętności pisania. Dziecko może wybrać, ile chce napisać na każdym etapie, co sprawia, że zadanie jest dla niego wygodniejsze, a co więcej rodzic ma szansę podpowiedzieć jak zapisać słowa właściwie. (U nas scenariusz jest taki. Kiedy bawimy się parami – dziecko i ja – wtedy zwykle tworzymy dwie historie jednocześnie, następnie przekazujemy sobie kartki. Jeśli są trzy osoby, to mogą powstać trzy historie, przy czym każda z osób rozpoczyna opowieść, pisząc jedno zdanie lub dwa zdania u góry strony).

Książki obrazkowe bez słów i karty do opowiadania historii są również bardzo przydatnymi narzędziami do ćwiczenia pisania, i to zarówno z twoim zaangażowaniem – jak w przypadku poprzedniej gry – jak i jako indywidualne zadanie dla dziecka.

Opowieści mają szczególną moc

Opowieści, które są integralną częścią ludzkiej psychiki we wszystkich językach, powinny stanowić centralny element waszych wysiłków na rzecz rozwoju umiejętności językowych. Jeśli świadomie wykorzystasz naturalne skłonności dziecka, to będziesz w stanie szybciej osiągnąć zamierzony cel jego dwujęzyczności. Bez wątpienia historie mają szczególną moc do czarowania dzieci, a jednocześnie długotrwały wpływ na ich umysły i serca.

Nie będę wcale zaskoczony, jeśli moje dzieci w przyszłości, gdy będą już dorosłe, wciąż będą pamiętać i przywoływać te krótkie historyjki o mojej siostrze, dwóch pisklętach czy biednym chłopcu dmuchającym w obój!

WNIOSEK: Wykorzystaj siłę opowieści w swoich nieustannych staraniach na rzecz języka mniejszościowego.

Zasada 20

Często korzystaj z muzyki

„Muzyka daje duszę wszechświatu, skrzydła dla umysłu,
ucieczkę do wyobraźni i życie dla wszystkiego".

Platon

Dorastałem w muzycznej rodzinie. Matka jest nauczycielką gry na fortepianie i organistką kościelną; ojciec gra na bandżo i jest piosenkarzem folkowym; z kolei brat jest kompozytorem muzyki klasycznej i operowej.

Jeśli o mnie chodzi, to nie podchodziłem do muzyki aż tak poważnie – moje umiejętności w graniu na oboju nigdy nie ewoluowały – ale muzyka miała duży wpływ na moje życie i chciałem, aby odegrała główną rolę we wczesnych doświadczeniach moich dzieci.

Przyznaję jednak, że moja motywacja wykracza poza chęć rozwijania ich muzycznego zmysłu i umiejętności. Mianowicie korzystanie z muzyki od dawna stanowi świadomy element moich starań na rzecz języka mniejszościowego.

Łatwy kontakt z językiem

Od czasu narodzin Lulu i Roya polegałem w tej materii na dość lichym odtwarzaczu CD i skromnej kolekcji płyt CD. Aby zapewnić w naszym domu stały strumień muzyki w tle, wykorzystywałem: kołysanki, piosenki folkowe, melodie dla dzieci, ścieżki dźwiękowe z filmów i programów telewizyjnych, musicale, muzykę klasyczną, jazz, pop, rock, country, world music i kolędy. Jednym z celów było zaszczepienie w nich uznania dla muzyki wszelkiego rodzaju. A przy okazji uważam, że aktywne korzystanie z muzyki – z naciskiem na twórczość w języku mniejszościowym – może mieć znaczący wpływ na rozwój dwujęzyczny dziecka.

I to jest takie proste! Wszystko, czego potrzebujesz, to odtwarzacz CD i trochę płyt (lub jakiekolwiek inne cyfrowe urządzenie do odtwarzania muzyki) oraz częste puszczanie muzyki w tle, gdy dzieci są w jej zasięgu. (Pamiętaj, że „częste" nie oznacza „bez przerwy" – niezbędny jest też czas na ciszę i spokój!).

Oczywiście to obcowanie z muzyką da lepszy skutek, jeśli zachęca się również dziecko do siedzenia (lub podskakiwania) i śpiewania. Takie momenty mogą być jednak ograniczone i zależne od motywacji i stylu życia. Dlatego puszczanie muzyki w tle jest tak przydatne, bo każdy rodzic może wdrożyć tę opcję przy niewielkich nakładach wysiłku. Niezależnie od tego, czy będziesz przy tym obecny, czy nie, po prostu wykorzystaj możliwości, jakie daje ci muzyka w tle, a pozytywne efekty pojawią się po cichu, znienacka i stopniowo.

Zalety muzyki dla dzieci

Kiedy moje dzieci były mniejsze, przede wszystkim puszczałem utwory przeznaczone dla małych uszek. Zaletą wczesnego puszczania piosenek dziecięcych – w przeciwieństwie do muzyki dla dorosłych – jest to, że zawierają proste słownictwo i melodie, które są lepiej przyswajane przez maluchy. (Jeśli chodzi o utwory dla dzieci w języku angielskim, wypróbuj muzyków, takich jak: Raffi, Laurie Berkner i Bill Harley)[13].

Ułatwia to również rozwój słuchania, od biernego kontaktu do bardziej aktywnego odbioru. Gdy dziecko usłyszy piosenkę określoną ilość razy oraz gdy jego dojrzałość i umiejętności językowe są wystarczające, to może zacząć śpiewać przy akompaniamencie muzyki – nawet całkiem nieświadomie – podczas zabawy. Tak było z moimi dzieciakami, a zwłaszcza z synem, który jest teraz wyjątkowo dobry w zapamiętywaniu i powtarzaniu tekstów piosenek z puszczanych albumów.

---

[13] Propozycje polskie: Fasolki, Majka Jeżowska, Akademia pana Kleksa lub piosenki z lubianych bajek: *Mam tę moc* z filmu *Kraina Lodu*, *Zostań moją przyjaciółką*, *Idziemy do zoo*, *Cztery słonie* (przyp. red.).

Kluczowe źródło dla domu i samochodu

Kolekcja płyt CD (lub albumów cyfrowych) nie musi konkurować z biblioteką, a dzieła muzyczne w języku mniejszościowym powinny być postrzegane jako kluczowe narzędzie do wykorzystania w domu i samochodzie. W związku z tym będziesz musiał zainwestować, podobnie jak w książki, pewien wysiłek i pieniądze w muzykę, od samego początku swojej dwujęzycznej podróży i na bieżąco przez kolejne lata.

Ostatecznie muzyka, do której lubi tańczyć maluch, nie spodoba się już nastolatkowi, co oznacza, że repertuar, który zechcesz wykorzystać, musi uwzględniać zmieniający się gust rozwijającego się dziecka.

Mimo to, podobnie jak wiele książek z obrazkami, płyty CD z wcześniejszych okresów życia można zachować na przyszłość, nie tylko jako miłe wspomnienia z dzieciństwa, ale także jako przydatne zasoby do pielęgnowania języka mniejszościowego dzieci waszych dzieci, jeśli któregoś dnia zostaniecie dziadkami.

WNIOSKI: Świadomie korzystaj z muzyki, aby zwiększyć kontakt z językiem mniejszościowym.

Zasada 21

Grajcie razem w gry

„O grze często mówi się, jakby to była ulga w nauce. Ale dla dzieci zabawa to poważna nauka. Zabawa jest tak naprawdę pracą dzieciństwa".

Fred Rogers

Które dziecko nie lubi grać w gry? Dzieci postrzegają gry jako zabawę – a zabawa jest naturalnym i trwałym impulsem dla dziecka – dlatego gry są idealnym narzędziem do nauki języka mniejszościowego. Podobnie jak książki i muzyka, tak i gry, dostosowane do zmieniającej się osobowości dzieci, powinny być regularnie dostarczane przez całe ich dzieciństwo.

Zdaję sobie sprawę, że w dzisiejszych czasach ludzie prawdopodobnie najpierw pomyślą o aplikacjach i grach wideo – i ta cyfrowa opcja z pewnością może być pomocna w kontakcie z językiem mniejszościowym i sposobem na zwiększenie atrakcyjności tego języka dla dziecka. Ale zachęcam was również do wykorzystywania tradycyjnych gier, takich jak gry karciane i planszowe, które często są bardziej interaktywne.

Chciałbym podkreślić, że choć takie gry mogą być przeznaczone dla określonej grupy odbiorców, np. użytkowników anglojęzycznych, nie licząc instrukcji, w wiele z nich można grać w dowolnym języku. O ile tekst nie jest integralną częścią gry, można z powodzeniem również kolekcjonować gry, które zostały pierwotnie zaprojektowane w innych językach, a zwłaszcza jeśli opcje w języku mniejszościowym są ograniczone.

Ogromna kolekcja tradycyjnych gier, którą zebrałem przez lata, była znaczącą przyczyną sukcesu, jaki odniosłem w nauce języka z uczniami i dziećmi, a także w rozbudzeniu entuzjazmu dla samego języka.

Istnieją trzy główne odmiany gier:
1. Kooperacyjne
2. Strategiczne
3. Słowne.

Gry kooperacyjne

Zdaję sobie sprawę, że rywalizacja jest częścią życia i myślę, że wyrządzimy krzywdę naszym dzieciom, jeśli całkowicie je przed nią uchronimy. Mimo to mogę stwierdzić, opierając się na ciężko zdobytym doświadczeniu, że preferowanie gier kooperacyjnych – w których gracze pracują razem jako zespół i wszyscy uczestniczą w ostatecznym zwycięstwie lub porażce – może nie tylko pomóc w kontakcie z językiem mniejszościowym, ale także uczynić życie w domu bardziej harmonijnym.

Jeśli posiadasz jedynie strategiczne gry, po zakończeniu których zostaje tylko zwycięzca i przegrani – i nie starasz się nakłonić graczy do współpracy – to zranione uczucia, które zwykle są wynikiem tego typu gier, mogą spowodować, że ty i twoje dzieci niechętnie będziecie się w nie bawić. Wtedy miniesz się z celem, jeśli chodzi o wykorzystanie takich zasobów do kontaktu z językiem mniejszościowym.

Jest to szczególnie ważne, gdy dzieci są młodsze i nie potrafią przegrywać (lub wygrywać) z wdziękiem. Kiedy moje dzieci były małe i przegrywały, to często wpadały w rozpacz i wybuchały gniewnym płaczem. (A kiedy wygrywają, robią coś wręcz przeciwnego: tańczą z dzikiej radości). Bardzo szybko zdałem sobie sprawę, że najlepiej byłoby odłożyć te gry na bok, dopóki dzieciaki nie będą trochę starsze, trochę bardziej dojrzałe. Zamiast tego chciałbym zaproponować gry kooperacyjne, które nie tylko promują język mniejszościowy w angażujący sposób, ale mogą również przekazywać pozytywne wartości jedności i pracy zespołowej.

Jednym ze źródeł gier kooperacyjnych jest rodzinna firma z Kanady o nazwie Family Pastimes (http://www.familypastimes.com)[14]. Jim Deacove i jego rodzina od wielu lat produkują świetne gry kooperacyjne i teraz już mają duży katalog zabawnych, edukacyjnych i niedrogich gier, które

---

[14] Szeroki wybór gier w języku polskim znajdziesz na wirtualnych półkach księgarni internetowej Czytam i mówię po polsku: https://czytamimowiepopolsku.com/pl/zabawa-po-polsku/gry-i-zagadki/ (przyp. red.).

sprzedają na całym świecie. Chociaż większość jest przeznaczona dla osób mówiących po angielsku (niektóre dla osób mówiących po francusku), wiele z nich – szczególnie dla młodszych dzieci – można łatwo odtwarzać w dowolnym języku.

Gry strategiczne

Dostępne są również dobre gry strategiczne dla starszych dzieci (od Family Pastimes i innych producentów). Kiedy moje dzieci były w stanie panować nad emocjami związanymi z wygrywaniem i przegrywaniem, wtedy dopiero postawiłem na gry strategiczne.

Jednym z najlepszych producentów takich gier jest amerykańska firma Gamewright (http://www.gamewright.com), która oferuje szeroką gamę zabawnych, dobrze wykonanych gier, dostępnych w sklepach internetowych. Dzięki tym grom osiągnąłem wspaniałe rezultaty, jeśli chodzi o komunikację językową – a także bliższe więzi – zarówno z moimi uczniami, jak i dziećmi.

Gry słowne

Od najmłodszych lat życia moich dzieci kładę również szczególny nacisk na gry słowne, pomagające w rozwoju języka i rozbudzające zamiłowanie do niego. Jednak dla mniejszych dzieci tworzę kooperacyjną wersję oryginalnej gry strategicznej. Na przykład kooperacyjna wersja Scrabble lub Bananagrams wymaga współpracy w użyciu wszystkich płytek z literami do utworzenia powiązanych ze sobą słów, tak jak w dużej krzyżówce lub podczas układania listy słów w grze w Boggle.

Taka modyfikacja – zamieniająca grę dla dorosłych w kooperacyjną, przyjazną dzieciom zabawę – umożliwia graczom wspólne dążenie do celu i harmonijną interakcję. Gdy dzieci rosną i się rozwijają, forma gry może stać się przyjemniejsza. (Chociaż często wciąż zmieniam zasady, na przykład przyznając dziecku dwa punkty za każde słowo, za które ja zdobywam tylko jeden punkt).

Oczywiście w dzisiejszych czasach w wiele gier słownych można grać na komputerach, tabletach i innych urządzeniach, a ich użycie z pewnością może być korzystne ze względu na kontakt z językiem i ćwiczenia. Skłaniam się jednak ku prawdziwości tezy, że gdy dziecko samo często gra w te gry – nie jest to nic złego – to doświadczenie nie jest tak wzbogacające lub interaktywne jak wtedy, kiedy spędza czas z rodzicem lub rodzeństwem. Ponadto podejrzewam, że doznania dotykowe przedmiotów fizycznych – takich jak układanie płytek z literami – zdziała więcej dobrego, aby pobudzić mózg dziecka, niż klikanie myszą lub dotykanie ekranu.

Z tego powodu zalecam zbieranie „fizycznych wersji" gier słownych – i używanie ich regularnie z dziećmi – zamiast umieszczania aplikacji na tablecie. Dobrym sposobem na rozbudzenie zamiłowania do tego rodzaju gier jest wykorzystanie z początku produktów przeznaczonych specjalnie dla dzieci. Gry dla starszaków i dorosłych często można, z odrobiną wyobraźni, modyfikować również na potrzeby młodszych dzieci.

Jeśli angielski jest twoim językiem docelowym, rozważ gry, takie jak: Scrabble, Bananagrams, Boggle (najlepszy jest Big Boggle!), Stare Junior, Apples i Apples Junior. Scrabble i Bananagrams są również dostępne w różnych wersjach językowych.

Dwa kluczowe cele

Z mojego doświadczenia wynika, że gry – zarówno fizyczne, jak i cyfrowe – są kluczowym zasobem zapewniającym kontakt w języku mniejszościowym i wymuszającym zaangażowanie. Pod warunkiem, że są przyjemnym doznaniem dla dziecka, korzystanie z nich może spełnić dwa kluczowe cele w naszej dwujęzycznej misji: nie tylko dbają o rozwój języka, ale i kształtują pozytywne nastawienie do języka docelowego.

WNIOSEK: Gry są kolejnym kluczowym zasobem zapewniającym postęp w rozwoju języka mniejszościowego.

Zasada 22
Zachęcaj do interakcji wizualnych

„Dusza nigdy nie myśli bez wyobrażenia".
Arystoteles

Nasze życie pełne jest obrazów. Książki, czasopisma, gazety, zdjęcia i ilustracje online, plakaty, ulotki, billboardy, wystawy sztuki, zdjęcia rodzinne, obrazki narysowane przez ciebie lub twoje dzieci, pudełka na płatki zbożowe i inne produkty w domu – zdjęcia są wszędzie wokół nas. A jeśli chodzi o wychowywanie dwujęzycznych dzieci, obrazy te można świadomie wykorzystywać do codziennego stymulowania i nauczania języka mniejszościowego – każdego języka mniejszościowego. Jeśli uczynimy z tego świadomy nawyk, takie interakcje mogą się z czasem kumulować i odgrywać ważną rolę w zwiększaniu zdolności dwujęzycznych dziecka.

Strategiczne wykorzystanie obrazów można rozpocząć, gdy dziecko jest jeszcze niemowlęciem. Podczas tych pierwszych lat rozwojowych ważne jest, aby rodzice zapewniali stały strumień informacji w języku mniejszościowym za pośrednictwem mowy. Jednocześnie rodzice mogą czuć się niezręcznie, bez ustanku prowadząc jednostronną rozmowę z dzieckiem, które jeszcze nie odpowiada słowami. W rezultacie mogą mieć trudności z utrzymaniem większego zakresu mowy, który jest niezbędny do intensywnego rozwoju języka.

Zachęcaj do interakcji

Oczywiście należy dołożyć wszelkich starań, aby stale się angażować: opowiadać swoje historie lub te przeżyte przez dziecko, opisywać rzeczy, które widzisz w pokoju lub za oknem, itp. Ale użycie obrazów – taktyka, o której po raz pierwszy usłyszałem od pewnej bardzo sprytnej matki – pomaga wzmocnić ten proces. Skorzystaj z gotowych rozwiązań: umieść zdjęcia w strategicznych miejscach w całym domu – a następnie dość często zmieniaj kolejność obrazków lub podmień je na nowe tak, aby stymulować ich interakcję z dzieckiem, a tym samym zapewnić mu więcej okazji do użycia mowy.

Tak naprawdę wystarczy przez chwilę przejrzeć zdjęcia w Internecie, i wydrukować odpowiednie. W trakcie wybierania sugeruję wziąć pod uwagę trzy rzeczy. Po pierwsze fotografie powinny być wyraźne i zawierać niewiele szczegółów, jak w książkach dla maluchów, aby dziecko mogło lepiej skupić się na temacie wypowiedzi. Po drugie powinny być interesujące i zachęcać do mówienia oraz po trzecie powinny sugerować rodzaj słownictwa, które chciałbyś wykorzystać w tych interakcjach (zwierzęta, przyroda, dzieci biorące udział w różnych aktywnościach itp.).

Porozkładaj te zdjęcia w miejscach, gdzie ty i twoje dziecko będziecie je często mieć na widoku, a dzięki temu zyskasz pretekst, by częściej mówić do pociechy. *Opisz to, co widzisz na zdjęciu. Zadawaj proste pytania. Podziel się swoimi uczuciami lub wrażeniami. Powspominaj. Wymyśl historyjkę na podstawie obrazu.* Chodzi o to, aby produktywnie wykorzystywać tę strategię, mówiąc więcej w języku mniejszościowym, a także przyzwyczajając się do świadomego korzystania ze wszystkich dostępnych zdjęć przez całe dzieciństwo twoich pociech.

Zdjęcia w książkach z obrazkami

Również podczas codziennego czytania na głos można wykorzystać w ten sam sposób obrazki w książkach. Zatrzymaj się przy każdej ilustracji i opisuj to, co widzisz, oraz zadawaj pytania. I chociaż niemowlę nie będzie jeszcze w stanie udzielić werbalnej odpowiedzi, to te wysiłki nie tylko zapewnią skuteczny kontakt z językiem docelowym, ale także pomogą wykształcić ważny nawyk generowania interakcji podczas czytania. Gdy dziecko zacznie mówić, to ten zwyczaj się przyniesie efekty, gdyż umożliwi pełne wykorzystanie czasu czytania na głos i zaangażowanie malucha w aktywne używanie języka.

Pamiętaj, że nie sugeruję, abyś roztrząsał każdą stronę książki. Gdy dziecko trochę dorośnie i stanie się bardziej zdolne do słuchania narracji, będzie także chciało, aby historia płynęła w przyjemnym tempie. Myślę jednak, że większość rodziców – w tym i ja – ma tendencję do zbyt szybkiego poruszania się po stronach czytanych książek, a tym samym niewykorzystywania w pełni możliwości oddziaływania sytuacji przedstawionej na ilustracjach.

Pytania do rozmowy

Naturalnie w okresie niemowlęcym nie będzie takiego rodzaju interakcji, jak w późniejszych latach, jednak już w tym czasie rodzic musi być proaktywny w podtrzymywaniu zwyczaju mówienia. Z czasem jednak można położyć większy nacisk na zadawanie pytań i zachęcanie dziecka do odpowiedzi. I da się to robić za pomocą ilustracji, nie tylko takich, które możesz nadal rozwieszać w domu lub tych znajdujących się w książkach obrazkowych. W Internecie znajdziesz wiele interesujących zdjęć na choćby takich witrynach jak Bored Panda (http://www.boredpanda. com). Najprostszą metodą jest po prostu skierowanie do dziecka prośby o nazwanie i opisanie elementów na obrazku, detal po detalu. Przykładowe pytania (oczywiście w języku docelowym):

Co to jest?

Jakiego to jest koloru?

Czy jest duży?

Następnie, gdy dziecko dorasta, a jego umiejętności językowe rosną, niech to proste, otwarte pytanie stanie się twoją mantrą:

Co widzisz?

Tak naprawdę to jest wszystko, czego potrzebujesz, aby wygenerować krótką, wciągającą dyskusję na temat obrazka. Dodatkowymi pytaniami możesz następnie zachęcać dziecko do przekazania bardziej szczegółowych informacji lub nakierować na użycie określonego słownictwa. Gdy będziecie studiować ilustrację, to prawdopodobnie postawisz między innymi takie pytania:

Co w tym takiego śmiesznego? Ciekawego? Dziwnego?
Co oni robią? lub Co on/ona robi?
Jak to nazwiesz?
Co sądzisz o tym zdjęciu? Dlaczego tak uważasz?
Jak byś się czuł, gdybyś był tą osobą? Tym zwierzęciem?[15]
Oczywiście sposób, w jaki ty i twoje dzieci reagujecie na obraz, będzie się różnić w zależności od jego szczególnych cech. Niektórym łatwiej przychodzi zainicjowanie dyskusji. Możesz również (tak jak ja) odkryć, że lepiej prowadzić dłuższe, bardziej ukierunkowane rozmowy w obecności tylko jednego dziecka. Tak czy inaczej, jeśli uczynisz z tego regularną praktykę, każde najmniejsze doświadczenie będzie się z czasem sumowało i ostatecznie będzie miało znaczny wpływ na rozwój ich języka.

Podobnie jak w przypadku książek z obrazkami, nie radzę przesadzać i domagać się reakcji na każde zdjęcie, które pojawi się w ciągu dnia. Ale jeśli uczynisz te subtelne pytania świadomym nawykiem, może to znacznie przyczynić się do zbliżenia do celu.

Jeśli chodzi o wszelkiego rodzaju obrazy, zasada polega na uświadomieniu sobie, że *mogą one być okazją do pielęgnowania języka mniejszościowego, jeśli podejmiemy dodatkowe starania, aby utrzymać zaangażowanie dziecka.*

WNIOSEK: Korzystaj z obrazów, które cię otaczają, przez całe dzieciństwo twoich dzieci, aby wzmocnić interakcję i ich rozwój w języku docelowym.

---

[15] Polecamy blog na ten temat zadawania pytań z wykorzystaniem materiałów Małgorzaty Pawlusiewicz z podręczników polonijnych „Ćwiczenia do poszerzania słownictwa u dzieci dwujęzycznych": https://czytamimowiepopolsku.com/pl/blog/siedem-etapo-w-i-30-pytan-pomocnych-w-rozmowie-o-obrazku-n39 (przyp. red.).

Zasada 23

Media pasywne to dodatkowy kontakt
z językiem mniejszościowym

„Cała telewizja to telewizja edukacyjna.
Pytanie brzmi: czego uczy?".

Nicholas Johnson

W tym kontekście „mediami pasywnymi" nazywam telewizję, DVD i filmy online, które były ważnym zasobem w moich dążeniach do podsycania zainteresowania językiem mniejszościowym i osiągania postępu w jego nauce. Jednocześnie, ponieważ jest to w dużej mierze bierny proces, uważam, że jest on drugorzędny – uzupełniający – w stosunku do dwóch głównych interaktywnych form kontaktu z językiem: czyli mówienia do dziecka i czytania na głos. W połączeniu z tymi interaktywnymi działaniami korzystanie z telewizji, DVD i filmów online bez wątpienia wpłynęło na zdolność słuchania moich dzieci, na naturalne użytkowanie języka, a także poszerzyło słownictwo i pogłębiło ich wiedzę o świecie. Jednak nie sądzę, aby te pasywne media miały tak istotne znaczenie, bez zapewnienia dzieciakom interaktywnego kontaktu z językiem. Innymi słowy, takie media mają silniejszy wpływ na dwujęzyczność tylko w połączeniu z podstawowymi działaniami. Jednak gdy są podawane zamiast tego, jako jedno z głównych dań, to ich oddziaływanie jest mniejsze.

Spójrz na to w ten sposób: jeśli występuje wystarczający interaktywny kontakt z językiem mniejszościowym, dziecko rozwinie czynną biegłość, nawet jeśli nie ogląda telewizji, DVD ani filmów online. (W końcu miliony ludzi w przeszłości stały się dwujęzyczne, zanim takie rzeczy zostały wynalezione!). Ale odwrotność tej tezy nie jest prawdą: dieta składająca się wyłącznie z tych mediów, bez interaktywnego kontaktu z językiem, w najlepszym razie przyniesie bierne rozumienie języka.

Zadawaj pytania dotyczące treści

Z całą pewnością można się przekonać o zaletach tych mediów, jeśli zadba się o to, aby korzystanie z nich przez dziecko było jak najbardziej czynne – poprzez wspólne oglądanie i omawianie treści. W ten sposób bierny kontakt z językiem staje się bardziej interaktywnym procesem. Ale jako rodzic zdaję sobie sprawę, że ten szczytny cel jest trudny do ciągłej realizacji i nie powinien stać się powodem poczucia winy, gdy nasze pociechy oglądają coś same. Jeśli będziesz zapewniał wystarczający kontakt z językiem na inne sposoby, to twoje dziecko będzie robiło stały postęp w języku mniejszościowym – a telewizja, DVD i filmy online dodatkowo przyczynią się do tego wzrostu.

Jak już pisałem, warto przyzwyczaić się do zadawania pytań na temat treści programu telewizyjnego lub filmu. Takie działanie nie powinno stać się irytującą niezapowiedzianą kartkówką, a angażowaniem dzieci w to, co oglądały, dzięki czemu powiększamy zakres ich myślenia i ekspresji w języku mniejszościowym. W przypadku maluchów możesz po prostu poprosić: *Opowiedz mi o tym. Co widziałeś?* Pozwala to na dowolną wypowiedź, która może oczywiście prowadzić do dalszych pytań. Zachęcanie starszych dzieci do ponownego streszczania fabuły jest skutecznym sposobem ćwiczenia ich umiejętności językowych, w tym opowiadania. Po prostu pytaj: *O co chodzi? Opowiedz mi tę historię.*

Jednak im większe są szanse na to, abyś sam obejrzał program, tym bogatsze mogą być interakcje, nie tylko poprzez stymulowanie języka, ale także zwiększenie świadomości na temat kultury języka mniejszościowego.

Ze względu na fakt, że rzadko odwiedzamy Stany Zjednoczone, to w naszej sytuacji staram się dzielić częścią mojego kulturowego dziedzictwa poprzez wykorzystanie serialu *Domek na prerii* na DVD, popularnego w czasach mego dzieciństwa, opartego na serii dobrze znanych książek *Little House* autorstwa Laury Ingalls Wilder. Ten piękny serial przedstawia życie w Ameryce pod koniec XIX wieku i chociaż moje dzieci być może preferują bardziej błyskotliwe programy znalezione na kanale Disneya, to nasze regularne, wspólne oglądanie tych odcinków na DVD jest niewyczerpanym źródłem języka, kultury i tematów do dyskusji. (A ponieważ filmowa wersja „Domku na prerii" zawiera dziewięć sezonów, i w sumie ma ponad dwieście odcinków, więc jest to naprawdę bardzo bogaty zasób!).

Ukierunkuj ich preferencje

Powinienem również zaznaczyć, że telewizja, DVD i filmy online w języku mniejszościowym – przy jednoczesnym świadomym ograniczaniu tych mediów w języku większościowym – mogą mieć bardzo pozytywny wpływ na dwujęzyczny rozwój dzieci. Zdaję sobie sprawę, że zastosowanie się do tej rady zależy od dostępu do tych materiałów w języku mniejszościowym. Ale im wcześniej wprowadzisz to rozróżnienie, tym bardziej prawdopodobne, że „uwarunkujesz" swoje dzieci do używania tych mediów najczęściej w języku docelowym.

W naszym przypadku język angielski jako język mniejszościowy jest prawdziwym dobrodziejstwem, jeśli chodzi o zasoby, ale prawdą jest również to, że od początku bardzo aktywnie podchodziłem do używania mediów angielskich, ograniczając ich udział w języku japońskim.

Chociaż są pewne minusy tego, że moje dzieci wolą teraz oglądać głównie kanały angielskie – konsekwencją tego jest mniejsza znajomość pewnych japońskich programów, które są popularne wśród rówieśników w szkole – to jednak wartość produkcji angielskojęzycznych dla ich długoterminowego rozwoju dwujęzycznego jest znacznie większa.

Spróbuj „sklonować" siebie

Jeszcze w tym temacie dodam, że można również użyć nagrania wideo, aby siebie „sklonować". Kiedy dzieci są małe i szczególnie potrzebują kontaktu z językiem mniejszościowym, to może być dla ciebie frustrujące, że służysz za główne źródło tego kontaktu i nie jesteś w stanie spędzić z nimi tyle czasu, ile chcesz, z powodu pracy lub innych czynników. Jednym ze sposobów zaradzenia tej sytuacji – i źródłem dobrej zabawy – jest tworzenie filmów wideo z sobą, na których czytamy książki z obrazkami, opowiadamy historie, śpiewamy piosenki i mówimy do dzieci.

Kiedy moje dzieci były młodsze i pracowałem wiele godzin poza domem, nakręciłem dla nich kilka filmów i poprosiłem Keiko, aby odtwarzała parę z nich codziennie przez około 30 minut. Oczywiście, nie zastąpiło to wspólnego przebywania, ale biorąc pod uwagę moją ówczesną sytuację, był to skuteczny sposób na wygenerowanie kontaktu z językiem mniejszościowym podczas mojej nieobecności. Filmy urzekły córkę i syna (i zadziwiły, kiedy akurat znajdowałem się w tym samym pokoju: Patrz! Dwóch tatusiów!), jednocześnie zapewniając wiele godzin skupienia na języku w tych ważnych wczesnych latach.

WNIOSEK: W połączeniu z częstym interaktywnym kontaktem z językiem telewizja, DVD i filmy online mogą być potężnym dodatkowym zasobem.

Zasada 24

Utrzymuj nawyk pracy domowej

„Liczy się nie to, co robimy od czasu do czasu,
lecz to, co robimy konsekwentnie".
Anthony Robbins

Jeśli doskonalenie umiejętności czytania i pisania w języku mniejszo-ściowym jest dla ciebie ważne, a twoje dzieci prawdopodobnie nie otrzymują wystarczającej edukacji w tym języku, to regularna praca do-mowa składająca się z zadań czytania i pisania będzie miała zasadnicze znaczenie. Tak naprawdę, aby twoje dziecko osiągnęło wyższy poziom biegłości językowej, niezbędny jest stały postęp w czytaniu i pisaniu.

W zależności od konkretnych okoliczności najlepiej byłoby ustalić nawyk wykonywania pracy domowej wcześnie, w małych dawkach dzien-nych, poczynając od trzeciego lub czwartego roku życia dziecka. Wiem, że to brzmi przerażająco, i nie sugeruję, abyś został tyranem. Kiedy we wczesnych latach dziecka stosujesz lekkie i wesołe podejście względem jego nauki, wtedy ten ustrukturyzowany czas nie tylko zwiększa codzienny interaktywny kontakt z językiem, ale stanowi też pozytywny wzór – dla całej rodziny – który można utrzymać przez całe dzieciństwo.

Stworzenie nawyku

Prawdę mówiąc, wolałbym zaczekać z pracą pisemną, aż moje dzieci będą nieco starsze, co wydaje się bardziej zgodne z naturalnym rozwojem dziecka. Jeśli więc nie obawiasz się ryzyka związanego z odłożeniem tego, to może to być odpowiednia ścieżka dla twojej rodziny.

Jednak ja, w naszej sytuacji, dostrzegłem ryzyko: czułem, że ważne jest, aby umiejętność czytania w języku angielskim miała dobry start, zanim dzieci rozpoczną naukę w szkole podstawowej i skupią się na czasochłonnym zadaniu nauki czytania i pisania w języku japońskim. (Może to być mniej niepokojące, jeśli oba języki mają podobny skrypt, co umożliwia łatwiejsze przełożenie na umiejętności czytania między nimi, np. angielski i hiszpański. Jednak systemy pisania w języku angielskim i japońskim są bardzo różne, a umiejętność czytania i pisania w jednym, niekoniecznie pomaga w nauce drugiego).

Ponadto czułem, że jeśli od najmłodszych lat dzieci ustanowię codzienny nawyk pracy domowej i sprawię, że ich pierwsze doświadczenie będzie przyjemne, to łatwiej się zakorzeni i stanie się oczekiwaną częścią ich życia. Gdybym czekał, aż będą starsze, to myślę, że trudniej byłoby mi wprowadzić ten obowiązek do ich planu dnia, do którego już by przywykli, zwłaszcza że szkoła stawała się coraz bardziej wymagająca, gdy córka i syn przechodzili do wyższych klas. Wprowadzając i ustanawiając ten zwyczaj wcześnie, jako codzienną rutynę zarówno dla nich, jak i dla mnie, zapewniłem im znacznie większe wsparcie, jeśli chodzi o rozwój ich umiejętności czytania i pisania.

Praca domowa stała się teraz integralną częścią naszego stylu życia, ale to nie znaczy, że moje dzieci nigdy nie narzekają na zadania, które im zlecam! Jednak fakt, że obowiązek jest już dobrze ugruntowany, znacznie ułatwia zarządzanie tym oporem i utrzymanie dyscypliny. Ponieważ obecnie nie są w stanie przypomnieć sobie dnia, kiedy nie miały pracy domowej w języku mniejszościowym, to nie mogą sobie wyobrazić, że tego nie robią, nawet jeśli ich czas i energia są coraz bardziej ograniczane przez wymagania języka większościowego.

Kiedy zaczniesz tę praktykę wcześnie, wdrożysz się nie tylko ty, ale zrobią to także dzieciaki. Podobnie jak moje pociechy, codziennie pamiętam o naszym obowiązku, sumiennie przygotowuję ćwiczenia dla nich i sprawdzam je. W końcu rutynowa praca domowa na tyle odniesie sukces, na ile zaangażujemy się w nią.

Wysiłki poczynione wcześniej

Powinienem jednak podkreślić, że moje dzieci prawdopodobnie nie byłyby przygotowane do tego zwyczaju w tym wieku, gdybym nie podjął wcześniej tych wytrwałych wysiłków:

1. Czytałem im codziennie na głos, od momentu ich narodzin. Jak podkreśliłem, uważam, że czytanie na głos powinno stanowić podstawę naszych starań na rzecz rozwoju języka i umiejętności czytania u dziecka. Jeśli czytanie na głos w języku mniejszościowym nie jest regularną praktyką w domu – a dziecko nie otrzymuje nauki w tym języku – dwujęzyczna podróż prawdopodobnie będzie trudna.

2. Byłem w gotowości i gdy tylko potrafiły siedzieć i chwycić grubą kredkę świecową, ja miałem już pod ręką papier i takie właśnie kredki świecowe (a później inne narzędzia do rysowania, takie jak: markery, zwykłe kredki i długopisy). Ze względu na to, że zaczęły ich używać wcześnie i często, ich małe rączki zyskały dobrą kontrolę motoryczną, a gryzmoły stopniowo ewoluowały w rysowanie i pisanie.

Ważne jest również, aby pamiętać, że materiały i czynności związane z rutynową pracą domową ewoluują w miarę upływu lat wraz z rozwojem dzieci i ich języka. Dlatego poszukiwanie odpowiednich materiałów jest ważnym i stałym obowiązkiem rodzica. Bez odpowiednich zasobów plan wdrożenia regularnej pracy domowej będzie mniej skuteczny, a nawet może podupaść, a co za tym idzie przepaść.

Ogólne zarysy naszych materiałów i działań – bez względu na to, czy okażą się odpowiednie w twojej sytuacji czy nie – mogą się przydać, dlatego warto o nich wiedzieć. Bez względu na język docelowy nasz przykład może stanowić model i inspirację.

Czytanie

Sednem naszego odrabiania pracy domowej zawsze było czytanie (czytanie stanowi również podstawę mojej pracy z uczniami). Moją motywację stanowi zwięzłe podsumowanie Stephena Krashena w *The Power of Reading*:

Czytanie poprawia biegłość we wszystkich obszarach językowych – w tym w pisaniu (dobrzy czytelnicy stają się dobrymi pisarzami) – więc skupienie się na czytaniu jest w rzeczywistości najmądrzejszym i najskuteczniejszym sposobem promowania całej gamy umiejętności językowych dziecka.

Zanim moje dzieci były w stanie czytać, po prostu czytałem im na głos, indywidualnie, co stanowiło pierwszą część naszego zadania domowego. W miarę upływu miesięcy, gdy mój palec przesuwał się po tekście każdej książki, zaczęły pamiętać i rozpoznawać pierwsze słowa całkiem naturalnie. (Te sesje czytania na głos były dodatkiem do mojego porannego czytania im na głos).

Potem, kiedy miały około czterech lat, wprowadziłem serię publikacji *Now I'm Reading!* dla początkujących czytelników autorstwa Nory Gaydos. Te zabawne małe książeczki były bardzo skuteczne, jako odskocznia do umiejętności wczesnego czytania, i oboje zakończyli lekturę serii w wieku około pięciu lat.

Później przeszliśmy do wspólnego czytania: zaczynając od prostych książek z obrazkami, czytaliśmy na przemian, strona po stronie. W ten sposób dziecko jest zachęcane do czytania, ale nie zniechęca go konieczność bycia jedynym czytelnikiem, a strony czytane przez rodzica służą jako użyteczny model bardziej dojrzałej i ekspresyjnej lektury. Z biegiem czasu zdolność moich dzieci do czytania stale rosła, przechodziliśmy od łatwych książek z obrazkami do trudniejszych z obrazkami, następnie do prostych książek z rozdziałami, aż wreszcie do trudniejszych z rozdziałami i literatury dziecięcej.

A teraz, kiedy mają jedenaście i osiem lat, zachęcam je do bardziej niezależnego czytania, przydzielając im strony do samodzielnego czytania fikcyjnych historii lub literatury faktu. Staram się je wcześniej przeczytać, aby sprawdzić, czy dzieci zrozumiały streszczany dla mnie tekst. Jeśli chodzi o wspólne czytanie, nadal chętnie robię to z nimi, jeśli mają na to ochotę, ale ta praktyka nie jest już tak ważna jak kiedyś; teraz muszą skoncentrować się na częstszym niezależnym czytaniu. (Zauważ, że czytanie na głos daje też inne profity, dlatego ja dołożę wszelkich starań, aby podtrzymywać ten codzienny zwyczaj przez całe ich dzieciństwo).

Nie jest więc tajemnicą, w jaki sposób oboje stali się kompetentnymi czytelnikami: *Książki w języku mniejszościowym, poprzez czytanie na głos, a następnie wspólne czytanie i samodzielne czytanie, były dużą częścią ich codziennego życia od urodzenia.*

Zeszyty ćwiczeń

Oprócz tych różnych form czytania, to część naszej pracy domowej stanowią również zeszyty z ćwiczeniami.

Zeszyty ćwiczeń często kojarzą się ze znudzonymi dziećmi pochylonymi nad biurkiem. Myślę, że uzasadnionym powodem takiego wyobrażenia jest to, że większość zeszytów ćwiczeń jest po prostu raczej nudna. Oczywiście, spełniają rzetelnie swoją funkcję, przedstawiając określone zagadnienia językowe i przekazując przydatne informacje, ale to nie sprawia, że same treści są ciekawsze dla większości dzieci (i ich rodziców).

Jako nauczyciel dobrze wiem, że przygotowanie materiałów, które są zarówno skuteczne w realizacji celów edukacyjnych, jak i przyjemne w użyciu – z odrobiną kreatywności i humoru – jest trudnym zadaniem. Czasami tworzę własne materiały dla moich dzieci i uczniów, ale naturalnie nie mam na to czasu codziennie. Pogodziłem się więc, że większość podręczników na rynku jest trochę nudna, i proszę dzieci, aby zrobiły coś w nich tylko od czasu do czasu.

Sztuczka polega na tym, aby robić tylko trochę codziennie, ponieważ trochę z dnia na dzień da nam dużo w ogóle. (Niekiedy możesz przegapić jeden dzień – to naturalne – ale wytrwałe trzymanie się codziennych obowiązków przyniesie najlepsze wyniki).

Podobnie jak w przypadku książek należy regularnie wyszukiwać odpowiednie materiały dla wieku, umiejętności i potrzeb językowych dziecka. Zeszyty, z których korzystałem przez lata, to:

1. Książki *Połącz kropki*

Z mojego doświadczenia wynika, że książki *Połącz kropki* to najdelikatniejszy i najprzyjemniejszy sposób przedstawienia „pracy pisemnej" małemu dziecku. W przypadku Lulu i Roya, po czytaniu na głos, seria ta okazała się dużym sukcesem: nie tylko pomogła rozwinąć ich znajomość alfabetu i liczb, ale także utorowała drogę do prawdziwego pisania poprzez ćwiczenie kontrolowanych linii, ustanowiła także miłe wprowadzenie do wszystkich późniejszych prac pisemnych.

2. Zeszyty ćwiczeń z fonetyką

Mimo że głównie realizuję podejście do „całego języka" poprzez różne formy czytania, dostrzegam wartość pracy fonetycznej jako czynności uzupełniającej, która wzmacnia umiejętność czytania. Dlatego kiedy moje dzieci dobrze poznały alfabet i wydawały się gotowe do pisania liter i krótkich słów, wtedy odłożyliśmy książki typu *Połącz kropki* i zaczęliśmy przeglądać materiał fonetyczny. Jeśli angielski jest twoim językiem docelowym, warto zbadać duży wybór tytułów z serii Spectrum z Carson-Dellosa Publishing Group – dla fonetyki i wielu innych (http://www.carsondellosa.com/brands/spectrum).

3. Zeszyty ćwiczeń do czytania

Kiedy dzieci mogły już czytać samodzielnie, dodałem do codziennej listy krótkie fragmenty z szeregu zeszytów ćwiczeń do czytania, z grubsza dostosowanych do poziomu ich edukacji. Większość z tych pomocy koncentruje się na czytaniu ze zrozumieniem na bazie fragmentu fikcji lub non-fiction, zawartego na jednej stronie, po którym następuje kilka pytań wielokrotnego wyboru z krótkimi odpowiedziami. Ponieważ nasz czas na zadanie domowe jest ograniczony, każda strona może zostać ukończona w ciągu zaledwie kilku minut, jednocześnie zapewniając cenną praktykę samodzielnego czytania. Takie zeszyty ćwiczeń od dawna stanowią podstawę naszych prac domowych, a niektóre z lepszych zostały wydane przez wydawnictwa Evan-Moor (http://www.evan-moor.com) i Teacher Created Resources (https://www.teachercreated.com).

Pisanie

W tym samym czasie, kiedy przechodziliśmy przez szereg zeszytów ćwiczeń – które koncentrują się głównie na czytaniu – starałem się również regularnie ćwiczyć z dziećmi pisanie. Ze względu na fakt, że nie byłem za bardzo zadowolony z zeszytów ćwiczeń do pisania, z których korzystałem, praktykowałem pisanie na inne sposoby.

1. Prowadzenie dziennika

Nasze działania związane z pisaniem dziennika ewoluowały od prostych, pełnych zdań (takich jak „fajnie jest iść do"), z dużą ilością miejsca na ilustracje, do zadań bardziej z pisania, z mniejszą liczbą rysunków, kiedy dzieci pisały o ostatnich wydarzeniach lub na dany temat, albo wymyślały opowiadanie.

W przeszłości korzystałem z gotowych wzorów z Lakeshore (http://www.lakeshorelearning.com), amerykańskiego wydawcy oferującego materiały edukacyjne. Takie pomoce oczywiście nie są tak naprawdę potrzebne – możesz stworzyć coś podobnego na własną rękę – ale przydatne jest użycie arkusza do pisania, odpowiedniego do wieku twojego dziecka, takiego, jaki zapewniają te czasopisma. Arkusz można łatwo znaleźć w Internecie i wydrukować. Wspaniała witryna do nauki w domu stworzona przez Donnę Young (http://www.donnayoung.org) oferuje szereg wzorów, które można bezpłatnie pobrać jako pliki PDF.

2. Pisanie listów

Pisanie listów do członków rodziny i przyjaciół było kolejną regularną częścią naszej pracy domowej. Kiedy dzieci były młodsze, zapisywałem to, co chciały powiedzieć, a następnie prosiłem je o skopiowanie listu na odpowiedni dla ich wieku arkusz do pisania, zapewne dodając dla ułatwienia ilustrację. Teraz, kiedy mogą już swobodnie pisać, proszę je o samodzielne napisanie pierwszego szkicu, edytujemy go razem, a następnie umieszczamy ostateczną wersję na papierze listowym.

Wymiana odręcznie pisanych listów jest nie tylko skuteczną praktyką pisania (i wprawką czytania, gdy pojawia się nowy list), ale także podkreśla wartość języka mniejszościowego jako środka komunikacji z innymi. Szczególnie jest to ważne w przypadku relacji z dziadkami, bowiem listy te mogą również wesprzeć w budowaniu bliższych więzi, dzieleniu się wspomnieniami i mądrością, aż wreszcie stać się pamiątkami.

3. Tłumaczenie

Teraz, gdy moje dzieci są trochę starsze, eksperymentuję również z tłumaczeniami, takimi jak tłumaczenie książek z obrazkami z jednego języka na drugi. Tłumaczenie jest szczególnym wyzwaniem, wymagającym głębokiej wrażliwości na oba języki, i wierzę, że rozpoczęcie takich ćwiczeń w dość młodym wieku (również tłumaczenie ustne) jest skutecznym sposobem na zwiększenie zdolności dwujęzycznych dziecka.

Mam jeden pomysł, który jeszcze przede mną – mam nadzieję, że zrealizuję go niedługo, ponieważ ma wielki potencjał – polega na stworzeniu zbioru „zabawnych zdań" – na przykład „Mój ojciec je jak głodny hipopotam". Codziennie dzieciaki powinny przetłumaczyć jedno zdanie, z japońskiego na angielski. Myślę, że im się to spodoba, a tego rodzaju praktyka przyda się podwójnie, dzięki niej będą doskonalić oba języki jednocześnie.

Różnorodność zadań

Chociaż uważam, że konsekwencja systematycznych zadań domowych jest ważna zarówno dla dziecka, jak i rodzica – to pewna różnorodność w tych ćwiczeniach powinna również być regularną cechą, aby utrzymać zainteresowanie. W dużej mierze ta różnorodność będzie pochodzić z ewoluujących treści – zmieniających się materiałów i działań – które naturalnie towarzyszą rozwojowi dziecka. Na przykład nowy, dobrze wybrany zeszyt ćwiczeń zawsze odświeży ustalony porządek, przynajmniej na jakiś czas.

Urozmaicenie zapewnią też inne czynności związane z czytaniem i pisaniem. Jako nauczyciel i rodzic gromadziłem przez lata liczne zadania (polegające na: czytaniu fragmentów, podpowiedziach, ćwiczeniu słownictwa, rozwiązywaniu krzyżówek, itp.) i regularnie je kopiuję. Tworzę także własne materiały do nauki języków – które oczywiście są specjalnie dostosowane do potrzeb i zainteresowań moich dzieci – i szukam odpowiednich pomocy udostępnianych przez inne osoby w Internecie.

Istnieje również wiele książek oraz stron internetowych z przydatnymi pomysłami na czytanie i pisanie. Wśród najlepszych książek, na jakie się natknąłem, są te autorstwa nauczycielki Peggy Kaye. *Games for Reading i Games for Writing* stanowią wspaniałe źródło zabawnych gier, które zostały zaprojektowane w celu promowania umiejętności czytania i pisania. Chociaż prace te zostały napisane z myślą o uczących się języka angielskiego, to wiele działań można dostosować do dowolnego języka docelowego.

Sprawdzanie pracy dziecka

Kiedy moje dzieci były młodsze, zwykle siedziałem z nimi przez cały czas pracy domowej, czytając im (lub z nimi) i prowadząc je do ukończenia pisemnej części. W miarę upływu czasu i wzrostu ich umiejętności czytania i pisania, a także niezależności mogłem stopniowo przypisywać im zadania, które zrealizują w tej chwili samodzielnie. (Nadal są wyjątki, kiedy wspólnie realizujemy pewne działania).

W ostatnim czasie przygotowuję dla nich pracę domową, zanim wrócą ze szkoły: przeglądam nasze materiały, piętrzące się na półce w salonie, wybieram strony zeszytu ćwiczeń do wypełnienia, być może z uwzględnieniem dodatkowych pomocy lub zadań, ustalam pewną liczbę stron do przeczytania z beletrystyki lub non-fiction. Moim celem jest stworzenie równowagi pomiędzy czytaniem i pisaniem tak, aby stale podsycać rozwój obu umiejętności. Jednocześnie, ponieważ czas i energia dzieci są ograniczone, nie oczekuję, że będą codziennie wykonywać więcej niż około 10 lub 15 minut pracy domowej w języku mniejszościowym.

Następnie po obiedzie omawiam z nimi pracę przez kolejne 10 lub 15 minut. (Czasami mój harmonogram pracy to uniemożliwia, ale zawsze robię to, gdy jestem w domu). Najpierw sprawdzamy polecenia z zeszytu ćwiczeń, czy inne, a następnie staram się pomóc dzieciom w poprawianiu błędów, jeśli tylko jest to możliwe.

Na koniec omawiamy książkę, którą obecnie czytają. Proszę, aby podsumowały lekturę, i drążę dalej, zadając kilka pytań – chociaż świadomie staram się unikać zbyt intensywnego przepytywania, co mogłoby zniechęcić je do dalszej lektury.

Czas się sumuje

Łącznie na każde dziecko przypada (prawie) codziennie około 20 lub 30 minut pracy domowej w języku mniejszościowym – na ogół połowa tego czasu jest poświęcana na wykonywanie pracy, a druga połowa na sprawdzanie jej. (Opracowanie zadań domowych zajmuje mi nie więcej niż 10 minut). Chociaż jest to stosunkowo niewielka ilość czasu – co sprawia, że harmonizuje z naszym zabieganym planem dnia – ale gdy ten program realizuje się przez wiele lat, to czas sumuje się i skutkuje to wysoką umiejętnością czytania oraz pisania w języku mniejszościowym.

Jeśli chodzi o nagrody za wykonywanie codziennej pracy, ta kwestia nie była jakoś specjalnie wyjątkowym przedmiotem naszych motywacji – oczekiwanie na efekt wykonania przydzielonych zadań jest w zasadzie wystarczającą zachętą. Mimo wszystko otrzymują nagrodę za ukończenie ich pracy w postaci jednej gumy do żucia (bezcukrowej rzecz jasna); zaproponowałem także niewielkie bonusy za przeczytanie książki, takie jak mała zabawka lub moneta do skarbonki. Wiem, że istnieją różne opinie na temat przyznawania nagród, ale odkryłem, że skromne zachęty mogą zwiększyć entuzjazm i pomóc utrzymać wysiłek. A ponieważ nagrody te są drugorzędne w stosunku do głównej motywacji – w miarę dojrzewania córki i syna stosowanie dodatkowych zachęt praktycznie zanikło – nie sądzę więc, aby były one w jakimkolwiek stopniu rozpraszające. Przeciwnie, małe nagrody pomogły mi w osiągnięciu większego celu, jakim jest utrzymanie codziennych obowiązków.

Ostatecznie jednak kluczem do satysfakcji ze zwyczajów domowych jesteś ty. Ile czasu oraz energii jesteś w stanie i chcesz poświęcić temu wyzwaniu? Czy potrafisz utrzymać poziom swojej motywacji, czyli czy codziennie wykonujecie nie tylko wystarczającą ilość pracy, ale i możliwą do wykonania zarówno dla ciebie, jak i twojego dziecka? W jaki sposób osiągasz tę ważną równowagę między byciem poważnym a zabawnym, aby rutyna nie wydawała się ciężarem dla każdego z was?

Jak wspomniałem, moje dzieci niekoniecznie lubią odrabiać codzienną pracę domową w języku angielskim – szczególnie że jest to dodatek do pracy domowej w języku japońskim – ale myślę, że łatwiej jest im przełknąć moje wymagania, ponieważ komponuję zadania w taki sposób, aby nie były zbyt trudne, i staram się, by ten obowiązek był rodzajem zabawy. (Pomysł użycia „zabawnych zdań" do tłumaczenia jest dobrym przykładem połączenia pracy i zabawy).

Chociaż nie sądzę, aby było możliwe (a nawet nie wiem czy tak byłoby lepiej) uczynić każde zadanie dowcipnym, bowiem dzieci muszą także rozwinąć wytrwałość do wykonywania poleceń, które nie są zabawne. Cóż do zachowania zdrowych zwyczajów domowych potrzebne jest silne poczucie zabawy i poważne zaangażowanie, których ty i twoje dziecko będziecie codziennie doświadczać. A jeśli to zostanie wykonane, to małe codzienne kroki skumulują się i dziecko osiągnie zarówno najlepiej rozwiniętą umiejętność czytania, jak i ogólną znajomość języka.

WNIOSEK: Utrzymanie codziennej rutyny domowej, od samego początku, jest niezbędną praktyką do osiągnięcia większego sukcesu w rozwoju dwujęzyczności.

Zasada 25

Uznaj rzeczywistość szkoły

„Najlepszą wizją jest obserwacja".

Malcolm Forbes

Pewnego wiosennego dnia, kiedy Lulu była w trzeciej klasie, poszedłem do jej szkoły z okazji „dnia rodziców". Tak naprawdę po raz pierwszy skorzystałem z tej możliwości, aby poobserwować moje dzieci w klasie. Wynika to częściowo z mojej pracy (choć pracuję w domu, to jako niezależny pisarz muszę dotrzymać terminów), ale z drugiej strony ojcowie w Japonii zazwyczaj nie pojawiają się na wielu szkolnych uroczystościach. Nie jest tak, że nie mają wstępu na teren szkoły, nic z tych rzeczy, po prostu to matki zwykle uczęszczają na takie spotkania.

W rzeczywistości nawet przez myśl mi nie przeszło, aby tego dnia iść na spotkanie, aż do lunchu, kiedy zobaczyłem, jak moja żona wychodzi z domu z przyjaciółką. Wtedy właśnie przypomniała mi, że w klasie Lulu jest „dzień rodziców", a ja nagle poczułem impuls do wzięcia w nim udziału. Nie jestem pewien, co to było – może po prostu przesilenie wiosenne i ochota, żeby iść na wagary w słoneczne popołudnie – ale cieszę się, że tak zrobiłem. Doświadczenie to okazało się *dobitnym przypomnieniem, jak ważne jest proaktywne wspieranie dziecka w nauce języka mniejszościowego, kiedy uczęszcza ono do szkoły w języku większościowym.*

Ogromna różnica w kontaktach z językiem

Nie zaczęło się to jednak obiecująco. Po tym, jak Keiko wyszła, zacząłem się przygotowywać, a potem pędem poleciałem do szkoły (około 20 minut pieszo). Ale kiedy przybyłem, zdałem sobie sprawę, że zapomniałem zabrać ze sobą kapci. W większości japońskich szkół nie można nosić butów przeznaczonych do chodzenia po dworze, dlatego zmuszono mnie, bym wślizgnął się do budynku tylko w żałosnej parze szarych skarpet, i to z dziurą na palcu. Spotkałem żonę przed drzwiami klasy, stała wśród innych matek, a pierwszą rzeczą, o którą mnie zapytała, było: „Gdzie są twoje kapcie?". A druga rzecz, którą mi oznajmiła, to: „Masz dziurę w skarpetce".

Kiedy nauczycielka Lulu otworzyła drzwi, byłem pierwszym rodzicem, który rzucił się do środka. Zająłem pozycję w odległym rogu klasy (gdzie nikt nie widział mojej skarpety), aby obserwować lekcję korzystania ze słownika. W miarę trwania zajęć, kiedy patrzyłem, jak Lulu siedzi na swoim krześle po drugiej stronie klasy, uświadamiałem sobie wielką przepaść, jaka dzieliła jej kontakt z japońskim od kontaktu z angielskim. Zaniepokoiłem się.

Zobacz szkolną rzeczywistość na własne oczy

Oczywiście zawsze zdawałem sobie sprawę z tej rozbieżności, ale tak naprawdę poczułem ją dopiero w tym momencie. Wszystkie te godziny, które Lulu spędziła w szkole – w pierwszej klasie, w drugiej, a potem w trzeciej – nagle stały się bardziej realne niż przedtem. Wyobraziłem ją sobie tam dzień po dniu, chłonącą język japoński kosztem angielskiego.

Wydaje mi się, że doświadczyłem różnicy między teoretycznym rozumieniem tej rozbieżności a rzeczywistym unaocznieniem problemu. I chociaż już samo wyobrażenie może być wystarczająco motywujące, aby utrzymać solidne wsparcie nauki języka mniejszościowego dla dziecka, to wierzę, że bezpośrednie, organiczne uświadomienie sobie wyzwania ma jeszcze większą moc do inicjowania odpowiednich działań.

Jeśli edukacja dziecka w języku większościowym jest również częścią twojej dwujęzycznej podróży, proponuję od czasu do czasu poobserwować swoje pociechy w klasie. Wyobraź je sobie w tym środowisku, jak przesiąkają językiem większościowym codziennie przez wiele godzin, około dwustu dni w roku, i przypomnij sobie, że rozwój języka mniejszościowego zależy od ciebie: od tego, czy ty jesteś maksymalnie proaktywny, aby zmniejszyć rozbieżność w nauce języka docelowego.

Oczywiście podtrzymywanie wsparcia dla dziecka w nauce języka mniejszościowego – szczególnie jeśli oczekujesz wysokiego poziomu biegłości – wymaga codziennej wytrwałości, przez wiele lat, a zmęczenie jest naturalną konsekwencją. Być może jednym ze sposobów na zwiększenie motywacji i działania jest okazjonalna wizyta w szkole, aby zobaczyć na własne oczy trudną rzeczywistość związaną z kontaktem dzieci z językiem większościowym.

W moim przypadku ta wizyta w szkole była sygnałem alarmowym i pozwoliła mi zrozumieć istotną różnicę między pierwszym a drugim etapem dwujęzycznej podróży.

Pierwszy etap

Pierwszy etap, który obejmuje pierwsze lata życia dziecka, polega na podejmowaniu proaktywnych wysiłków w celu ustanowienia solidnych podstaw w języku mniejszościowym i „uwarunkowaniu" dziecka, aby komunikowało się z tobą w tym języku, gdy zacznie mówić.

Jeśli dwa podstawowe warunki przyswajania języka są zapewnione – dziecko otrzymuje wystarczający kontakt z językiem docelowym i odczuwa naturalną potrzebę używania tego języka do komunikowania się – to wtedy powinna nastąpić czynna umiejętność.

Z drugiej strony, jeśli te podstawowe warunki nie zostaną odpowiednio spełnione, język większościowy będzie miał tendencję do dominacji, i bardziej prawdopodobnym rezultatem stanie się umiejętność pasywna w języku mniejszościowym.

Drugi etap

Kolejny najczęstszy problem, o którym słyszę, dotyczy drugiego etapu, kiedy to scenariusz jest zwykle taki: pierwszy etap radośnie zapewnia aktywną komunikację w języku mniejszościowym i przez jakiś czas wszystko wydaje się być dobrze. Do czasu, bo po rozpoczęciu formalnej nauki przez dziecko, korzystanie z języka mniejszościowego maleje i jest w dużej mierze zastępowane przez język większościowy.

Tak naprawdę, nawet jeśli rodzice odnieśli znaczący sukces w rozwijaniu zdolności posługiwania się przez dziecko językiem mniejszościowym w kluczowym okresie pierwszego etapu, gdy zaczyna się drugi etap i dziecko idzie do szkoły, wcześniejsze postępy mogą zatrzymać się, a nawet cofnąć ku zaskoczeniu i konsternacji rodziców.

Nietrudno zrozumieć, dlaczego tak się dzieje. Dziecko prawdopodobnie do tej pory było pod opieką głównego opiekuna przez większą część dnia – zaangażowane w pełni w język mniejszościowy – ale potem okoliczności uległy radykalnej zmianie, więcej godzin zaczęło spędzać w środowisku języka większościowego, i ta zmiana na pewno wpłynęła na jego dwujęzyczny rozwój.

Teraz połącz tę zmianę w kontakcie z językiem większościowym z faktem, że dziecko może teraz wyraźnie rozpoznać, iż rodzic języka mniejszościowego wykazuje także biegłość w języku większościowym – co w naturalny sposób zmniejsza potrzebę używania języka mniejszościowego w komunikacji z rodzicem. I właśnie takie warunki mogą prowadzić do „utraty" przez dziecko umiejętności w drugim języku.

Oczywiście, dotychczasowe umiejętności nie są utracone, ale język większościowy rozwija się teraz szybciej w porównaniu z językiem mniejszościowym i staje się coraz bardziej dominujący.

Niedocenianie wpływu języka mniejszościowego

Nawet jeśli uniknie się tej większej trudności, to niemal nieuchronnie rodzice napotkają nowe wyzwania dotyczące utrzymania i rozwijania języka mniejszościowego swoich dzieci po rozpoczęciu przez nie nauki w szkole. Wyjątki od tej „reguły" następują wtedy, gdy rodzina zapewnia solidny kontakt z językiem mniejszościowym, na przykład oboje rodzice używają tego języka w domu albo dziecko chodzi do szkoły z dwoma językami. Również w niektórych sytuacjach – na przykład gdy językiem mniejszościowym jest angielski, i jest on ważnym i dobrze nauczanym przedmiotem (obawiam się, że w Japonii nie za dobrze!) – wtedy większość szkół językowych może również zapewnić rozwój języka mniejszościowego.

Z mojego doświadczenia wynika, że rodzice często nie doceniają tego drugiego etapu i nie zauważają ogromnej różnicy w nauce języka mniejszościowego, która wtedy się pojawia. Niespodziewane trudności w późniejszym czasie mogą stać się prawdziwym szokiem, zwłaszcza po osiągnięciu sukcesu w pierwszym etapie.

Pierwsza faza rozwoju dwujęzycznego jest rzeczywiście kluczowym i trudnym okresem dla rodzin, które od urodzenia dziecka starają się jednocześnie pielęgnować oba języki. Jednak ten drugi etap, który polega na podtrzymaniu zdolności językowych dziecka, jest na swój sposób nie mniej trudny. Chociaż udało mi się utrzymać umiejętności moich dzieci w języku angielskim przez całe lata nauki w japońskiej szkole, to nie jestem pewien, czy byłoby to możliwe bez moich codziennych proaktywnych działań.

Wskazuje na to fakt, że język japoński stał się ich preferowanym językiem, gdy komunikują się między sobą, podczas gdy w młodszych latach używali więcej angielskiego niż japońskiego. Nietrudno więc sobie wyobrazić sytuację, gdy do komunikacji ze mną używałyby japońskiego, gdybym nie pracował nad tym, aby temu zapobiec.

Zobacz rzeczywistość z bliska

Rozsądnie byłoby zatem pamiętać, że rozpoczęcie przez dziecko nauki w języku większościowym może być poważną zmianą okoliczności, przesuwającą równowagę sił w stosunku do celu: język większościowy zaczyna dominować kosztem języka mniejszościowego, który może stać się bardziej pasywny. Ale jeśli odwiedzasz szkołę, aby zobaczyć z bliska rzeczywistość tego intensywnego kontaktu z językiem większościowym, możesz wyraźnie zdać sobie sprawę z tego, z czym się mierzysz, i lepiej dopasować motywację do wyzwania. Dzięki temu będziesz skuteczniejszy we wzmacnianiu oddziaływania języka mniejszościowego przez lata szkolne i, pomimo nieodłącznych trudności związanych z tymi okolicznościami, odniesiesz większe powodzenie w zakresie dwujęzycznego rozwoju twojego dziecka.

Ponieważ osobiście stawiam czoło temu wyzwaniu, to teraz odwiedzam szkołę (tak, z kapciami), kiedy tylko mam okazję, aby doświadczyć tego trudnego, ale pomocnego „zderzenia z rzeczywistością" – i oczywiście dopingować moje dzieci w szkole.

WNIOSEK: Aby utrzymać odpowiednie wsparcie dziecka w nauce języka mniejszościowego, musisz zrozumieć rzeczywistość szkolną w języku większościowym.

Zasada 26

Podtrzymuj więzi z dziadkami i bliskimi

„Nikt nie może zrobić dla wnuczków tyle, co robią dziadkowie. Dziadkowie tak jakby trochę posypywali gwiezdnym pyłem życie małych dzieci".

Alex Haley

Dla wielu rodzin niefortunnym efektem ubocznym dwujęzycznej podróży jest to, że dziadkowie ze strony ojca lub matki (a nawet obu jednocześnie) oraz dalsi krewni żyją w innej części świata, a osobiste wizyty nie są tak częste, jak wszyscy by chcieli. Ta sytuacja nie tylko utrudnia dziadkom i wnukom pogłębianie więzi emocjonalnych, ale fakt, że członkowie rodziny nie są bardziej obecni w życiu dzieci, oznacza, że kontakt z językiem mniejszościowym, który mogą zapewnić, również jest utrudniony i ograniczony. Wyzwanie polega zatem na silnym wspieraniu tych ważnych relacji w możliwym zakresie, a poprzez pogłębianie więzi z dziadkami na odległość i innymi członkami rodziny możemy również zwiększyć korzystny wpływ ich rozmów na dwujęzyczny rozwój naszych dzieci.

Pokonywanie odległości

My mieszkamy w Japonii, a moi rodzice i moje rodzeństwo mieszkają w Stanach Zjednoczonych. Gdyby wszyscy mieszkali na przykład w Kalifornii, podróż byłaby nieco łatwiejsza i być może widywalibyśmy się częściej. Ale niestety wszyscy żyją rozproszeni po Środkowym Zachodzie – w Illinois, Tennessee i Kentucky – a dodatkowy dystans i koszty przemieszania stają się jeszcze większym obciążeniem.

Muszę szczerze przyznać, że to było dla nas powodem do smutku. W pewnym sensie jesteśmy przyzwyczajeni do tej sytuacji – bo zawsze tak było – ale ta odległość między nami nadal jest przyczyną cichego bólu. Cieszę się, że moi starzejący się rodzice i moje dzieci mieli okazję spędzić przynajmniej trochę czasu razem – pozostały wspomnienia, które wszyscy pielęgnujemy – ale życzyłbym sobie, żeby między nimi było więcej kontaktu bezpośredniego i uścisków.

W międzyczasie robiłem, co mogłem, aby pokonać ten dystans i wzmocnić więzi rodzinne. Uważam, że dzięki tym staraniom moje dzieci nie tylko nawiązały bliższe relacje z moimi rodzicami i innymi krewnymi, ale też te ciągłe interakcje w języku mniejszościowym poprawiły ich dwujęzyczność i wzbogaciły ich dwukulturowość.

Trzy główne sposoby

Trzy główne sposoby, za pomocą których starałem się ułatwić połączenie na odległość z członkami rodziny, to:

1. Udostępnianie zdjęć i klipów wideo online

Dzisiaj technologia oferuje łatwe i niedrogie sposoby udostępniania zdjęć i klipów wideo stęsknionym dziadkom. Poświęcając czas na wdrożenie tej technologii i regularnie udostępniając te zdjęcia, będziesz mógł przekazać dziadkom (i innym członkom rodziny) wirtualne relacje ze swojego życia. Średnio raz w miesiącu moi rodzice przyglądają się najnowszym poczynaniom swoich wnuków, dzięki czemu dwa pokolenia zbliżają się, przynajmniej emocjonalnie.

Zdjęcia i wideo mają nie tylko szczególną moc pogłębiania więzi między dziećmi a ich dalszą rodziną, ale służą także jako baza do dalszych interakcji za pośrednictwem Skype'a, telefonu, listów, pocztówek i rysunków.

Gdy dzielenie się życiem online jest podstawą twoich działań na rzecz zacieśnienia więzi rodzinnych, to zdjęcia i klipy wzbogacają również resztę twoich wysiłków.

Chociaż obecnie używam Google Photos do udostępniania zdjęć i YouTube'a do klipów wideo, to wiele lat temu wykorzystywałem do tego celu prosty „blog tatusia", gdzie pisałem o tym, co u nas słychać. Zdaję sobie sprawę, że blogowanie wymaga większego zaangażowania, ale istnieje wiele bezpłatnych i przyjaznych dla użytkownika opcji, takich jak wordpress.com. A prowadzenie bloga jest idealnym sposobem udostępniania zarówno zdjęć, jak i tekstu, natomiast praktyka regularnego pisania, o doświadczeniach jako rodzica dwujęzycznego dziecka, może służyć wzmocnieniu wysiłków na rzecz długoterminowego rozwoju języka dziecka. (Wiele platform blogowych oferuje opcję zachowania poufności bloga, jeśli chcesz go udostępnić tylko bliskiej grupie osób).

2. Regularne rozmowy przez Skype'a

Technologia znacznie ułatwiła, nawiązywanie kontaktu z ludźmi z różnych stron świata, co więcej obniża koszty. Regularne czaty wideo przez Skype'a (lub FaceTime'a) na szczęście umożliwia bezpośrednią komunikację między dziadkami i wnukami. Dla nas był to cenny sposób na budowanie relacji, jednocześnie zapewniający moim dzieciom ćwiczenia umiejętności mówienia w języku mniejszościowym. A systematyczne udostępnianie zdjęć i filmów ułatwia rozmowę, ponieważ dziadkowie mają wtedy żywe pojęcie o tym, co robią ich wnuki.

Poza zwykłymi rozmowami, podczas których co kilka tygodni nadrabiamy zaległości, odnieśliśmy również sukces w innych aktywnościach za pośrednictwem komunikatorów internetowych, takich jak:

- Czytanie na głos: dziadek czyta na głos wnukowi i na odwrót.

- Omawianie książek: dziadek czyta tę samą książkę, którą rodzic przeczytał na głos lub którą dziecko przeczytało samodzielnie, następnie dyskutujemy na jej temat.

- Pokaż i opowiedz: dziecko pokazuje nowe zabawki, rysunki lub inne przedmioty albo demonstruje nowe umiejętności, takie jak śpiewanie piosenki lub gra na instrumencie muzycznym.

- uroczystości: dziadkowie mogą brać udział w szczególnych dniach, takich jak urodziny, kiedy oglądają, jak wnuki otwierają prezenty i dwa pokolenia jedzą razem ciasto.

3. Wymiana odręcznych listów i rysunków

Odręczne listy dziadków i wnuków nie tylko tu i teraz pogłębiają między nimi więź emocjonalną, ale same listy mogą także stać się nieocenionymi pamiątkami. W międzyczasie dzieci regularnie ćwiczą czytanie i pisanie.

W naszym przypadku Lulu i Roy wymieniają listy z dziadkami i kuzynem (synem mojego brata, który jest w tym samym wieku co Lulu) od wielu lat. Zanim mogli dużo pisać, to rysunki były w centrum uwagi, choć wciąż są częścią interakcji między Royem a moim ojcem (który był wieloletnim nauczycielem sztuki).

Chociaż od czasu do czasu korzystaliśmy również z poczty elektronicznej, jestem bardziej skory do wymiany listów w tradycyjnej formie z następujących powodów:

- Pisanie listów jest utraconą sztuką i chciałbym, aby moje dzieci nabyły w tym trochę doświadczenia w okresie dzieciństwa. (Pisanie listów do przyjaciół i rodziny było dużą częścią mojej młodości!).

- Wydruki e-maili to po prostu nie te same pamiątki, co prawdziwe listy dostarczane pocztą. (Nawiasem mówiąc, fajne może być łączenie listów i Skype'a, gdy dzieci otwierają nowy list od dziadków na ich oczach podczas czatu wideo).

- Listy mają większy ładunek emocjonalny niż e-maile i wierzę, że słowa napisane przez moich rodziców do moich dzieci będą miały większy i trwalszy wpływ w formie listu. Zachęciłem rodziców, żeby oprócz relacji w wydarzeń dnia, pisali również o swoim życiu, w tym o wspomnieniach z dzieciństwa i naukach, które otrzymali przez lata.

- Listy zapewniają dzieciom motywację do czytania. Jednocześnie dzieciaki przyzwyczajają się do różnych rodzajów pisma ręcznego. Na przykład moja matka pisze płynną kursywą, podczas gdy pismo ojca miało charakterystyczny wygląd z powodu drżenia ręki. Z tego powodu zaczął pisać listy na maszynie.

W tej chwili moje dzieci są znacznie lepsze w pisaniu ręcznym niż w pisaniu na komputerze. Rzadkie sytuacje, kiedy pozwalam im siedzieć przy biurku i pisać odpowiedź e-mailem, są ćwiczeniem wytrwałości dla nas wszystkich!

Wymiana listów wymaga pewnej skrupulatności – to fakt, a rodzice muszą czynnie angażować się w pomaganie dzieciom przy udzielaniu terminowych odpowiedzi, ale korzyści wynikające z relacji między dziadkami i wnukami, teraz i w przyszłości, a także zachęta do użycia języka, sprawiają, że jest to warte wysiłku ze strony wszystkich.

Czerp korzyści

Chciałbym, żeby moje dzieci i ich krewni w USA nie mieszkali tak daleko od siebie, ale częste korzystanie z nowych technologii – jak również staromodnego pisania listów – może pomóc w pokonaniu tego dystansu w celu wzmocnienia więzi emocjonalnych i rozwoju dwujęzyczności. Dlatego namawiam was do uczynienia tych wysiłków stałą częścią stylu życia, abyście mogli czerpać korzyści z głębszych więzi rodzinnych i bogatszego kontaktu w języku mniejszościowym.

WNIOSEK: Bądź proaktywny i pomysłowy, jeśli chodzi o interakcje z mieszkającymi daleko dziadkami i krewnymi.

Zasada 27

Wpajaj wartość języka mniejszościowego

„Nastawienie jest małą rzeczą, która robi dużą różnicę".
Winston Churchill

Inną kluczową zasadą dla rodziców jest promowanie wartości kręgu kulturowego języka mniejszościowego. Jeśli dziecko widzi niewielką wartość w języku, zachęcanie go do jego rozwoju będzie znacznie trudniejszą podróżą. Natomiast pozytywne nastawienie do języka w naturalny sposób przyspieszy jego rozwój.

Częste mówienie o tym, jak wielką wartość ma język mniejszościowy, powoływanie się na fakty i argumentowanie, ile korzyści może kiedyś dziecku przynieść dwujęzyczność, bywa ważnym czynnikiem zapewniającym pozytywne nastawienie do nauki, które chcemy w potomku wypracować. Jednak dzieci, szczególnie te mniejsze, mogą nie zrozumieć tych racji, bo pojmują przyszłość nie dalszą niż jutro.

Chociaż zawsze starałem się podkreślać, że w odległej przyszłości język angielski okaże się dla Lulu i Roya niezwykle cenny, *przeniesienie tej idei z ich umysłów do serc stało się w dużej mierze możliwe dzięki ich bezpośrednim, emocjonalnym interakcjom z innymi użytkownikami tego języka tu i teraz.*

Wpływ na postawę i motywację

Ponieważ angielski jest obecnie powszechnie używanym językiem, zdaję sobie sprawę, że pomaga to w przedstawianiu jego wartości moim dzieciom, zarówno teoretycznie, jak i praktycznie. Rozumiem, że inni rodzice starają się stymulować język mniejszościowy, który jest rzadziej używany (nawet znacznie rzadziej używany). Z tego powodu od samego początku muszą mierzyć się z wyzwaniem, jakim jest wypracowanie pozytywnego nastawienia do języka, który ma mniej dostrzeganą wartość i oferuje mniej możliwości interakcji z innymi.

Mam świadomość tej różnicy i czuję, że ci rodzice napotykają znacznie większe przeszkody, dlatego też je opisuję, ale niezależnie od stopnia trudności wyzwanie dla nas wszystkich pozostaje takie samo:

Musimy zadbać o dobre odczucia naszych dzieci względem języka mniejszościowego, co pozytywnie wpłynie na ich nastawienie i motywację.

Ważna część pielęgnowania języka mniejszościowego polega na zapewnieniu dziecku silniejszej motywacji wewnętrznej (w przeciwieństwie do motywacji zewnętrznej, którą my reprezentujemy), a osiąga się to najskuteczniej poprzez stworzenie sytuacji, kiedy dziecko może poczuć wartość swoich umiejętności w tym języku. Takie doświadczenia nie tylko pomagają dzieciom zrozumieć wartość języka, ale także uzyskać większą ogólną biegłość.

Inne dzieci

Oczywiście jedną z możliwości są umówione spotkania w celu wspólnej zabawy z innymi dziećmi w twojej społeczności, które mówią językiem docelowym. Te interakcje mogą nie tylko zapewnić rozwój języka i pozytywne nastawienie, ale również pomóc dwukulturowemu dziecku w poszukiwaniu tożsamości i poczucia wspólnoty.

Ponieważ nauczam inne dwujęzyczne dzieci u siebie w domu, to moje pociechy od dawna mają możliwość interakcji w języku angielskim z innymi – taki szczęśliwy efekt uboczny mojej pracy. (Gdy były młodsze, tak chętnie nawiązywały kontakt z przychodzącymi uczniami, że często nie potrafiły się powstrzymać przed wpadnięciem do pokoju przed zakończeniem lekcji!).

Jeśli istnieje szansa, że możesz zorganizować swoim dzieciom regularne interakcje z rówieśnikami w języku mniejszościowym, bądź proaktywny w poszukiwaniu takich sytuacji.

Studenci

Kiedy moje dzieci były małe, zatrudniłem studentkę z lokalnego uniwersytetu, aby bawiła się z nimi po angielsku. Ponieważ nie prosiłem jej, żeby czegoś je uczyła, to koszt był niewielki. Na te cotygodniowe spotkania po prostu udostępniałem narzędzia (gry, materiały artystyczne, książki) i pozwalałem całej trójce swobodnie nimi dysponować. Chociaż trwało to tylko około roku, to był kolejny dobry krok do rozwoju języka córki i syna, a także rosnącego zrozumienia wartości języka mniejszościowego.

W tym przypadku studentka pochodziła z USA, a angielski był jej językiem ojczystym, ale wcale nie jest konieczne zatrudnianie native speakera. Jeśli dana osoba jest biegła w języku docelowym, to interakcja da pozytywny efekt.

Tak naprawdę ważniejsza jest *osobowość* studenta: potrzebujesz kogoś, kto jest przyjazny, zabawny i rozmowny. A jeśli także biegle włada językiem większościowym, musisz poprosić ją (jego), aby nigdy nie używała tego języka przy dzieciach. Jeśli twoje dzieci są świadome tej biegłości, ich potrzeba mówienia w języku mniejszościowym prawdopodobnie zostanie podważona; a ty chcesz, aby zakładały, że ich nowy towarzysz mówi tylko językiem mniejszościowym.

Goście na stancji

Inną możliwością, której mogłeś nie wziąć pod uwagę, jest zaoferowanie przez twoją rodzinę gościny komuś posługującemu się językiem mniejszościowym. Oczywiście będzie to zależeć w dużej mierze od miejsca zamieszkania i warunków lokalowych, ale jeśli jest to wykonalne, zachęcałbym do tego pomysłu. Dobrym miejscem do znalezienia osób, które mogłaby gościć twoja rodzina jest lokalny oddział YMCA[16] lub inna organizacja międzynarodowa.

Do tej pory gościliśmy kilkanaście osób, które przybyły do Hiroszimy z różnych krajów. Większość z nich przebywała z nami tylko w weekendy, ale byli i tacy, którzy zatrzymywali się u nas na dłużej niż tydzień. To prawda, że bycie rodziną goszczącą może być męczące (i nieco kosztowne). W rzeczywistości nasz dom jest dość mały i tak naprawdę nie mamy wolnej sypialni, więc kwaterujemy ich w pokoju, w którym bawią się dzieci.

Plusem są jednak wszystkie niezapomniane interakcje, które zachodzą między naszą rodziną – szczególnie dziećmi – a gośćmi. Wspólne spożywanie posiłków, granie w gry, odbywanie krótkich wypadów – w dodatku robienie tego wszystkiego po angielsku – jest dla Lulu i Roya nieocenioną szansą na wykorzystanie ich języka mniejszościowego i lepsze zrozumienie jego wartości. Jednocześnie ogromnie poszerza to ich wielokulturową świadomość.

Au pair i nianie

Dla niektórych rodzin – a zwłaszcza tych, w których rodzic języka mniejszościowego pracuje w pełnym wymiarze godzin – sprowadzenie au pair lub niani mówiącej w tym języku (i nieznającej jeszcze dobrze języka większościowego) może być darem niebios. Ta osoba może nie tylko pomóc ci w spełnieniu dwóch podstawowych warunków obcowania z językiem – regularnego kontaktu i prawdziwej potrzeby użytkowania języka – a w dodatku ta interakcja, całkiem naturalnie, wzmocni także poczucie wartości dziecka w tym języku.

Możliwość zatrudnienia au pair lub niani oczywiście zależy od warunków i stylu życia, ale związane z tym koszty mogą być znacznie niższe, niż myślisz – i zwrócą się, jeśli dzięki temu osiągniesz większy sukces w zapewnieniu dwujęzyczności dzieciom.

Pewna znajoma matka miała szczęście zatrudnić kilka młodych au pair ze swego rodzinnego kraju, które przyjechały wraz z rodziną i pomogły w opiece nad dziećmi, komunikując się w języku mniejszościowym.

---

[16] YOUNG MEN'S CHRISTIAN ASSOCIATION to organizacja o zasięgu międzynarodowym działająca w ponad 150 krajach na wszystkich kontynentach i zrzeszająca ponad 30 milionów ludzi http://www.ymca.pl/ (przyp. red.).

Korzysta z usługi AuPairWorld (https://www.aupairworld.com), ale wiele takich usług oferują inne firmy, których można poszukać na własną rękę.

Podróże za granicę

Wycieczki do miejsc, gdzie język mniejszościowy jest jezykiem większościowym, mogą być jednym z najpotężniejszych sposobów poprawy zarówno umiejętności dziecka w tym języku, jak i jego stosunku do niego. Gdy dziecko jest zanurzone w środowisku, w którym język docelowy jest powszechnie używany, może to bardzo wzmocnić poczucie wartości, które przecież chcemy w nim zaszczepić.

Oprócz spędzania czasu z rodziną i przyjaciółmi, wartym uwagi pomysłem jest wysłanie dziecka na krótki czas do szkoły lub na obóz, dzięki temu poczuje satysfakcję z rozumienia języka mniejszościowego, ale także podszlifuje go poprzez zabawę czy zwiedzanie. Ta opcja może być bardziej skomplikowana w realizacji, ale wiele rodzin dzięki temu odniosło wielkie powodzenie, zarówno jeśli chodzi o poprawę umiejętności językowych dziecka, jak i jego nastawienie w ogóle.

Czaty na Skypie i przyjaciele korespondencyjni

Poza bezpośrednimi interakcjami w kraju i za granicą, możesz również skorzystać w możliwym zakresie z bardziej „pośrednich" form interakcji, czyli za pośrednictwem czatów na Skypie i wymiany korespondencyjnej.

Dziadkowie i inni członkowie rodziny często są najlepszymi partnerami, ale regularne czaty online i odręczne listy z innymi użytkownikami języka mniejszościowego również zwiększą biegłość językową i wzmocnią poczucie wartości dziecka w tym języku. Możesz na przykład pomóc starszemu dziecku w znalezieniu znajomych do pogaduszek na czacie w tym samym wieku i daj mu dostęp do Skype'a, by mogło regularnie dzielić się z kimś doświadczeniami i zainteresowaniami, a także wspólnie grać online.

My, chociaż rzadko podróżujemy za granicę, to prowadzimy często takie czaty na Skypie i wymieniamy się listami z dziadkami i innymi członkami rodziny. To nie tylko pozwala nam utrzymywać bliskie więzi rodzinne, a dzieciakom poszerzyć znajomość angielskiego, ale też takie działanie przyczynia się do wzmocnienia u dzieci poczucia wartości, dzięki rozwojowi ich umiejętności w języku mniejszościowym.

Bycie pomocnym dla innych

Do tej pory moje sugestie koncentrowały się na sposobach wspierania u dzieci poczucia, że *język mniejszościowy się im przyda*. Sam wykorzystałem te pomysły w stosunku do moich pociech tak często, jak to było możliwe, aby wpoić im użyteczność języka mniejszościowego.

Jednocześnie odkryłem inny jeszcze skuteczniejszy sposób na pogłębienie tego poczucia wartości: *Stwórz dzieciom możliwość pomagania innym, aby korzystały ze swoich umiejętności językowych.*

Uświadomiłem sobie to podczas wolontariatu na warsztatach organizowanych co roku przez Hiroshima Interpreters for Peace – jest to grupa, której członkowie służą jako przewodnicy dla międzynarodowych gości odwiedzających to miasto. Przez kilka lat Lulu, Roy i ja pomagaliśmy przy warsztatach, biorąc udział w odgrywaniu ról z udziałem „przewodników" i „gości", którzy ćwiczyli pokazywanie różnych interesujących miejsc w Hiroszimie. Te role rozpisane były w języku angielskim i musieliśmy je prezentować przed prawie osiemdziesięcioosobową widownią.

Na początku moje dzieci nie chciały stać i czytać po angielsku przed tak licznie zebranymi dorosłymi. Ale kiedy przeszły już przez ten etap, podzielono nas na mniejsze grupy, to chętnie przyjmowały rolę „gości", głośno prowadziły rozmowy.

Szczerze mówiąc, byłem zaskoczony i zachwycony tym, z jakim entuzjazmem córka i syn się zaangażowali. Spowodowane to było oczywiście życzliwością tamtejszych ludzi i ich uwagą. Jednak uważam, że istniał jeszcze trzeci powód, tak naprawdę ważniejszy, bo wynikał z ich motywacji:

Ludzie w każdym wieku są z natury tak ukształtowani, aby odczuwać głębokie poczucie satysfakcji, gdy pomagają innym. Wykorzystanie osobistych zdolności – takich jak znajomość języka – w służbie innym może być najpotężniejszym i najbardziej motywującym doświadczeniem ze wszystkich, jeśli chodzi o inspirowanie pozytywnego nastawienia i konstruktywnego działania.

Oczywiście dzieci doświadczają tego wszystkiego nieświadomie – instynktownie czują się dobrze, gdy pomagają innym. To uczucie podsyca następnie postawę i działanie, i właśnie to zaobserwowałem u Lulu i Roya na tych warsztatach.

Wartość dla siebie i innych

Tak więc twoje dzieci powinny zrozumieć, że ich znajomość języka mniejszościowego *jest nie tylko przydatna,* ale też dzięki niej mogą *pomóc innym,* a ty musisz poszukać okazji, by tego doświadczyły.

Takie przeżycia sprzyjają wyrobieniu w nich bardziej pozytywnego nastawienia, a to, że dzięki swej dwujęzyczności dzieci są w stanie pomóc innym, sprawia, że ludzie niegdyś kwestionujący naukę drugiego języka, zaczną dostrzegać zalety posługiwania się językiem mniejszościowym.

Zdaję sobie sprawę, że u ciebie mogą nie zaistnieć takie warunki, w jakich ja działam. Zwłaszcza wśród lokalnej społeczności, może być to trudniejsze do realizacji. Ale zachęcam do kreatywnego myślenia, do wykorzystania całego świata dostępnego za pośrednictwem Internetu i staromodnych listów. Stawiaj sobie to pytanie na każdym etapie swojej dwujęzycznej podróży, i używaj wyobraźni przy udzielaniu odpowiedzi:

W jaki sposób mogę przygotować moje dzieci do życia, uwzględniając ich znajomość języka mniejszościowego, tak aby przyniosła korzyści innym (a także im)?

Ostatecznie im bardziej postarasz się o wypracowanie u dzieci pozytywnego nastawienia do języka mniejszościowego – zwłaszcza gdy ten język jest mniej popularny – tym bardziej wpłyniesz na zwiększenie ich dwujęzycznego rozwoju.

Jeśli dziecko nie ma przekonania do nauki języka mniejszościowego, znacznie trudniej będzie mu poczynić postępy niezbędne do tego, aby sprostać nieustannemu rozwojowi języka większościowego. Pozytywne podejście do języka mniejszościowego – szczere zrozumienie jego wartości dla siebie i dla innych – jest tym, co doprowadzi dziecko do najwyższych umiejętności dwujęzycznych.

WNIOSEK: Omów zalety dwujęzycznych umiejętności i zapewniaj doświadczenia, które pozwolą twojemu dziecku poczuć zalety posługiwania się językiem mniejszościowym.

Zasada 28

Wykorzystuj także złe zachowania

„Jedno dziecko czyni cię rodzicem; dwoje dzieci czyni cię sędzią".

David Frost

Pewnego niedzielnego poranka w środku zimy, kiedy moje dzieci miały osiem i pięć lat, leniwie brałem prysznic, gdy nagle usłyszałem głośne łomotanie, które trwało i trwało, przez dobre pięć minut. Ponieważ mieszkamy w domu piętrowym – moja rodzina na dole, a głośni sąsiedzi na górze – pierwsza myśl była taka, że to hałasuje ich mały chłopiec, który często dokazuje nad naszymi głowami jak rozbrykany kucyk.

Ale kiedy w końcu wyszedłem spod prysznica, zdałem sobie sprawę, że to moje dzieci ganiają się po domu w szalonej furii, podczas gdy żona spokojnie myje naczynia w kuchni.

Keiko i ja reagujemy na te pełne wrzasku bójki w bardzo różny sposób: ona często je ignoruje i pozwala Lulu i Royowi jakoś dojść do porozumienia; ja z kolei albo krzyczę, żeby przestali, albo wybucham głośnym śmiechem. (Lub robię obie te rzeczy naraz).

Teraz wiem, że śmiech prawdopodobnie nie jest najlepszą reakcją – i Keiko karci mnie, kiedy tak postępuję – ale tak trudno jest zachować powagę podczas ich komicznych walk, które eskalują i wybuchają z najmniejszych, trywialnych powodów. Ta niedzielna gonitwa na przykład wynikła dlatego, że Roy włożył koszulę tyłem na przód.

Po poradzeniu sobie z nimi w typowy dla mnie sposób – najpierw gromkim „PRZESTAŃCIE!", a potem śmiejąc się – zrobiłem coś innego, coś nowego. Ten krok okazał się taktyką, która nie tylko może ograniczyć częste działania wojenne w domu, ale też pomóc w szlifowaniu języka małych kombatantów, gdy tylko wybuchnie konflikt.

Walka w pozytywnym świetle

Wcześniej nigdy nie widziałem ich sprzeczek w pozytywnym świetle. Moim celem było jedynie zakończenie ich i przywrócenie tymczasowego spokoju w domu. Nawet kiedy miałem siłę, by spróbować rozwikłać powody ich kłótni, wtedy i tak dzieci były nadal zbyt nakręcone, aby o tym mówić w spokoju, a ja byłem zbyt niecierpliwy, aby wykorzystać sytuację.

Nie wiem dlaczego, ale tamtego dnia miałem impuls: *Kiedy się uspokoją, niech mi powiedzą, co dokładnie się wydarzyło.*

Po tym, jak zatrzymałem walkę, kazałem im usiąść i popracować nad kilkoma listami do przyjaciół, z nadzieją, że ochłoną. Kilka minut później (jak w końcu się ubrałem!), wezwałem każde z nich osobno do mojego małego gabinetu, aby wysłuchać każdej ze stron konfliktu.

Ćwiczenie umiejętności językowych

W tym momencie dotarło do mnie, że to duża szansa na ćwiczenie umiejętności językowych: *aby wyjaśnić, co wywołało walkę, musieliby stworzyć pełną narrację o wydarzeniach.*

„Powiedz mi, co się stało" – poprosiłem każde z nich. Potem usiadłem wygodnie i słuchałem, od czasu do czasu pytając o kolejne szczegóły (i często chichocząc, po prostu nie mogłem nic na to poradzić).

W końcu udało mi się wyrobić sobie całkiem dobre pojęcie na temat tego, co się wydarzyło.

„Koszula tyłem na przód"

Ubierali się, walcząc o pozycję przed grzejnikiem w naszym salonie, kiedy Lulu powiedziała Royowi, bez wątpienia kpiącym tonem: „Twoja koszula jest tyłem na przód".

„Nie, nie jest!" – odpowiedział Roy, broniąc honoru i przerywając swoje słowa ciosem w powietrze, w stronę Lulu. Lulu zamachnęła się, uderzając Roya spodniami od piżamy. Roy rzucił się na Lulu, ale Lulu zerwała się na równe nogi, a potem Roy zaczął ją ścigać. Kolejna bitwa – która wybuchła przez koszulę włożoną tył na przód – szalała przez następne pięć minut, po czym osiągnęła punkt kulminacyjny w krzyku i płaczu.

Wykorzystuj te momenty

Po rozmowie z każdym z nich wezwałem ich razem i zrelacjonowałem historię, którą właśnie usłyszałem. Wtedy ich emocje już ostygły i dzieciaki także mogły zobaczyć absurdalność konfliktu. Gdy streściłem im ich poczynania, cios za ciosem, zaczęły się śmiać, uznając to za równie zabawne jak ja.

Chociaż nie mogę powiedzieć, by to doświadczenie położyło kres ich rywalizacji, to stało się dla mnie przełomem. Zrozumiałem, że powinienem wykorzystywać takie sytuacje: *dzięki temu, że dzieci spokojnie opisują zmagania ze sobą – a teraz, gdy są starsze, opisują takie i inne swoje złe zachowania – to jest to kolejny sposób na zmaksymalizowanie ich umiejętności w języku mniejszościowym, zarówno w mowie, jak i piśmie.* (Oczywiście, nie robię tego zawsze, bo nie miałbym czasu na robienie niczego innego! Ale kiedy wszczynają wielką awanturę lub z jakiegoś innego powodu mają ze sobą na pieńku, wtedy wykorzystuję tę taktykę).

I myślę, że chociaż kłótnie nadal zdarzają się codziennie, to te chwile refleksji nad własnym postępowaniem sprzyjają bardziej odpowiedzialnemu dorastaniu.

Ale póki co będę szczęśliwy, jeśli Roy będzie po prostu wkładał koszulę, jak trzeba, i może zapobiegnie to kolejnym sprzeczkom.

WNIOSEK: Zachęcaj do posługiwania się językiem mniejszościowym, ustnie lub pisemnie, przy rozwiązywaniu kłótni lub kiedy będziesz oceniał niewłaściwe zachowania dzieci.

Zasada 29

Nawet niepowodzenie
może przyczynić się do sukcesu

„Nigdy nie przeocz dobra w złej sytuacji".

Zig Ziglar

Kiedy mój syn skończył siedem lat, chciał dostać latawiec na urodziny. Nic wielkiego, prawda?

Cóż, tak naprawdę nigdy w życiu nie puszczałem latawca i nie miałem za bardzo ochoty, aby zacząć za nim biegać, ponieważ jedyną gonitwą, jaką uprawiałem do tej pory, było ściganie Roya po domu, żeby włożyć mu spodnie.

Przyznaję, że to krępujące, ale jestem do niczego, gdy mam do czynienia z jakimkolwiek sznurkiem lub drutem. To jest jak jakaś klątwa, bo wszystko, czego dotykam, okazuje się beznadziejnie splątane. W końcu tak mnie to męczy, że staję się bezmyślną bestią, syczącą i warczącą na nieożywione przedmioty.

To nie jest miły widok.

Gdyby nie Keiko, która na pewno posiada jakąś supermoc, jeśli chodzi o ogarnianie mojego miszmaszu, prawdopodobnie nadal krzyczałbym na nasze lampki choinkowe z grudnia ubiegłego roku.

Kiedy więc Roy powiedział, że chce latawiec na urodziny, nie mogłem powstrzymać drżenia. Chodzi o to, że latawiec składa się praktycznie w całości ze sznurka, prawda? Tak, jest też ta część latająca, ale jedyną rzeczą, o której mogłem w tym momencie myśleć, był sznurek – *ten okropny sznurek.*

Mimo to starałem się być odpowiedzialnym, dobrym ojcem, więc zgodziłem się: kupiliśmy synowi duży, fantazyjny latawiec, a po jego rozpakowaniu natychmiast ukryłem pudełko w kącie mojego biura, mając nadzieję, że Roy wkrótce o nim zapomni.

Ale nie zrobił tego. Nie zapomniał o latawcu, w przeciwieństwie do swoich obowiązków w domu. Tak naprawdę w każdy weekend świergotał: „Czy możemy puścić latawiec? Czy możemy puścić latawiec?".

Na szczęście miałem usprawiedliwione wymówki co weekend przez następne dwa miesiące, ale to była tylko kwestia czasu, zanim musiałbym zmierzyć się z tym latawcem lub uciec z domu i nigdy nie wrócić.

Cóż, najdalej doszedłem do pakowania worka marynarskiego, zanim zdecydowałem: *Nie, Adam, może i jesteś trochę niski, ale jesteś dorosłym mężczyzną. Możesz to zrobić – potrafisz puszczać ten groźnie wyglądający latawiec.*

Zapisałem więc to wydarzenie w moim kalendarzu na nadchodzący weekend (mokrą ze strachu, drżącą dłonią): *Puszczamy ten groźnie wyglądający latawiec.*

Wielka wizja

W sobotę rano, zanim dzieci się obudziły, odważnie otworzyłem pudełko i wyciągnąłem latawiec. Potem spędziłem strasznie dużo czasu, próbując wykombinować, jak to wszystko złożyć do kupy. Nawet jeszcze nie spróbowałem go puścić, a już przeklinałem pod nosem.

Po śniadaniu razem z dziećmi wsiedliśmy do samochodu (złowieszczo wyglądający latawiec siedział z tyłu) i pojechaliśmy do dużego parku w centrum Hiroszimy. Zaparkowałem na ulicy przy parku, a potem zaprowadziłem Roya i Lulu na rozległy, trawiasty teren. Było jeszcze wcześnie, więc spacerowało tam bardzo mało ludzi i mieliśmy dużo miejsca do biegania.

Mimo obaw postanowiłem być pozytywnie nastawiony i pełen nadziei. Tak naprawdę miałem wielką wizję, że latawiec wzniesie się wysoko, dzieci będą krzyczały z podekscytowania, a ich oczy będą lśniły z podziwu nade mną...

Niestety, latawiec odmawiał posłuszeństwa, utrzymywał się w powietrzu maksymalnie 5 sekund, po czym spadał na ziemię, raz po raz. W pewnym momencie owinąłem się wokół tego sznurka, a lądujący latawiec nawet próbował zamachu na mnie. Wreszcie, zniechęceni, zakończyliśmy próby. Kiedy niosłem latawiec do samochodu (mógłbym przysiąc, że słyszałem chichot), zauważyłem coś trzepoczącego na przedniej szybie: mandat za parkowanie. Na kwotę 15 000 jenów. (To prawie 150 dolarów).

Porażka i sukces

Cóż, tego dnia nasza mała wycieczka stała się ogromną porażką. Ale sedno sprawy jest inne: to było niepowodzenie, które odbyło się w języku mniejszościowym. Oczywiście wszyscy wolelibyśmy raczej odnosić sukcesy niż porażki, ale kiedy czas na język mniejszościowy jest ograniczony, nawet porażki są w pewnym sensie sukcesami. Ważną rzeczą jest poświęcenie tych chwil na wysiłek, aby zapewnić jak najwięcej kontaktu z językiem – być może nawet wtedy, gdy zwykle unikamy złych doświadczeń.

Z perspektywy czasu uważam, że nie wykorzystałem odpowiednio tej sytuacji, zmarnowałem czas przed wycieczką na pielęgnowanie własnych obaw zamiast na przygotowanie lekcji w języku mniejszościowym. Od tego czasu staram się o tym pamiętać, kiedy moje dzieci proszą mnie o zrobienie czegoś, a moim pierwszym odruchem jest marszczenie brwi.

Jeśli chodzi o puszczanie latawców – to jednak wyznaczam granice.

WNIOSEK: Czas spędzony z dziećmi w języku mniejszościowym, nawet jeśli samo doświadczenie może być porażką, jest nadal sukcesem dla dwujęzycznej podróży.

Zasada 30
Wytrwałość się opłaca

„Idź dalej. Stawiaj jedną stopę przed drugą, a jeśli jakiś głosik zawoła
gdzieś za tobą, to udawaj, że nie słyszysz, i idź dalej".

Geraldine Brooks

Bez względu na występujące podczas dwujęzycznej podróży okoliczności,
i tak zawsze napotkasz trudności, i to jedną po drugiej. To nieodłączna
część zmian spowodowanych dorastaniem dzieci i dlatego nie można ich
uniknąć. Pierwszym krokiem do skutecznego rozwiązania tych problemów,
gdy tylko się pojawią, jest spokojne zaakceptowanie sytuacji.

Niektóre z wyzwań mogą być większe (twoje dziecko nie chce rozmawiać z tobą w języku ojczystym); inne mniejsze (potrzebne są nowe
materiały, aby poprawić jego umiejętność pisania). Naszym celem jest
stawienie czoła głównie tym mniejszym wyzwaniom. W jaki sposób?
Wyzwań nie da się uniknąć – są one do pewnego stopnia przesądzone –
ale z drugiej strony większym kłopotom czasem można zapobiec.

*Im bardziej jesteś w stanie zminimalizować takie problemy, tym lepiej uda
ci się zwiększyć zdolności dwujęzyczne dziecka.*

Jeśli od urodzenia dziecka przewidujemy i zapewniamy mu kontakt
z językiem mniejszościowym, to znacznie minimalizujemy trudności,
z którymi spotyka się tak wielu rodziców, gdy tylko ich potomek zacznie
mówić. Tak więc najlepszym sposobem jest przede wszystkim zapobiega-
nie ich powstawaniu – taki rodzaj „medycyny zapobiegawczej" – poprzez

intensywne starania na rzecz pielęgnowania języka mniejszościowego we wczesnych latach. Ale zawsze można też zadbać o postępy dzieci w starszym wieku, wykorzystując techniki opisane w tej książce.

Zmień perspektywę

Kiedy pojawi się wyzwanie, nieistotne czy duże, czy małe, wtedy najpierw sprawdź czy oceniasz je z dobrej perspektywy, zmień nastawienie: lepsze jest postrzeganie trudności jako szansy, a nie problemu.

I to nie jest tylko sztuczka semantyczna, ponieważ tak naprawdę trudność jest rzeczywiście okazją do wzmocnienia zdolności dwujęzycznych dziecka. A czy nie tego chcesz? Czy to nie jest twój główny cel? Twoje wyzwania w rzeczywistości popchną cię do przodu, jeśli je odpowiednio wykorzystasz, zamiast przeżywać rozczarowanie lub frustrację.

Stawiaj czoła swoim wyzwaniom z odpowiednim nastawieniem. Dzięki cierpliwości i wytrwałości każdą przeszkodę można pokonać, każdy błąd naprawić. Nie potrzeba nic więcej poza wytrwałością i wolą przeciwstawiania się trudnościom.

Wytrwaj

Rodzicom i ich dzieciom posługującym się językiem mniejszościowym, którzy nie mają większego wsparcia z innych źródeł, dotarcie do celu podróży, zależy w dużej mierze od ich zaangażowania i wytrwałości. Te cechy są oczywiście niezbędne przy każdym zadaniu, choć myślę, że dwujęzyczna droga jest szczególnie długim i wymagającym przedsięwzięciem, które codziennie wymaga nieustannej uwagi.

Niezaprzeczalnym faktem jest to, że wychowanie dwujęzycznego dziecka jest ciągłym wyzwaniem, które trwa przez całe jego dzieciństwo – przez dobre osiemnaście lat, jeśli zacznie się od jego narodzin. Cóż, życie w naturalny sposób postawi nas przed różnymi wyzwaniami, chorobą, śmiercią bliskiej osoby czy innymi troskami, które wpłyną na nas emocjonalnie i fizycznie.

Nieustawanie w wysiłku podczas tej dwujęzycznej podróży przychodzi łatwo, gdy wszystko idzie gładko, a my prawie bezproblemowo zmierzamy do celu, może z niewielkimi tylko powodami do zmartwień. Natomiast wytrwałość staje się kluczowa, aby utrzymać właściwy kurs naszej misji, kiedy przychodzi trudniejszy czas – a który może nadejść zawsze i to niezapowiedzianie.

Ustal dokładnie cel

Niech i tak będzie. Dając wam przykład, pierwszy wyznam, że czasami po prostu nie mam za dużo siły na codzienne zadania domowe, a jednak zmuszam się do nich. Gdy czuję się przygnębiony lub zmęczony, i zacznę wymigiwać się od codziennych zadań, to łatwiej będzie mi się wymigać następnym i kolejnym razem. Jeśli moje dolegliwości nie są poważne, to nie mogę pozwolić sobie na to, by pójść na łatwiznę i ryzykować zaburzenia naszego codziennego rytmu.

Kolejnym razem, gdy poczujesz się przybity i nie będziesz mógł zmusić się choćby do niewielkiego wysiłku, zadaj sobie takie pytanie:

Czy naprawdę czuję się teraz aż tak źle, że nie dam rady choćby odrobinę przybliżyć się do celu dotyczącego przyszłości moich dzieci, który można osiągnąć tylko wtedy, gdy będzie się podejmowało te wysiłki codziennie? (I pamiętaj, twoje dziecko też chce być dwujęzyczne, nawet jeśli jeszcze o tym nie wie!)

W niektórych przypadkach odpowiedź jest bardzo rozsądnym (a nawet zdecydowanym) „tak" – a w innych czasami sensowniej jest odpocząć, zebrać siły lub zrobić relaksującą przerwę na dzień lub dwa, aby naładować baterie. Jest to całkowicie zrozumiałe i nie należy się za to winić. W końcu twoje wysiłki i sukces – nie wspominając o osobistym szczęściu – zależą od dobrego zdrowia, a dbanie o siebie też jest twoim priorytetem.

Na moim celowniku są oczywiście te inne momenty – kiedy nie czujesz się najlepiej, ale w głębi duszy wiesz, że *możesz dalej walczyć*. Myślę, że sztuka polega na tym, by ciągle pamiętać o celu. Mamy tendencję do dawania z siebie mniej, niż zakładaliśmy, jeśli tracimy go z oczu i nie dostrzegamy już znaczenia, jaki on ma dla rozwoju języka naszych dzieci każdego dnia.

Trwaj, próbuj

Pamiętaj o tym: *wytrwałość zawsze się opłaca*. Tak długo, jak będziesz iść, podejmować próby, dzień po dniu, to ty i twoje dzieci będziecie robić postępy. A z czasem te małe, codzienne kroki przyczynią się do osiągnięcia sukcesu.

W ostatecznym rozrachunku liczy się wytrwałość. Aby zwiększyć zdolności dwujęzyczne dziecka, inne cechy również mogą być potrzebne, ale bez wytrwałości twoja podróż wkrótce zamieni się w rozżalenie – i żal ten będzie odczuwany zarówno przez ciebie, jak i przez dzieci, przez wiele lat.

Jeśli więc wychowanie dwujęzycznych dzieci jest dla ciebie ważne, to trwaj, próbuj. Przeczytałeś w tej książce tysiące słów o wychowaniu dwujęzycznych dzieci – słowa, które, mam nadzieję, będą dla ciebie wsparciem i pociechą w tej podróży – ale ostatecznie moje przesłanie jest po prostu takie:

Jeżeli będziesz wytrwały, to odniesiesz sukces.

Pojawią się wątpliwości i trudności, ale możesz je pokonać, ponieważ twoja wola jest większa niż jakakolwiek przeszkoda. I wreszcie dar zdolności dwujęzycznych, który ofiarujesz swoim dzieciom, może również stać się dziedzictwem, który w przyszłości zostanie przekazany twoim wnukom i ostatecznie wpłynie na istnienie wielu innych ludzi na tej cudownej ziemi.

WNIOSEK: Sukces w osiągnięciu dwujęzyczności twojego dziecka ostatecznie sprowadza się do codziennej konsekwencji i wytrwałości.

Końcowe przemyślenia

„To, co za nami i co przed nami, to błahe sprawy w porównaniu z tym, co jest w nas".

Ralph Waldo Emerson

Tak, korzyści płynące z dwujęzycznej podróży w największym stopniu dotyczą naszych dzieci i, mamy nadzieję, przyszłych pokoleń.

Ale ostatecznie *dwujęzyczna podróż jest opowieścią zarówno o duchu rodzica, jak i o języku dziecka.*

Troszcząc się o rozwój języka naszych dzieci, każdego dnia mierzymy się z podstawowymi cechami naszego własnego charakteru: naszym podejściem i postawą; naszą pasją i priorytetami; naszą determinacją i dążeniem; naszą odwagą i cierpliwością; naszą dyscypliną i elastycznością; naszą kreatywnością i zaradnością; naszym dowcipem, humorem i entuzjazmem; naszą wytrwałością i konsekwencją.

Podobnie jak inne wymagające, długoterminowe cele, tak i dwujęzyczna podróż służy jako rodzaj próby charakteru. Przez lata usilnie nas próbuje:

Jak silny jest tak naprawdę twój duch?

Ale gdy ta podróż jest dla ciebie ważna i chcesz codziennie dawać z siebie wszystko, co tylko możliwe, to dzięki temu zaangażowaniu nie tylko skuteczniej dbasz o rozwój języka swoich dzieci i wzbogacasz wasze relacje, ale umacniasz też zapał na poziomie serca i umysłu.

Kiedy czerpiesz radość z coraz większych umiejętności dwujęzycznych swoich dzieci, a także z bliższej więzi, wtedy stopniowo stajesz się mocniejszy duchem.

Aneks

Ten dodatek zawiera kilka sekcji, które mogą pomóc w pełni wykorzystać tę książkę i uzyskać dodatkowe informacje. Te sekcje zawierają pytania do refleksji, podsumowanie zasobów, o których wspominałem w trakcie książki i inne sugerowane narzędzia.

Pytania do refleksji

Ta część prezentuje szereg kluczowych pytań związanych z treścią tej książki do rozważenia indywidualnie i w grupach. Nie wszystkie pytania będą właściwe dla każdego. Wiele z nich może być dla ciebie teraz ważnych; niektóre pytania postawisz dopiero w przyszłości, gdy twoje dziecko będzie starsze; a inne nie będą tak istotne dla twojej sytuacji. Mam jednak nadzieję, że ten przewodnik pomoże ci głębiej zastanowić się nad twoją dwujęzyczną podróżą, aby zwiększyć skuteczność twoich wysiłków i osiągnąć jeszcze większy sukces w nadchodzących latach.

1. Jakie, twoim zdaniem, są korzyści z wychowania dwujęzycznego dziecka? Zastanów się jakie są dla dziecka, a jakie dla ciebie? Dla twojej rodziny, bliższej i dalszej? Dla innych? Dla świata? (Perspektywa 2 i Perspektywa 30)

2. Jak mocno wierzysz, że twoje codzienne działania – nawet te małe – mają istotny wpływ na większy sukces twojej dwujęzycznej podróży? (Perspektywa 3)

3. Które z obecnych okoliczności sprzyjają twojemu sukcesowi? Które okoliczności są mniej korzystne? Co zrobisz z tymi mniej sprzyjającymi warunkami, aby zwiększyć szanse na sukces? (Perspektywa 5)

4. Jak daleko sięga twój cel, którym jest osiągnięcie dwujęzyczności przez dziecko? Czy obejmuje on opisywanie w jakiejś formie twoich doświadczeń? (Perspektywa 7)

5. W jaki sposób jesteś proaktywny w swoich działaniach? Czy możesz być w jakiś sposób bardziej proaktywny? (Perspektywa 8)

6. Jakie są kluczowe nawyki i zwyczaje, które stanowią podstawę codziennych wysiłków? Jak bardzo jesteś zdyscyplinowany w utrzymywaniu codziennej rutyny? Jakiego rodzaju projekty krótkoterminowe realizujesz lub mógłbyś realizować? (Perspektywa 10)

7. Czy świadomie wykorzystujesz przerwy w ciągu dnia, aby bardziej wspierać dziecko w nauce języka mniejszościowego? (Perspektywa 11)

8. Jakie wyzwania mogą potencjalnie pojawić się w przyszłości? Czy możesz uniknąć lub ograniczyć te wyzwania, stosując „medycynę zapobiegawczą", przewidując trudności i wdrażając przeciwdziałania? (Perspektywa 13)

9. Jak postrzegasz pojawiające się frustracje i jak sobie z nimi radzisz? (Perspektywa 13)

10. Jak poważnie podchodzisz do osiągnięcia celu dwujęzyczności? I na ile jesteś zabawny w codziennym dążeniu do tego celu? Opisz zależności między nimi. (Perspektywa 15)

11. Na ile angażujesz się w interakcje ze swoimi dziećmi, także wtedy, kiedy ci „przeszkadzają"? (Perspektywa 18)

12. Wybierz aktualne wyzwanie i bardzo twórczo oraz pomysłowo rozważ możliwe sposoby rozwiązania tego problemu. Burza mózgów na papierze. (Perspektywa 19)

13. Jak bardzo starasz się każdego dnia w skali od 1 do 10? Czy jesteś zadowolony ze swojego wysiłku? Jeśli nie, co więcej możesz zrobić? (Perspektywa 20)

14. Jakie są twoje oczekiwania wobec postawy i starań twoich dzieci? Czy jesteś zdecydowany utrzymać te oczekiwania? (Perspektywa 21)

15. Czy jesteś konsekwentny w swoich działaniach, a jednocześnie zachowujesz elastyczność, aby sprostać naturalnej zmianie warunków? (Perspektywa 23)

16. Co sądzisz o porażce, jeśli chodzi o wychowanie dwujęzycznego dziecka? (Perspektywa 24)

17. Czy kiedykolwiek czujesz się samotny w swojej dwujęzycznej podróży? Jak sobie radzisz z tym uczuciem? (Perspektywa 25)

18. Czy prowadzisz dziennik dla swoich dzieci, aby zarejestrować ich dzieciństwo dla potomnych? Jak często dokonujesz wpisów? (Perspektywa 26)

19. Opisz archiwum, w którym przechowujesz prace pisemne dzieci. (Perspektywa 27)

20. Czy doceniasz wiele pozytywnych aspektów swojej dwujęzycznej podróży i w ogóle życia? (Perspektywa 29)

21. Na ile cel osiągnięcia dwujęzyczności przez dziecko stanowi priorytet w twoim życiu? Czy uświadamiasz sobie wyższość tego celu tak, jak powinieneś? (Zasada 1)

22. W jaki sposób starasz się uzyskać informacje na temat wychowywania dwujęzycznych dzieci? Czy uważasz, że te wysiłki są wystarczające? Co więcej możesz zrobić? (Zasada 2)

23. Dwoma podstawowymi warunkami sprzyjającymi czynnym umiejętnościom językowym jest obcowanie z językiem i potrzeba jego używania. Ile godzin tygodniowo twoje dziecko obcuje z językiem mniejszościowym? Czy ta ilość wydaje się odpowiednia? Jeśli nie, w jaki sposób możesz zwiększyć liczbę godzin regularnego kontaktu z językiem? (Zasada 4)

24. Czy twoje dziecko odczuwa prawdziwą potrzebę czynnego używania języka mniejszościowego z tobą i innymi? Jeśli nie, co możesz zrobić, aby wzmocnić to poczucie? (Zasada 5)

25. Jaka jest strategia twojej rodziny w zakresie używania dwóch języków? Czy w tej chwili jest to najlepsze rozwiązanie dla twojej rodziny? Dlaczego? (Zasada 6)

26. Czy twoje codzienne działania są proporcjonalne do wielkości twoich wyzwań i skali twojego celu? (Zasada 7)

27. W jaki sposób próbujesz zachęcić swoje dzieci do czynnego używania języka mniejszościowego? (Zasada 8)

28. Opisz stan swoich zasobów w języku mniejszościowym. Jakie pomoce posiadasz? Czy jesteś aktywny, jeśli chodzi o wprowadzanie nowych zasobów do domu? Czy świadomie poszukujesz materiałów, które mogą odpowiadać na aktualne pasje i zainteresowania dzieci, takich jak książki do domowej biblioteki? (Zasada 9, Zasada 10 i Zasada 11)

29. Czy świadomie podejmujesz produktywne wybory, które wzmocnią naukę języka mniejszościowego, a nie osłabią? (Zasada 12)

30. Jak wygląda wsparcie dla ciebie przez małżonka i innych członków rodziny, przez szkołę i całą społeczność? Czy napotkałeś jakieś trudności, takie jak brak zrozumienia dla zamierzonego przez ciebie celu osiągnięcia dwujęzyczności przez dziecko? Jak sobie poradziłeś z tymi przeciwnościami? Co jeszcze możesz zrobić, aby uzyskać wsparcie dla siebie? (Zasada 13)

31. Czy podejmujesz świadomy wysiłek, aby codziennie dużo rozmawiać ze swoimi dziećmi, by zapewnić im wystarczający kontakt z językiem mniejszościowym? (Zasada 14)

32. Czy czytasz na głos w języku mniejszościowym codziennie przez co najmniej 15 minut? Jeśli nie, to w jaki sposób możesz ustanowić i utrzymać ten ważny zwyczaj? (Zasada 15)

33. Jak wygląda twoja biblioteka? Ile masz „prawdziwych" książek (zarówno dla dzieci, jak i dla dorosłych)? Ile z nich to książki dla dzieci w języku mniejszościowym? Jak stworzyć większą bibliotekę książek w języku mniejszościowym? (Zasada 16)

34. W jaki inny sposób starasz się zapewnić bogactwo w domu materiałów drukowanych w języku mniejszościowym? (Zasada 17)

35. W jaki sposób wykorzystujesz mimowolne czytanie, aby podsycać rozwój umiejętności czytania i pisania oraz ogólną zdolność językową? (Zasada 18)

36. Opisz różne sposoby wykorzystywania historii i opowiadań do rozwoju języka i zainteresowania językiem mniejszościowym. (Zasada 19)

37. Jak często twoje dzieci mają do czynienia z twórczością w języku mniejszościowym? Czy regularnie prezentujesz nowe nagrania,

dopasowane do ich zmieniającej się osobowości i zainteresowań? (Zasada 20)

38. W jakie gry bawisz się ze swoimi dziećmi? W jakim jeszcze większym stopniu możesz wykorzystać gry do zwiększenia postępu i sprawić, by język mniejszościowy był zabawny? (Zasada 21)

39. Czy świadomie wykorzystujesz wiele obrazów wokół siebie, aby zaangażować swoje dzieci w języku mniejszościowym? W jaki sposób? (Zasada 22)

40. Czy używasz „mediów pasywnych" – takich jak telewizja, DVD i filmy online – jako dodatkową pomoc w bardziej interaktywnym kontakcie z językiem mniejszościowym? Czy przedkładasz takie media w języku mniejszościowym, jednocześnie świadomie ograniczając ten kontakt w języku większościowym? (Zasada 23)

41. Czy codzienne zadajesz pracę domową? Czy polecenia są skuteczne i długofalowe, z wykorzystaniem odpowiednich zasobów? (Zasada 24)

42. Czy twoje dzieci chodzą do szkoły w języku większościowym? Czy jesteś świadomy wpływu, jaki może to mieć na ich dwujęzyczny rozwój? (Zasada 25)

43. W jaki sposób zapewniasz więzi w języku mniejszościowym z dziadkami i innymi bliskimi? Czy możesz zrobić coś więcej? (Zasada 26)

44. Jak dbasz o poczucie wartości swojego dziecka w języku mniejszościowym oraz pozytywne nastawienie do umiejętności dwujęzycznych? (Zasada 27)

45. W jaki sposób podtrzymujesz swoją wytrwałość? W jaki sposób odpoczywasz i ładujesz energią swoje baterie mentalne i fizyczne? (Zasada 30)

Podsumowanie zasobów, o których wspominałem

Oto główne zasoby, o których wspominałem w książce, w celu łatwiejszego dostępu są pogrupowane według rodzaju. Zebrane razem książki o dwujęzyczności lub umiejętności czytania i pisania są uwzględnione w kolejnej sekcji.

Organizacje

The Bilingualism Special Interest Group (http://www.bsig.org), of the Japan Association for Language Teaching (JALT)

Książki

Betty Hart, Todd Risley, *Meaningful Differences in the Everyday Experience of Young American Children*
Parker Palmer, *The Courage to Teach*
Parker Palmer, *Let Your Life Speak*
Nora Gaydos, *Now I'm Reading!* (małe angielskie książeczki dla początkujących czytelników)
Mary Pope Osborne, *The Magic Tree House* (seria książek z rozdziałami w języku angielskim)

Strony internetowe

airbnb (https://www.airbnb.com)
Home Exchange (https://www.homeexchange.com)

AuPairWorld (https://www.aupairworld.com)
WordPress.com (https://wordpress.com)
Google Photos (https://photos.google.com)
Skype (http://www.skype.com)

Materiały

Karty graficzne do opowiadania historii: *Tell Tale i Tell Tale Fairy Tales*
Gry kooperacyjne: Family Pastimes (http://www.familypastimes.com)
Gry strategiczne: Gamewright (http://www.gamewright.com)
Obrazy online: Bored Panda (http://www.boredpanda.com)
Zeszyty ćwiczeń po angielsku
  • Carson-Dellosa Publishing Group (http://www.carsondellosa.com/brands/spectrum)
  • Evan-Moor (http://www.evan-moor.com)
  • Teacher Created Resources (https://www.teachercreated.com)
Pomoce edukacyjne: Lakeshore (http://www.lakeshorelearning.com)
Strona domowego nauczania: Donna Young (http://www.donnayoung.org)
Materiały do mimowolnego czytania:
Ducksters website (http://www.ducksters.com)

Inne sugerowane pomoce

Dalsze informacje i pomysły na temat pracy z dwujęzycznymi dziećmi oraz rozwoju języka uzyskasz w wielu książkach, a także na stronach internetowych, które wierzę, że mogą być interesujące. Lista zaproponowana przeze mnie nie jest wyczerpująca, a wszelkie takie zestawienia będą z czasem się rozszerzały, ale zachęcam do zapoznania się z tymi materiałami i dalszych poszukiwań, czyli do kontynuowania praktyki skłaniającej do refleksji na ten temat.

Książki o dwujęzycznych dzieciach i dwujęzyczności

Colin Baker, *A Parents' and Teachers' Guide to Bilingualism*
Barbara Zurer Pearson, *Raising a Bilingual Child*
Annika Bourgogne, *Be Bilingual – Practical Ideas for Multilingual Families*
Rita Rosenback, *Bringing up a Bilingual Child*

Christine Jernigan, *Family Language Learning: Learn Another Language, Raise Bilingual Children*
Naomi Steiner, *7 Steps to Raising a Bilingual Child*
Kendall King, Alison Mackey, *The Bilingual Edge*
Una Cunningham, *Growing up with Two Languages*
Ana Flores, Roxana Soto, *Bilingual Is Better*
Edith Harding-Esch, Philip Riley, *The Bilingual Family: A Handbook for Parents*
Susan Barron-Hauwaert, *Language Strategies for Bilingual Families*
Susan Barron-Hauwaert, *Bilingual Siblings*
Xiao-lei Wang, *Learning to Read and Write in the Multilingual Family*
Annick De Houwer, *An Introduction to Bilingual Development*
Annick De Houwer, *Bilingual First Language Acquisition*
François Grosjean, *Bilingual: Life and Reality*
François Grosjean, Ping Li, *The Psycholinguistics of Bilingualism*
Arturo Hernandez, *The Bilingual Brain*

Książki o czytaniu i języku

Jim Trelease, *The Read-Aloud Handbook*
Stephen Krashen, *The Power of Reading*
Stephen Krashen, *Free Voluntary Reading*
Esme Raji Codell, *How to Get Your Child to Love Reading*
Paul Kropp, *How to Make Your Child a Reader for Life*
Pam Allyn, *What to Read When*
Peggy Kaye, *Games for Reading*
Peggy Kaye, *Games for Writing*

Strony internetowe dla rodzin dwujęzycznych

http://bilingualmonkeys.com
http://bilingualzoo.com
http://multilingualparenting.com
http://www.multilingualliving.com
http://onraisingbilingualchildren.com

http://www.bilingualavenue.com (podcasty)
http://bilingualkidsrock.com (podcasty)
https://www.psychologytoday.com/blog/life-bilingual
http://beingmultilingual.blogspot.co.uk
http://multilingualchildren.org
http://multilingual-matters.com (książki)
http://thespeechstop.com
http://www.trilingualmama.com
http://www.trilingualchildren.com
http://expatsincebirth.com
https://www.facebook.com/spanglishbaby
http://www.incultureparent.com
http://kidworldcitizen.org
http://multiculturalkidblogs.com

Podziękowania

Ta książka jest zwieńczeniem dwudziestu lat pracy nauczyciela dwujęzycznych dzieci. Przez te wszystkie niezapomniane lata miałem szczęście pracować z tak wieloma sympatycznymi uczniami. (Wielu z nich jest teraz młodymi dorosłymi!). Dziękuję, że byliście moimi studentami i za to, że tak dużo mnie nauczyliście.

Jestem wdzięczny rodzicom moich uczniów i nauczycielom, z którymi współpracowałem – od Was także się wiele nauczyłem.

Społeczność internetowa Bilingual Monkeys i The Bilingual Zoo od wielu lat jest źródłem wiedzy, doświadczenia i przyjaźni. Jestem Wam wszystkim bardzo wdzięczny za dołączenie do mnie w tej podróży.

Bardzo skorzystałem również z pracy wielu innych osób, w tej oraz pokrewnych dziedzinach: badaczy, pisarzy i blogerów zajmujących się dwujęzycznością dzieci, przyswajaniem języka, umiejętnościami czytania i rodzicielstwem. Dziękuję za podzielenie się ze światem mądrymi perspektywami.

Pierwsi czytelnicy tej książki pozwolili mi ją udoskonalić, przesyłając szczere i wnikliwe opinie. To oni zasłużyli na moją prawdziwą wdzięczność za życzliwe wsparcie i zachęty: Annie Dye, Alisa Cognard, Jonathan Fisher, Ana Paula Mumy, Veera Josetta, Kornelia Robertson, Jana Garnsworthy, Julia Koteliansky, Gabriela Guarnerio, Amy Murphy, Emilia Carloni, Wojtek Boratynski, Lucia Santamaria, Anu Lepoutre, Marta Garcia, Daniella Torres, Arancha Ruiz, Julie Vestey, Deepti Gupta, Julia Anderson, Elodie Bhuller, Nathaniel Reed, Kaja Kroll, Seraphine Drozek, Filipa Pinto i Tom McGinley.

Serdeczne podziękowania również dla członków rodziny i przyjaciół za dopingowanie mnie podczas długiego procesu tworzenia tego projektu.

A przede wszystkim czuję szczerą wdzięczność dla mojej żony i dzieci. Pozwolili mi podzielić się fragmentem naszego życia, internetowo i w tej książce, aby rodziny na całym świecie mogły doświadczyć większego spełnienia i radości podczas swojej dwujęzycznej podróży.

Posłowie
oraz dane kontaktowe

Jak podkreśliłem na początku tej książki, każda rodzina, która ma na celu osiągnięcie dwujęzyczności lub wielojęzyczności swoich dzieci, jest unikatowa. Ta różnorodność wyzwań i potrzeb na całym świecie sprawia, że napisanie jednej książki na ten temat okazało się bardzo trudnym zadaniem.

Mimo to starałem się jak najlepiej zaprezentować szeroki zakres porad, które są naprawdę praktyczne i bardzo istotne dla sukcesu. Dlatego mam nadzieję, że dzielenie się moimi doświadczeniami i pomysłami może pomóc wzmocnić codzienne wysiłki i długoterminowe postępy poczynione przez inne rodziny. (A jeśli pochyliłem się mocniej nad pewnymi punktami, to tylko dlatego, że są to perspektywy lub zasady, które naprawdę powinny zostać podkreślone!).

Jednak jeśli nie znalazłeś konkretnych informacji, których szukałeś, które odpowiadałyby twoim konkretnym wyzwaniom i potrzebom, to zachęcam do bezpośredniego skontaktowania się ze mną, tak samo jak wiele innych osób, które już to zrobiły.

Z przyjemnością pomogę osobiście, najlepiej, jak potrafię. Po prostu skontaktuj się ze mną za pośrednictwem mojego bloga, forum albo e-maila, a ja odpowiem najszybciej, jak to możliwe. Jeśli wychowanie dwujęzycznego lub wielojęzycznego dziecka jest dla ciebie ważne, to pragnę, abyś odniósł sukces. Dlatego jeśli chcesz uzyskać dalsze wskazówki poza tą książką, to możesz liczyć na moje wsparcie.

BLOG: http://bilingualmonkeys.com
FORUM: http://bilingualzoo.com
E-MAIL: adam@bilingualmonkeys.com

Mam nadzieję, że odkryjesz wartość w mojej pracy i że pomoże ci ona osiągnąć jeszcze większe powodzenie i moc radości podczas twojej dwujęzycznej podróży. Gdy już twoje dzieci będą dorastać, to bardzo chciałbym usłyszeć od ciebie dobre wieści, więc proszę pozostańmy w kontakcie.

A jeśli ta książka przynosi korzyści twojej rodzinie, to może być pomocna również innym rodzinom. Proszę, podziel się wrażeniami z lektury ze swoją społecznością, w mediach społecznościowych oraz w recenzjach opublikowanych online. Dziękuję bardzo za wsparcie!

O autorze

Adam Beck jest założycielem popularnego bloga Bilingual Monkeys i tętniącego życiem forum The Bilingual Zoo. Jest wieloletnim nauczycielem dwujęzycznych dzieci i wraz z żoną Keiko wychowuje dwoje własnych dwujęzycznych dzieci w języku angielskim i japońskim. Mieszka w Hiroszimie w Japonii od 1996 roku.

Jest także autorem książki *How I Lost My Ear*, humorystycznej powieści dla dzieci i dorosłych.

I wciąż śmiertelnie boi się latawców.

Materiały polecane przez wydawcę do wspierania nauki języka polskiego jako drugiego

Księgarnia internetowa **Czytam i mówię po polsku** od 2011 r. wspiera dzieci, rodziców i nauczycieli dzieci dwujęzycznych poza granicami Polski na drodze do dwujęzyczności poprzez dostarczanie wartościowych materiałów edukacyjnych do nauki języka polskiego jako obcego.

W naszej ofercie znajdziesz materiały specjalnie dobrane pod kątem specyficznych potrzeb dzieci dwujęzycznych. Nasze książki są przetestowane przez nauczycieli, rodziców i dzieci, dla których język polski jest językiem mniejszościowym.

Na naszych wirtualnych półkach znajdziesz ponad 800 produktów, między innymi:

Czytam po polsku – książki do czytania po polsku dla dzieci uczących się języka polskiego jako obcego wybrane specjalnie pod kątem dzieci uczących się języka polskiego jako drugiego: https://czytamimowiepo-polsku.com/pl/czytam-po-polsku/

Wiersze i popularne rymowanki pomocne w nauce języka polskiego i w rozwoju językowym: https://czytamimowiepopolsku.com/pl/czy-tam-po-polsku/wiersze/

Książki i bajki dwujęzyczne wspierające dwujęzyczność twojego dziecka, wydania polsko-angielskie oraz polskie tłumaczenia popularnych angielskich tytułów: https://czytamimowiepopolsku.com/pl/czytam-po-polsku/dwujezyczne/

Czytanie poziomowe, które dzieci znają ze szkoły angielskiej – książki dostosowane do poziomu językowego dzieci rozpoczynających przygodę z czytaniem: https://czytamimowiepopolsku.com/pl/czytam-po-polsku/czytanie-poziomowe/

Nauka czytania po polsku to książki polecane przez ekspertów, nauczycieli i rodziców, które pomogą dzieciom dwujęzycznym pokochać czytanie po polsku: https://czytamimowiepopolsku.com/pl/czytam-po-polsku/nauka-czytania/

Dla najmłodszych – książki po polsku dla najmłodszych czytelników do lat 3. Twarde strony i elementy ruchome zachęcą dzieci do interaktywnego kontaktu z lekturą i uczą przez zabawę: https://czytamimowiepopolsku.com/pl/czytam-po-polsku/dla-najmlodszych/

Mówię po polsku – pomoce logopedyczne dla dzieci w różnym wieku, ćwiczenia logopedyczne na różne szeregi pomogą w wymowie polskich głosek sprawiających wyjątkową trudność dzieciom dwujęzycznym, gry i zabawy logopedyczne, które w przyjemny sposób zachęcą do ćwiczeń: https://czytamimowiepopolsku.com/pl/mowie-po-polsku-logopedia/

Piszę po polsku – szlaczki, zeszyty i inne przydatne materiały będą wspomagać twoje dziecko w pięknym pisaniu literek po polsku: https://czytamimowiepopolsku.com/pl/pisze-po-polsku/

Poznaję Polskę – książki, które pomogą twojemu dziecku dwujęzycznemu w poznaniu historii, geografii i kultury Polski. Materiały geograficzne, historyczne, książki o sławnych Polakach: https://czytamimowiepopolsku.com/pl/poznaje-polske/

Zabawa po polsku – gry i zabawy w radosny i przyjemny sposób wprowadzą dziecko w świat języka polskiego oraz sprawią, że będziecie się wspaniale razem bawić i miło spędzicie wspólny czas: https://czytamimowiepopolsku.com/pl/zabawa-po-polsku/

Podręczniki do nauki języka polskiego

W księgarni Czytam i mówię po polsku znajdziesz podręczniki i pomoce do nauki języka polskiego jako obcego na różnych poziomach w polskich szkołach sobotnich i w domu: https://czytamimowiepopolsku.com/pl/podreczniki-i-pomoce-dla-szkol/

1. **Poziom podstawowy – A**
   Seria „Z Anią przez Polskę"
   „Lubię Polski!"
2. **Poziom średniozaawansowany – B**
   Seria podręczników od przedszkola do kl. 6 – Małgorzata Pawlusiewicz
3. **Krok po kroku junior**
4. **Darmowe materiały dydaktyczne na stronie ORPEG**
   http://www.orpeg.pl/index.php/materialy-dydaktyczne

Książki o dwujęzyczności

Barbara Zurer Pearson, *Jak wychować dziecko dwujęzyczne. Poradnik dla rodziców (i nie tylko),* wyd. Media Rodzina, 2008

Blogi i przydatne strony

1. Bilingual house: https://bilingualhouse.com/
2. Mam to na końcu języka: https://www.mamtonakoncujezyka.pl/
3. Centrum Głoska: https://blog.centrumgloska.pl/
4. Bilingual Kid: https://bilingual-kid.com/
5. Paulina Szkolnik: https://pokrakowsqwuk.wordpress.com/
6. Podaruj dziecku swój język ojczysty: http://www.podarujdzieckujezyk.org/
7. Association for the Promotion of Polish Language Abroad: www.appla.org
8. Dwujęzyczność: https://dwujezycznosc.info/
9. Polski Uniwersytet Na Obczyźnie: www.puno.edu.pl
10. Dobra polska szkoła: https://dobraszkolanowyjork.com/
11. Zrzeszenie Nauczycieli Polskich w Ameryce: https://znpusa.org/
12. Grupa „Dwujęzyczność dziecięca", Facebook: https://www.facebook.com/groups/382517095167748/